文化与旅游研究

（2021）

STUDIES IN CULTURE & TOURISM

中国职业技术教育学会智慧旅游职业教育专业委员会

浙江旅游职业学院 ◎ 主编

中国旅游出版社

《文化与旅游研究》编辑委员会

目录
CONTENTS

文旅融合研究

教育研究

特约稿

旅游业、新型城镇化与经济增长

赵　磊

（浙江工业大学，浙江　杭州　310014）

摘　要：本文尝试将新型城镇化纳入旅游业导向型经济增长研究框架，旨在考察旅游业、新型城镇化与经济增长之间的逻辑关系。基于中国分省面板数据，在分别测度旅游业与新型城镇化综合发展指数的基础上，本文通过构建动态面板计量模型，实证考察了旅游业与新型城镇化的经济增长效应。实证结果表明：旅游业导向型经济增长研究假说在中国得以被确认；新型城镇化建设能够显著促进经济增长，旅游业与新型城镇化之间的协同作用也对经济增长具有显著的正向促进作用。本文的政策建议是保持旅游业与新型城镇化之间耦合互动，增强两者之间的协同效应，能够促进经济增长规模，改善经济增长质量。

关键词：旅游业；新型城镇化；经济增长；产业结构升级

Tourism，New Urbanization and Economic Growth

Zhao Lei

（Zhejiang University of Technology，Hangzhou，Zhejiang，310014）

Abstract：The study attempts to incorporate new urbanization into the research framework of tourism-led growth（TLG），aiming to examine the logical relation between tourism, new urbanization and economic growth. Based on China's provincial panel data，on the basis of separately measuring the comprehensive development index of tourism and new urbanization，the study constructs a dynamic panel measurement model to empirically examine the growth effects of tourism and new urbanization. The empirical results show that the tourism-led growth hypothesis has been confirmed in China，and new urbanization

收稿日期：2021-08-15

作者简介：赵磊（1984—　），男，浙江工业大学管理学院副教授，博士，主要研究方向为旅游经济学。

construction can not only significantly promote economic growth，but the synergy between tourism and new urbanization also has a significant positive promotion effect on economic growth. The implication of the study is to maintain the coupling and interaction between tourism and new urbanization，and to enhance the synergy between them，which can strengthen the scale and quality of economic growth.

Key words：tourism；new urbanization；economic growth；the upgrading of industrial structure

一、引言

改革开放以来，凭借劳动人口红利、资产投资加速、技术后发优势、要素成本低廉等优势，以及扩大国内市场需求、融入全球价值链，中国经济创造了举世瞩目的"增长奇迹"。但与此同时，由于近年来人口红利消失、环境资源约束、供需矛盾冲突、结构转型滞后等原因，传统的增长动力逐渐式微，以要素价格扭曲、产业粗放增长和城镇无序扩张为典型特征的传统发展模式愈发难以为继，进而导致中国经济开始由高速增长向中高速增长转变，进而面临结构性下行压力。在此"新常态"背景下，提升要素配置效率、谋求新旧动能转换和重构经济动力系统是实现中国经济发展模式由要素驱动转向效率驱动的核心环节，而实现这种经济增长模式转变则需要坚定贯彻产城融合理念，深入推进产业迭代升级与新型城镇化渐进发展协调并进，这对于探索中国经济高质量发展的实现路径具有非常重要的理论价值和实践意义。

围绕旅游业与新型城镇化关系的研究文献可大致归为三类。第一类文献探讨旅游业对新型城镇化的影响，此类文献主要以理论分析为主要研究范式。例如，方圆（2019）分析了乡村旅游在促进新型城镇化发展中的作用路径。莫志明（2019）对旅游引导的乡村新型城镇化模式及其效应进行了研究。苏建军和王丽芳（2019）对旅游驱动新型城镇化发展的机制及类型进行了解释。第二类文献相对单薄，主要侧重对新型城镇化背景下的旅游业经济、社会和环境问题予以理论探讨（黄睿等，2014；刘天曌等，2019），鲜有文献对新型城镇化如何影响旅游业进行直接分析，然而仅有的一篇文献为新型城镇化影响旅游业提供了经验证据，如王琴和黄大勇（2020）采用长江经济带2002—2017年的省级面板数据，实证分析了新型城镇化各维度对旅游业发展的影响效应，发现人口城镇化、经济城镇化、社会城镇化和环境治理能力对旅游业发展均具有显著的正向影响。第三类文献积累最为丰富，主要关注旅游业与新型城镇化之间的耦合关系，尝试对其中的互动作用机制进行理论探索，同时量化揭示了两者之间的协调程度（张艺凡、朱家明，2018；徐海峰，2019；魏鸿雁等，2020）。例如，杨主泉（2018）在阐述旅游业与新型城镇化协同关系的基础上，构建了旅游业与新型城镇化建设协同发展的动力系统及协同动力模型，然后重点分析了两者协同的运行过程。冉婷等（2020）使用熵权 TOPSIS 法计算了 2007—2018 年重庆市旅游业与新型城镇化综合发展指数，并利用灰色关联模型和耦合协调度模型分析了两者耦合协调关系，发现重庆旅游业与新型城镇化两者存在较强协同效应。然而，需要指出的是，以上文献最大的局限在于，并未将旅游业与新型城镇化之间的协同关系研究拓展至其对经济增长的影响层面，从而导致对旅游业、新型城镇化与经济增长之间的逻辑关系缺乏系统阐发

鉴于此，本文进行了如下工作：①对旅游业、新型城镇化与经济增长关系进行理论分析，并提出相应研究假说；②以 2004—2017 年中国 30 个省级单元为样本，分别检验旅游业与新型城镇化两种交互模式，即"城旅独立"与"城旅协同"的经济增长效应，并实证检验理论机制；③实证比较"城旅独立"与"城旅协同"影响经济增长的异质性效应，并分析差异产生原因；④结合实证结果，重点就如何加强"城旅协同"以促进经济增长提出政策建议。

本文可能的创新和边际贡献：①大量经验研究识别了旅游业或新型城镇化对经济增长的影响，本文则在旅游业、新型城镇化与经济增长关系框架中，除了考察"城旅独立"的经济增长效应外，同时还重点剖析了"城旅协同"对经济增长的影响及其机制，进而对此类文献进行了有益补充，这不仅有利于更好地理解和洞悉新

型城镇化对旅游业导向型经济增长假说的拓展性影响，而且有助于从旅游业视角深入揭示"产城协同"对经济增长的影响机制；②由于现代旅游业与新型城镇化隶属社会经济复杂系统的两个子系统，因而本文通过对旅游业与新型城镇化两个子系统分别进行多维评价而获得相应综合性指数来对两个核心变量予以定量刻画，此种变量构造方法不仅可以反映旅游业与新型城镇化的多维内涵属性以及尽可能客观地表征"城旅协同"场景，而且能够避免因变量测量误差而导致对"城旅协同"的经济增长效应的实证检验存在有偏倾向；③本文还在旅游业、新型城镇化和经济增长逻辑框架中对"城旅独立"与"城旅协同"的经济增长效应进行了拓展性分析，多角度识别了"城旅独立"与"城旅协同"的经济增长效应的异质性特征，有助于在不同分组样本中揭示"城旅独立"与"城旅协同"对经济增长的影响机制。相比已有研究，本文不仅从旅游业视角深化了新型城镇化影响经济增长的研究文献，而且将新型城镇化变量嵌入到旅游业与经济增长关系研究体系中，也有力地拓展了学术界对旅游业导向型经济增长假说的认识视域，因而在中国情境下开展这项研究具有鲜明的时代背景。

二、研究设计

（一）模型构建

基于上述理论分析，为了检验旅游业、新型城镇化对经济增长的影响，即"城旅独立"的经济增长效应，并在同一框架内通过检验"城旅协同"的经济增长

效应揭示新型城镇化对旅游业与经济增长关系的约束机制，基准计量模型构建如式（1）：

$$\ln PGDP_{it} = \beta_1 + \beta_2 TR + \beta_3 NURB + \beta_4 TR \times NURB_{it} + \phi X + \eta_i + \nu_t + \varsigma_{it} \quad (1)$$

其中，下标 i 表示省份，下标 t 表示年份；$\ln PGDP$ 表示经济增长水平，TR 代表旅游业发展，$NURB$ 衡量新型城镇化建设；η_i 和 ν_t 分别是省份个体效应和年份固定效应，分别反映省份间的差异和时间趋势的影响，ς_{it} 为随机误差项；同时还设定了若干能够反映省份重要经济特征的控制变量集 X，包括物质资本存量（$\ln K$）、人力资本存量（$\ln L$）、制度质量（$\ln MKA$）、对外开放（FDI）和政府干预（GOV）等指标。回归系数 β_2 和 β_3 共同反映"城旅独立"对经济增长的影响状况，而 β_4 用以识别"城旅协同"对经济增长的影响效应，也可理解为新型城镇化对旅游业的经济增长效应的调节强度。在本文中，除比率型变量之外，所有连续数值型变量均进行对数化处理后再进入计量模型，以消除量纲及异方差问题。

式（1）为静态面板模型，但考虑到宏观变量惯性的影响，经济增长可能存在一定的路径依赖。此外，经济增长会受到社会、政治、文化等多维因素的影响，无法列出所有可能的控制变量，但这些遗漏变量也可能与我们所关注的模型核心解释变量之间存在较高相关性，即所谓 $cov(x_i, \varsigma_i \neq 0)$。因此，为在一定程度上减少内生性问题的干扰，即减少遗漏变量所引致的估计偏误问题，在式（5-1）基础上，对经济增长进行滞后一期处理，也可控制模型可能存在的动态效应。动态面板模型如式（2）：

式中，$\ln PGDP_{i,\,t-1}$ 表示经济增长一阶滞后项。

$$\ln PGDP_{it} = \beta_1 + \rho \ln PGDP_{i,t-1} + \beta_2 TR + \beta_3 NURB + \beta_4 TR \times NURB_{it} + \phi X + \eta_i + \nu_t + \varsigma_{it} \quad (2)$$

（二）变量构造

1. 因变量

虽然 GDP 和人均 GDP 都能在一定程度上反映经济增长水平，但 GDP 适宜总量指标，主要反映国家综合经济状况，而人均 GDP 则是将一个国家核算期内（通常是一年）实现的国内生产总值与其常住人口（或户籍人口）相比进行计算得到，剔除了人口规模的影响，可以准确真实地反映经济社会可持续发展的潜力，居民人均收入和生活水平，经常与购买力平价结合，故本文选择人均（常住人口）实际 GDP 衡量经济增长水平。由于《中国统计年鉴》并未直接报告人均 GDP，故本文使用不同省份实际总产出与总人口数的比值测算人均 GDP，其中实际总产出为名义总产出，并以 2004 年为基期对 GDP 平减指数予以平减。

2. 自变量

（1）旅游业发展。既有旅游实证性文献在对旅游经济学问题进行检验时，一般采用两种方式对旅游业发展水平予以度量：

一种是收入法，即采用旅游业专业化指标作为代理变量，具体是以旅游总收入占国内生产总值比例进行刻画（Lee & Chang，2008；Adamou & Clerides，2010）；另一种是人次法，即旅游总人数与地区总人口数的比值度量旅游业规模（Kim et al.，2006；Sequeira & Nunes，2008）。事实上，尽管既有文献对旅游业发展水平代理变量的选取方式简洁直白，但此种测度方式显然无法整体表征旅游业发展的综合性，而将旅游业发展水平抽象为特定单一指标，不仅会损失对旅游业发展水平测度的内涵信息，更无法客观揭示旅游业发展的经济影响强度，进而低估旅游业发展的经济意义。鉴于此，本文基于多维内涵视角，具体是分别从旅游业规模、结构和潜力三个一级指标出发尝试构建旅游业发展的综合评价指标体系，为尽可能体现旅游业发展的多重因素驱动，一级指标下共辖29个二级指标（见附录中的表1），进一步再通过改进的熵值法计算旅游业发展的综合指数来度量旅游业发展水平，因而采用综合法对旅游业发展水平进行测度。由于能够同时兼顾旅游发展的规模与质量，在对旅游经济模型进行实证检验时，是一种较为客观的可取选择。（2）新型城镇化建设。有关文件指出，中国特色新型城镇化道路应坚持以人为本、四化同步、优化布局、生态文明、文化传承为原则，以人的城镇化为核心，以提高质量为关键。新型城镇化本质上是对传统城镇化的修正、优化，注重以人为本、内涵发展和质量提升，内容涉及经济、人口、社会、环境等诸多方面。因此，评价新型城镇化发展水平属于复杂系统过程，仅靠单一人口城镇化率指标无法对其予以全面衡量。本文参照蓝庆新和陈超凡（2013）、赵永平和徐盈之（2014）以及徐秋艳等（2019）的研究，分别从新型城镇化的经济基础、人口发展、空间结构、社会功能、环境质量、城乡统筹、生态集约七个方面构建新型城镇化综合评价指标体系（见附录中的表2），同样利用改进的熵值法定量测算出新型城镇化建设的综合指数来度量新型城镇化的建设进程。

3. 控制变量

为尽可能减小遗漏变量造成的估计偏误，关于控制变量选取，参考陈淑云等（2017）、赵云鹏等（2018）以及吴雪飞和赵磊（2019）的研究，构建如下控制变量集：（1）物质资本存量。使用永续盘存法计算，基本公式为：$K_t = I_t P_t + (1-\delta_t) K_{t-1}$。其中，$K_t$ 表示当期固定资本存量，I_t 为当期的名义固定资本形成总额，P_t 为固定资产投资价格指数，δ_t 表示折旧率，取张军等（2004）测算的9.6%，K_{t-1} 表示上一期的固定资本存量。（2）人力资本存量。内生经济增长理论认为，人力资本积累是经济增长的主要来源，采用劳动力平均受教育年限度量。（3）制度质量。市场化水平越高，市场中要素、商品价格机制和竞争机制越完善，价格信号对要素、商品的供需关系反应越灵敏，越有助于充分发挥市场在要素资源配置中的优化作用，本文采用樊纲等（2011）以及王小鲁等（2017）测算的中国分省市场化指数来表征各地区的制度质量。（4）对外开放。外资可以通过"企业竞争效应""人力资本流动效应""技术示范效应"对经济增长产生促进作用，本文采用实际利用外商直接投资占 GDP 比重衡量对外开放水平。（5）政府干预。对于转型期的发展中国家，通过特定的制度安排来弥补市场失灵、缺陷，尽管可以实现就业增加和经济增长，但过度的政府干预也会妨碍市场机制的作用发挥，不可避免地会带来效率损失和资源错配问题，本文采用政府财政支出占 GDP 的比重度量政府干预经济的程度。

（三）数据说明

考虑到数据可得性和统计口径一致性，本文选取中国 2004—2017 年 30 个省、市、自治区（西藏除外）平衡面板数据为研究样本。旅游业综合评价系统的指标原始数据分别来源于 2005—2018 年《中国旅游年鉴》与《中国旅游统计年鉴（副本）》。新型城镇化综合评价系统指的标原始数据分别来源于 2005—2018 年《中国统计年鉴》《中国城市统计年鉴》《中国科技统计年鉴》以及省级统计年鉴、中国与社会发展统计数据库。其他原始数据来源于《新中国六十年统计资料汇编》、国研网统计数据库和中经网统计数据库。

（四）统计性描述

本文所使用的主要变量及定义和对这些变量的描述性统计如表1所示。在样本期内，旅游业综合指数的均值为 0.4078，最小值和最大值分别为 0.2019 和 0.7236，说明不同省份旅游业发展水平存在非均衡性。新型城镇化综合指数的均值为 0.4721，最小值和最大值分别为 0.2441、0.7116，意味着新型城镇化建设水平也具有省际差异性。新型城镇化综合指数的标准差（0.1526）大于旅游业综合指数的标准差（0.1126），反映出由于新型城镇化建设内容的复杂性，其省际差异程度要高于省际旅游业发展差异。同时，通过考察经济增长（ln PGDP）、旅游业（TR）和新型城镇化（NURB）之间的相互关系，发现 ln PGDP 分别与 TR 和 NURB 相关系数为 0.2693 和 0.2992，而 TR 和 NURB 之间相关系数为 0.1973，并且均在 1% 置信水平上显著，初步表明旅游业、新型城镇化与经济增长之间存在正相关关系，即旅游业、新型城镇化存在可能促进经济增长的潜在影响，而且旅游业发展与新型城镇化建设之间也存在正相关关系，进而也为"城旅协同"提供了初步统计观察。

表 1　变量描述性统计

变量名称	变量符号	样本数	最小值	最大值	均值	标准差
经济增长	ln PGDP	600	7.8336	10.2080	9.0702	0.4834
旅游业发展	ln TR	600	0.2019	0.7236	0.4078	0.1126
新型城镇化	ln NURB	600	0.2441	0.7116	0.4721	0.1526
物质资本存量	ln K	600	6.3699	12.2157	9.5728	1.3168

变量名称	变量符号	样本数	最小值	最大值	均值	标准差
人力资本存量	$\ln L$	600	1.6938	2.5397	2.1255	0.1307
制度质量	$\ln MAK$	600	0.5423	2.4604	1.7473	0.3327
对外开放	FDI	600	0.0004	0.1465	0.0260	0.0233
政府支出	GOV	600	0.0548	0.6269	0.1975	0.0930

为了更为直观地识别旅游业、新型城镇化与经济增长之间的关系存在形式，图1分别描绘出旅游业、新型城镇化与经济增长之间的散点图。如图所示，旅游业与经济增长之间呈现显著的正向变动关系，这与旅游业导向型经济增长假说一致，而尽管新型城镇化的离散程度高于旅游业，但线性拟合也显示出新型城镇化与经济增长之间存在正向变动关系，因而可初步判断出旅游业发展水平越高，新型城镇化建设越快，经济增长趋势较为明显。上述描述性统计和散点图仅仅是基于数据变化的表面特征给出的初步检验，无法客观揭示旅游业、新型城镇化对经济增长的影响关系，本文在后续研究中还需对核心假设关系进行计量统计检验。

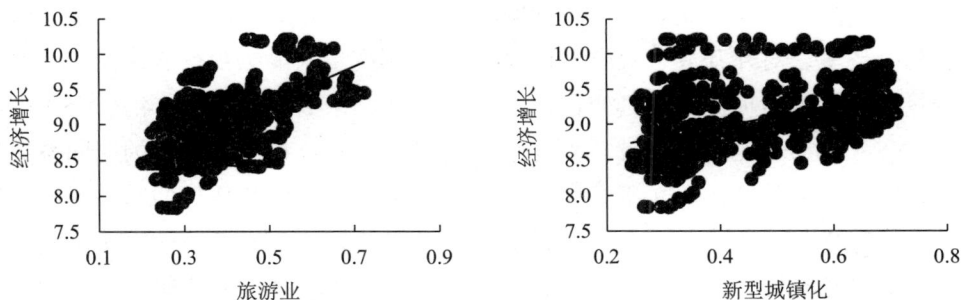

图1 旅游业、新型城镇化与经济增长散点图

三、实证结果分析

（一）估计策略

本文纳入了其他影响经济增长的经典影响因素，并在模型中加入了因变量的滞后项，以减少遗漏变量所引致的估计偏误。然而，在动态面板数据模型中，由于经济增长的滞后一期项作为解释变量有可能导致动态滞后项与随机误差项相关，而且观测不到的省份个体效应也会与解释变量相关，而且经济增长发达的省份在鼓励旅游业发展和推动新型城镇化建设过程中拥有诸多优越条件、产业基础和要素保障，由此所产生的反向因果关系与遗漏变量问题共同导致模型内生性，进而致使参数估计出现非一致性（Green，1996）。

为克服如上问题，Arellano & Bond（1991）指出，动态面板数据模型估计方法可以消除模型的内生性偏误，从而得到更加有效的估计结果，建议采用差分广义矩估计法（DIF-GMM）来缓解模型中的内生性扰动。处理策略是先进行一阶差分以消除固定效应影响，然后使用水平值的滞后项作为差分方程的工具变量，然而，这种差分方法不仅导致差分后因变量（$\Delta \ln PGDP_{i, t-1} = \Delta \ln PGDP_{i, t-1} - \Delta \ln PGDP_{i, t-2}$）与残差的差分（$\Delta \varsigma_{it} = \Delta \varsigma_{it} - \Delta \varsigma_{i, t-1}$）相关，而且容易受到弱工具变量的影响而产生较大的有限样本偏差（Blundell & Bond，1998；Bond，2002）。为解决此困扰，Arellano & Bover（1995）、Blundell & Bond（1998）在此基础上又进一步提出了系统广义矩估计（SYS-GMM）方法，处理方案是在 DIF-GMM 基础上引入水平方程，以差分变量的滞后项作为水平方程的工具变量，故本文采用旅游业、新型城镇化、制度环境、对外开放、政府干预以及因变量的高阶滞后项作为工具变量，使用两步 SYS-GMM 方法进行估计。为避免可能存在的异方差问题，本文所有的回归结果均报告稳健标准误。

（二）基准回归

为考察旅游业、新型城镇化对经济增长的影响，同时也为避免多重共线性对计量回归模型的干扰，本文采用逐步纳入变量回归的方式对式（1）进行全样本回归，结果列示于表 2 中。第（1）列为不包含任何控制变量的普通最小二乘法（OLS）回归，旅游业、新型城镇化的回归系数均在 1% 水平上显著为正，与预期相符，说明旅游业发展和新型城镇化建设在一定程度上有利于促进经济增长。考虑到省份间的差异以及时间趋势的影响，我们从第

（2）列开始，依次控制省份和年份固定效应。第（2）列是基于省份固定效应模型检验旅游业、新型城镇化对经济增长的影响，第（3）列是在第（2）列的基础上同时加入省份固定效应，结果分别显示，旅游业、新型城镇化的回归结果显著性并未发生改变，旅游业、新型城镇化回归系数分别保持在 5% 和 1% 置信水平上显著，但两变量的回归系数值有所减小，说明忽视省份间差异和时间趋势显然会高估旅游业、新型城镇化对经济增长的影响。Hausman 检验结果表明，使用固定效应估计模型回归策略是可信的，并且所有年度虚拟变量的联合显著性结果也表明，模型设定中包含时间效应是合理的。因此，本文使用双向固定效应模型来估计基准计量方程。我们在双向固定效应模型中依次加入控制变量来继续观察旅游业、新型城镇化的回归系数变化，第（4）、（5）列的估计结果显示，尽管旅游业的回归系数显著性有所改变，但两变量的回归系数仍然显著稳健为正，同时系数值进一步减小，由此依然可以有效说明旅游业发展和新型城镇化建设能够显著促进经济增长，这不仅证明了中国存在旅游业导向型经济增长假说，而且本文所提出的假说也得以佐证。一般而言，经济增长水平越高的省份，其旅游业发展和新型城镇化建设的前景更为乐观，由此会产生双向因果关系造成结果偏误。为此，本文进一步对旅游业、新型城镇化进行滞后一期处理，估计结果如第（6）列所示，两个核心解释变量的回归系数依旧在 1% 水平上显著为正，说明控制了经济增长对旅游业、新型城镇化的逆向

影响后，回归结果依旧显著，再次验证了 TLG 假说在中国的存在性和本文假说的正确性。同时，为考察本文所关心的另一核心命题，即新型城镇化是否会调节旅游业的经济增长效应，我们在第（5）列的基础上又纳入旅游业与新型城镇化的交互项（$TR \times NURB$），以刻画"城旅协同"对经济增长的作用方向，第（7）列的结果显示，交互项的回归系数在 1% 水平上显著为正，表明"城旅协同"对经济增长具有直接的正向影响作用，即从变量之间的逻辑看，交互项的回归系数为正，意味着新型城镇化建设水平高的省份，有助于激发旅游业对经济增长的积极影响。考虑到 2014 年国务院出台的《国家新型城镇

化规划（2014—2020 年）》（以下简称《规划》），可能会影响第（7）列的回归结果，本文引入虚拟变量 $year14$，即其在 2014 年之前取值为 0，2014 年及以后取值为 1，同时引入虚拟变量与"城旅协同"变量的交互项（$TR \times NURB \times year14$），以考察政策文件出台是否影响了"城旅协同"的经济增长效应，回归结果如第（8）列所示，交互项的回归系数显著为正，表明随着《规划》出台，中国未来新型城镇化的发展路径、主要目标和战略任务得以明确，相应刻画出旅游业影响经济增长的差异性，即新型城镇化政策实施有效强化了"城旅协同"的经济增长效应。

表 2　全样本的固定效应模型回归结果

变量	（1）	（2）	（3）	（4）	（5）	（6）	（7）	（8）
TR	2.2628*** （0.128）	0.4885** （0.205）	0.4236** （0.209）	0.2638* （0.198）	0.2422*** （0.173）		0.1556*** （0.178）	0.2419*** （0.194）
$NURB$	1.1569*** （0.095）	1.3282*** （0.040）	1.7287*** （0.232）	1.2774*** （0.223）	1.2256*** （0.197）		1.1257*** （0.209）	1.1324*** （0.191）
$L.TR$						0.5729*** （0.175）		
$L.NURB$						1.3638*** （0.203）		
$TR \times NURB$							1.2806*** （0.212）	
$TR \times NURB \times$ $year14$								0.3298*** （0.043）
$\ln K$				0.0957*** （0.015）	0.0872*** （0.014）	0.1163*** （0.017）	0.418*** （0.013）	0.0662*** （0.013）
$\ln L$				0.9243*** （0.160）	0.7844*** （0.142）	0.8166*** （0.143）	0.6719*** （0.129）	0.7662*** （0.137）
$\ln MAK$					0.1068* （0.061）	0.1826*** （0.069）	0.1308** （0.055）	0.0946*** （0.059）

续表

变量	（1）	（2）	（3）	（4）	（5）	（6）	（7）	（8）
FDI					2.2778*** （0.248）	2.1459*** （0.256）	1.6363*** （0.233）	2.1014*** （0.241）
GOV					1.1264*** （0.129）	1.1502*** （0.134）	0.6250*** （0.1261）	0.8993*** （0.129）
常数项	7.6012*** （0.063）	8.2439*** （0.072）	8.2190*** （0.088）	5.7619*** （0.3376）	5.5768*** （0.303）	5.1809*** （0.312）	5.8020*** （0.276）	5.8301*** （0.2958）
省份固定效应	否	是	是	是	是	是	是	是
年份固定效应	否	否	是	是	是	是	是	是
观测值	600	600	600	600	600	570	600	600
R^2	0.4855	0.4866	0.5263	0.6680	0.8134	0.7840	0.8555	0.8390

注：*、** 和 *** 分别表示 10%、5% 和 1% 的显著性水平；括号内为稳健标准误。

通常而言，非观测的个体固定效应会使因变量的滞后项系数 ρ 存在向上偏误（Hisao，1986），而固定效应估计则会使 ρ 产生向下偏误（Bond，2002），而良好的 ρ 一致估计量应该处于混合估计与固定效应估计区间。表 3 第（1）、（2）列依次显示了方程（2）的混合回归与固定效应回归结果，第（3）、（4）列则分别显示出方程（2）的差分广义矩估计（DIF-GMM）和系统广义矩估计（SYS-GMM）结果。与我们所预期的相似，因变量的 DIF-GMM 和 SYS-GMM 的 ρ 估计量（0.9285 和 0.9427）正好介于混合估计滞后项的估计量（0.9645）和固定效应估计滞后项的估计量（0.8930）区间，进而说明我们对方程（2）的动态面板数据模型估计结果具备一定的稳定性。另外，在对方程（2）进行广义矩估计时，是选择 DIF-GMM 还是 SYS-GMM，存在三点判别要点：其一，SYS-GMM 不仅可以解决 DIF-GMM 存在的弱工具变量问题，并且 SYS-GMM 适用于截面单元多而时间跨度短的面板数据结构；其二，Blundell & Bond（1998）研究发现，如果因变量的滞后项系数比较大，比如接近 1，应该考虑 SYS-GMM，如果该系数较小，则选择 DIF-GMM 较好；其三，两步广义矩估计的标准协方差矩阵相比一步广义矩估计较为稳健。第（3）、（4）列的回归结果显示，因变量的滞后项系数分别为 0.9285 和 0.9427，相对较大，故本文选择 SYS-GMM 进行模型估计。作为一致性估计，GMM 估计成立的前提条件是差分方程中残差序列不存在二阶和更高阶的自相关，并且工具变量具有严格的外生性，因而需要对估计结果进行 Arellano-Bond 序列相关检验和 Hansen 检验（白俊红、刘宇英，2018）。模型适用性检验的统计量显示：AR（2）检验无法拒绝差分方程的残差序列不存在二阶序列相关原假设，即差分方程的残差序列不存在二阶序列相关；Hansen 检验无法拒绝工具变量过度识别的原假设，即工具变量联合有效；检验 GMM 类和 IV 类的工具变量子集有效性的 Hansen 差分统计量（Difference-in-

Hansen）表明 SYS-GMM 新增工具变量有效。以上检验表明，SYS-GMM 估计结果一致且可靠。

表3　全样本的广义矩估计回归结果

变量	（1） POLS	（2） FE	（3） DIF-GMM	（4） SYS-GMM
$L.\ln PGDP$	0.9465*** （0.009）	0.8930*** （0.021）	0.9285*** （0.046）	0.9427*** （0.016）
TR	0.1542*** （0.059）	0.2316** （0.107）	0.2439** （0.167）	0.1679** （0.036）
$NURB$	0.1886*** （0.056）	0.1959** （0.091）	0.2695*** （0.175）	0.1938*** （0.035）
$TR \times NURB$	0.2758** （0.112）	0.28959** （0.135）	0.2892* （0.005）	0.2156** （0.002）
$\ln K$	0.0124*** （0.003）	0.0165* （0.009）	0.0278** （0.019）	0.0152** （0.006）
$\ln L$	0.0715** （0.028）	0.1304** （0.056）	0.0371* （0.137）	0.0646** （0.082）
$\ln MAK$	0.0013 （0.002）	0.0069 （0.005）	0.0155*** （0.059）	0.0168*** （0.026）
FDI	0.0587 （0.107）	0.1818 （0.141）	0.0921* （0.068）	0.0649** （0.045）
GOV	0.0527 （0.035）	0.0861* （0.041）	0.0239 （0.072）	0.0645 （0.046）
常数项	0.2229*** （0.050）	0.0922*** （0.123）		0.2516*** （0.213）
省份固定效应	是	是	是	是
年份固定效应	是	是	是	是
AR（2）			0.266	0.242
Hansen 检验			1.000	1.000
Difference-in-Hansen 检验			0.430	0.950
观测值	570	570	540	570

注：*、** 和 *** 分别表示 10%、5% 和 1% 的显著性水平；括号内为稳健标准误。

13

观察混合估计结果，在控制变量中，除物质资本、人力资本之外，其他变量的显著性水平都较差，显然这与混合估计受到模型内生性困扰有关。因此，使用GMM是一个较为理想的估计方法。由表3第（4）列可知，在SYS-GMM估计中，大部分变量回归结果的符号方向与静态面板固定效应模型的估计结果以及理论预期基本保持一致。尤其是，尽管与表2中的第（7）列相比，表3中的第（4）列中旅游业回归系数的显著性略有降低，但却再次核实了"城旅独立"对经济增长的显著影响，进而为验证来自"产、城"维度的经济增长贡献来源提供了实证依据。与此同时，根据SYS-GMM估计出的因变量滞后项系数和核心解释变量回归系数，可以相应计算出核心解释变量对经济增长的累积效应，即旅游业、新型城镇化及其交互项对经济增长的循环累积效应分别为2.9302、3.3822和3.7627，由此说明，当捕捉到动态效应后，"城旅协同"的直接经济增长效应仍要强于"城旅独立"的经济增长效应，其中，新型城镇化的经济增长效应也强于旅游业的经济增长效应，这一基准研究结论与固定效应模型估计结论保持一致。通过以上实证结果，我们可以暂时得出三点有价值的研究结论：其一，TLG假说在中国情景中确实存在，这一点无论是单独对TLG假说框架进行实证检验，抑或是将其置于新型城镇化变量的调节约束机制下，这一研究结论都具备相当的稳健性；其二，新型城镇化作为实现我国现代化目标、推进经济可持续发展的关键战略，其对经济增长的驱动作用相

对强劲；其三，旅游业、新型城镇化对经济增长的促进作用在一定程度上存在互补关系，新型城镇化建设有助于强化旅游业的经济增长效应，"城旅协同"能够创造、激发以及释放更深层次的经济增长效应。对于我们所关注的"城旅协同"的经济增长效应发生机制问题，概括性的理论解释在于，新型城镇化作为一项涵盖经济建设、社会建设、文化建设、政治建设和生态文明建设的综合性系统工程，通过强调人口城镇化的高度化、经济城镇化的集约化、空间城镇化的最优化、社会发展的包容性、环境治理的生态性和城乡统筹的和谐性，为旅游业发展塑造了全新的产业发展空间和有效的产品市场需求，从而深入挖掘了旅游业潜在的经济增长效应。

控制变量的检验结果基本符合预期。如表3中的第（4）列所示，物质资本、人力资本的回归系数均至少通过了5%水平的显著性检验，且变量符号也均与理论预期一致，由此可见，固定资产投资仍是现阶段驱动中国经济增长的重要因素，然而，人力资本产出弹性相对升高也说明，人力资本作为知识创新的基本载体，未来将是促进中国经济可持续增长的主要来源。制度环境回归系数在1%水平上显著为正，说明近年来中国所实施的深层次的市场化改革，通过充分发挥市场价格机制的引导作用，来优化资源要素配置，释放出了结构性改革红利。对外开放对经济增长的影响显著为正，说明外资进入可以充裕资本积累，尤其能够通过引发技术外溢、知识扩散和市场竞争促进经济增长。政府干预回归系数并不显著，原因在于政府干预对

经济增长的影响存在不确定性，尽管政府干预是应对市场失灵、促进产业转型升级的重要力量，然而，政府过度干预同时也会导致资源配置扭曲与效率损失。

（三）异质性分析

前文利用全样本考察了"城旅独立"和"城旅协同"对经济增长的平均影响效应，接下来本文将从地区、时间、旅游业发展水平以及新型城镇化进程四个角度深入考察"城旅独立"和"城旅协同"对经济增长的异质性影响。

1.基于地区的异质性分析

由于我国地区间省份在资源禀赋、产业基础、文化环境和政府政策等方面存在较大差异，本文继续考察"城旅独立"和"城旅协同"对经济增长的影响是否因区位不同而存在差异。按照样本省份所处区域的不同将样本分为东部地区省份和中西部地区省份，通过设定地区虚拟变量（east，东部地区省份取值为1，中西部地区省份取值为0），将其分别与旅游业、新型城镇化及其乘积项的交互项纳入模型中以观察交互项的符号和显著性，结果见表4第（1）列。从核心解释变量与地区虚拟变量的交互项系数看，旅游业、新型城镇化与地区虚拟变量的交互项系数（$TR \times east$ 和 $NURB \times east$）显著为正，表明东部地区省份"城旅独立"对经济增长的影响显著强于中西部地区省份，同时也相应显示出旅游业与新型城镇化乘积项与地区虚拟变量的交互项系数（$TR\_NURB \times east$）在5%水平上显著为正，说明东部地区省份"城旅协同"的经济增长效应更为显著。可能的原因在于，我国大部分A级旅游景区位于黑河—腾冲一线以东区域，尤其是高品质的旅游景区基本位于东部地区省份，而且考虑到东部地区省份拥有相对较高的人均可支配收入和较为完善的空间交通网络，因而东部地区省份旅游业的发展能级要优于中西部地区省份。自2015年始，国家发改委所公布的国家新型城镇化综合试点地区大部分位于东部地区，即东部地区省份的新型城镇化建设进程要领先于中西部地区省份，在探索产城融合机制方面优势明显，特别是旅游业与新型城镇化的互动效应表现更为强烈，新型城镇化对旅游业影响经济增长的调节机制更为高效，由此决定了新型城镇化对东部、中部、西部地区省份旅游业促进经济增长的异质性影响。

2.基于时间的异质性分析

2014年《规划》出台后，从中央到地方相继制定了推进新型城镇化进程的土地、财政、投融资等配套政策，目的在于充分释放新型城镇化蕴藏的巨大内需潜力，为经济持续健康发展提供持久强劲动力。随着新型城镇化建设日渐深入，其所释放出的"改革红利"不仅为产业发展提供了升级、迭代牵引力，而且为经济高质量发展注入了强心剂。为此，本文以2014年为界，将样本划分为2004—2013年和2014—2018年两个子样本，并分别予以检验。然后，设定时间虚拟变量yeardum（2004—2013年时间段取值为1，否则取值为0），将时间段虚拟变量与本文兴趣变量的交互项纳入模型，所得结果见表4第（2）列。其中，旅游业、新型城镇化与时间虚拟变量的交互项系数（$TR \times yeardum$

和 $NURB \times yeardum$）显著为正，说明2014年之后，"城旅独立"对经济增长的影响更强烈，究其原因，一方面，旅游业规模的持续扩大使得其对国民经济体系运行的重要性不断加强，旅游业因此对经济增长的综合贡献率得以攀升；另一方面，《规划》出台后，新型城镇化跃升为国家宏观战略，并成为适应"新常态"、应对经济增速结构性下滑、提升居民生活幸福感的关键抓手，本文的实证结论也验证出新型城镇化所内蕴的巨大经济促增潜力。另外，旅游业与新型城镇化乘积项与地区虚拟变量的交互项系数（$TR \times NURB \times yeardum$）也在1%水平上高度显著，说明随着2014年新型城镇化政策性文件出台后，新型城镇化建设对旅游业影响经济增长的调节效应得以强化。

3. 基于旅游业发展的异质性分析

随着旅游业的产业波及效应和融合能力提升，加之旅游消费需求的渗透、传导和引领，旅游业发展对地区整体产业经济体系的结构配置施加影响，进而也对目的地的新型城镇化建设产生来自涉旅部门的综合性产业支撑作用。因此，本文将旅游业综合指数高于样本均值的省份划分为旅游业依赖型省份，其余为非旅游业依赖型省份，并设定旅游业依赖型省份虚拟变量（TRD，旅游业依赖型省份取值为1，否则取值为0），并将本文兴趣变量与旅游业依赖型省份虚拟变量的交互项纳入模型进行回归。表4第（3）列的估计结果表明，新型城镇化对旅游业依赖型省份经济增长的促进作用并无显著差异，同时在旅游业依赖型省份，我们也并未发现"城旅协同"对经济增长的促进作用存在差异性的经验证据。原因在于，中国旅游业发展当前仍处于由资源依托型模式到休闲度假型模式转变阶段，旅游业依赖性省份的经济发展大多相对欠发达，但却具备推进新型城镇化建设的后发优势，通过借鉴其他发达省份新型城镇化的建设理念，可以切实弥补城镇功能的薄弱短板，并为现代产业孕育良好的成长要素，进而不仅为旅游业发展创造适宜的产业发展环境，而且拓宽了旅游业对经济增长的溢出渠道。非旅游业依赖型省份的产业经济结构体系相对均衡，旅游业对新型城镇化建设过程中所创造的先进知识、管理理念、创新模式、制度安排等发展要素的吸收能力更强，旅游业易于获得实现产业集聚、转型升级、提质增效的内生动力，新型城镇化在上述过程中发挥了增强旅游业影响经济增长的"润滑剂"作用。

4. 基于新型城镇化进程的异质性分析

新型城镇化既能推动产业结构升级，又可优化城镇空间结构，并能创造有效产业需求，进而对社会生产、生活均会产生复杂而深远的影响。为探究不同进程的新型城镇化对旅游业的经济增长效应的差异化影响，本文首先设置新型城镇化进程虚拟变量（$NURBD$），并将新型城镇化综合指数高于样本均值的省份划分为高新型城镇化省份，相应虚拟变量赋值为1，其余赋值为0，将该虚拟变量与本文所关心的核心解释变量的交互项加入回归中，进而比较研究不同阶段的新型城镇化是否会对旅游业的经济增长产生调节作用，具体的估计结果见表4第（4）列。交互项回归结果显示，旅游业与新型城镇化进程虚拟变量的交互项系数（$TR \times NURBD$）显著为正，并在 1% 的统计性水平上显著，表明旅游业的经济增长效应在新型城镇化建设水平比较高的省份更为明显。同时，"城旅协同"与新型城镇化进程虚拟变量的交互项系数（$TR \times NURB \times NURBD$），通过了 5% 显著性检验，表明"城旅协同"

对高新型城镇化省份经济增长的影响更大。这是由于当新型城镇化建设水平比较高时，其可从供求两端对旅游业产生双向积极影响，不仅抬升了竞争性旅游市场均衡价格，而且极大地提高了旅游业运行效率，进而强势刺激了旅游业的经济增长效应。

表 4　异质性分析

变量	（1）地区	（2）时间	（3）旅游业发展	（4）新型城镇化进程
$L. \ln PGDP$	0.9238***（0.019）	0.9370***（0.016）	0.9305***（0.019）	0.9063***（0.018）
$TR \times east$	0.2567**（0.128）			
$NURB \times east$	0.1662***（0.019）			
$TR \times NURB \times east$	0.4963**（0.045）			
$TR \times yeardum$		0.2747***（0.036）		
$NURB \times yeardum$		0.1738**（0.167）		
$TR \times NURB \times yeardum$		0.9308***（0.083）		
$TR \times TRD$			0.2731**（0.012）	
$NURB \times TRD$			0.4175（0.478）	
$TR \times NURB \times TRD$			0.1831（0.017）	
$TR \times NURBD$				0.2656***（0.095）
$NURB \times NURBD$				0.3686***（0.051）
$TR \times NURB \times NURBD$				0.1588**（0.134）
控制变量	控制	控制	控制	控制

续表

变量	（1） 地区	（2） 时间	（3） 旅游业发展	（4） 新型城镇化进程
AR（2）	0.213	0.247	0.321	0.239
Hansen 检验	1.000	1.000	1.000	1.000
Difference-in-Hansen 检验	0.947	0.997	0.948	0.998
观测值	570	570	570	570

注：*、** 和 *** 分别表示 10%、5% 和 1% 的显著性水平；括号内为稳健标准误。

（四）内生性处理

尽管本文为缓解遗漏变量带来的估计偏误，加入了一系列控制变量，并且控制了省份效应与年份效应，但固定效应模型估计的一致性要求解释变量与随机扰动项无关，即解释变量外生性假定。另外，既有关于旅游业与经济增长关系的研究文献存在两种典型结论：一是支持 TLG 假说；二是发现经济驱动型旅游业（Economic-Driven Tourism，EDT）发展模式（Lean et al.，2014），由此说明旅游业与经济增长之间存在双向因果关系，即旅游业会促进经济增长，但经济增长发达地区也拥有相对优越的旅游业发展所需的供需条件和保障体系，所以内生性问题无法排除，从而造成模型联立性偏误（赵磊，2015）。

鉴于选择历史数据构造工具变量是一种较为常见的方法，根据 Nunn & Qian（2014）、余永泽等（2020）和纪祥裕（2020）的设置思路，本文采用 1978 年各省份旅游业专业化水平和上一年各省份入境旅游人数比（入境旅游人数占省内总人口数比重）的交互项，作为内生变量旅游业的工具变量。原因有三：其一，改革开放之前，我国旅游业的主要功能以外交接待为主，并不具备产业经济性质，直到改革开放以后，入境旅游开展开始以赚取外汇为目的，由于国内人均可支配收入的提高，此时国内旅游活动也开始逐渐活跃，所以改革开放初期各省份旅游业专业化水平与当前的旅游业专业化水平具备高度相关性，可以很大程度地反映出各省份的旅游业发展状况，故而采用 1978 年各省份旅游业专业化指标，可以有效避免因变量与自变量的逆向因果关系而导致的内生性；其二，本文样本期为 2004—2018 年，相对于 1978 年已滞后长达 20 年以上，较长时间段的滞后性也基本保障了 1978 年的旅游业专业化水平不会与模型残差项相关；其三，我国旅游业发展初期，主要以旅游资源的初级开发驱动为主，而旅游资源依托型产品具备不可转移性的特点，所以 1978 年的旅游业专业化水平也与个体变化有关，而只采用这一指标作为工具变量会因为固定效应而无法估计，为此，本文同时引入了上一年的入境旅游人次比（与时间有关），并构造两者的交互项，以满足工具变量回归的基本要求，之所以选择入境旅游人次比作为构造工具变量的指标，是因为国内旅游目的地对境外旅游市场的吸引力主要体现在地理景观、文化差异两个基本方面，同时又考虑到其中会涉及部分与商务会奖、购物娱乐等相关的出游需求，对该指标进行处理，也可以强化其外生性特征。除此之外，为避免新型城镇化也可能存在潜在的内生性问题，我们进一步构造以上旅游业的工具变量与滞后一期的新型城镇化交互项作为旅游业与新型城镇化交互项的工具变量。

基于以上分析，我们采用1978年各省份旅游业专业化水平和上一年各省份入境旅游人数比的交互项作为旅游业的工具变量，对模型进行二阶段最小二乘法（2SLS）。表5第（1）、（2）列分别显示出"城旅独立"条件下工具变量固定效应两阶段最小二乘（IV-FE-2SLS）及其异方差稳健估计结果。首先，关于内生变量的外生性检验，Davidson-MacKinnon检验统计量为58.8078，且在1%水平上拒绝了内生变量外生性的原假设，说明固定效应模型存在内生性问题，同时Durbin-Hausman-Wu检验也在1%水平上显著拒绝固定效应模型与IV-FE-2SLS的回归系数无差异的原假设，即认为IV-FE-2SLS回归结果是稳健的，并且优于固定效应模型回归。其次，Kleibergen-Paap rk LM统计量和Anderson-Rubin Wald F统计量均在1%水平上显著拒绝"工具变量识别不足"的原假设。再次，Kleibergen-Paap rk Wald F统计量和Cragg-Donald wald F统

计量明显大于Stock & Yogo（2002）审定的F值在10%偏误水平下的16.38的临界值，进而显著拒绝"工具变量弱识别"的原假设。以上各统计量检验结果表明工具变量合理有效。当纳入旅游业与新型城镇化交互项后，表5第（3）、（4）列所显示出的IV-FE-2SLS估计结果与异方差稳健估计结果也证实了本文工具变量构造的恰当性。

我们以表5第（2）列中考虑到稳健标准误的回归结果为分析重点，结果显示，旅游业及其与新型城镇化交互项的回归系数分别为0.3520和2.0696，并且在1%水平上显著，说明在控制内生性后，TLG假说仍然真实有效，而且"城旅协同"对经济增长的促进作用仍然显著。与表2第（7）列相比，如上第二阶段的回归结果也显示，加入控制变量后，内生变量系数的符号并未发生明显变化，从而也间接说明排他性约束满足（Burchardi & Hassan，2013）。在表5第（2）列的回归结果中，旅游业的回归系数为0.6459，为表2第（7）列中回归系数的4.151倍，表明虽然IV-FE-2SLS的估计结果增大，但系数估计精确度有所下降，而在表5第（4）列中，旅游业的回归系数为0.3520，该系数估计值相比未纳入"城旅协同"作用时相对更加精确，但以上估计结果共同反映出内生性问题会使固定效应模型估计结果产生向下偏移。

表5　工具变量回归结果

变量	（1）IV-FE-2SLS	（2）IV-FE-2SLS	（3）IV-FE-2SLS	（4）IV-FE-2SLS
TR	0.6459***（0.069）	0.6459***（0.091）	0.3520***（0.304）	0.3520***（0.305）
$NURB$	1.5973***（0.139）	1.5973***（0.159）	0.7701***（0.328）	0.7701***（0.351）
$TR \times NURB$			2.0696***（0.127）	2.0696***（0.158）
控制变量	控制	控制	控制	控制
省份效应	是	是	是	是
年份效应	是	是	是	是
Davidson-MacKinnon 统计量	58.8078***		23.8729***	
Durbin-Wu-Hausman 统计量	36.3973***		29.3368***	
Anderson-Rubin 统计量	44.187***		58.135***	
Cragg-Donald wald F 统计量		47.312***		220.307***
Kleibergen-Paap rk LM 统计量		22.828***		134.152***
Kleibergen-Paap rk Wald F 统计量		81.679***		271.969***
观测值	600	600	570	570
R^2	0.6713	0.6713	0.8495	0.8495

注：*、** 和 *** 分别表示 10%、5% 和 1% 的显著性水平；括号内为稳健标准误。

（五）稳健性检验

前文研究发现，不仅旅游业、新型城镇化对经济增长具有正向积极意义，而且旅游业与新型城镇化的联合协同作用也会显著促进经济增长，为进一步保证"城旅独立"和"城旅协同"的经济增长效应检验结果的可靠性，本文继续从多维度进行敏感性分析。

1. 指标选择问题

本文从两个方面拟对指标选择进行稳健性检验：一是替换核心解释变量的度量，沿用既有文献对旅游业发展度量的传统做法，即采用旅游业专业化水平（TP）作为测度旅游业发展水平的代理指标，回归结果见表6第（1）列，旅游业专业化水平及其与新型城镇化交互项的回归系数符号及显著性均未发生实质性变化，说明"城旅独立""城旅协同"能够显著促进经济增长，与前文结论相符。二是改变被解释变量的度量，选取经济增长速度作为经济增长的替代指标，表6第（2）列汇报的结果显示，旅游业专业化水平及其与新型城镇化交互项的回归系数分别在10%和5%的置信水平上显著为正，并且系数估计值有所下降，但也再次说明"城旅独立"对经济增长具有积极意义，而且旅游业与新型城镇化也能够形成有效的协同效应，从而发挥促进经济增长的联合作用，这与基准结果保持了良好的逻辑一致性。

2. 样本选择问题

首先，2014 年《规划》的公布可能对计量结果产生影响，本文剔除 2014 年数据后重新估计基准模型，结果见表 6 第（3）列，核心解释变量的回归系数仍显著为正，不仅说明旅游业扩张和城镇化质量提升能够驱动经济增长，而且"城旅协同"对促进经济增长具有重要贡献，"城旅协同"所释放的经济增长效应符合产城融合发展的一般规律，从而得出回归结果并未因政策刺激而发生较大变化，总体上较为稳健。其次，自 2014 年开始，国家陆续出台了系列鼓励旅游业发展和新型城镇化建设的政策性文件，因而我们预期 2014 年之后我国旅游业发展和新型城镇化建设会进入一个新的发展阶段或历史时期，所以本文进一步对 2014 年之后的样本进行回归分析，本文所关切的核心解释变量的系数仍然高度显著为正。最后，为防止特殊样本或极端值对模型估计结果的干扰，本文对各变量按照上下 1% 进行 Winsorize 缩尾处理，然后再对基准模型进行回归分析，结果见表 6 第（4）列。结果显示，核心解释变量的回归系数符号和显著性与前文回归结果相似，但估计值普遍略有下降，其他控制变量的回归系数值及符号也均未发生明显变动，说明异常样本点并未对基准回归结果造成实质性影响。

表 6 稳健性检验

变量	（1）旅游业专业化	（2）经济增长速度	（3）剔除 2014 年	（4）2014—2018 年	（5）缩尾样本
$L. \ln PGDP$	0.9326***（0.022）	0.9128***（0.053）	0.9451***（0.031）	0.9356***（0.052）	0.9432***（0.004）
TR	0.0538**（0.103）	0.0316*（0.218）	0.1342***（0.027）	0.1721***（0.104）	0.1325**（0.117）
$NURB$	0.2125***（0.035）	0.1195***（0.105）	0.1737***（0.143）	0.2568**（0.206）	0.1563**（0.325）
$TR \times NURB$	0.0725**（0.008）	0.1327**（0.201）	0.1851**（0.115）	0.2010***（0.242）	0.1621**（0.028）
控制变量	控制	控制	控制	控制	控制
省份效应	是	是	是	是	是
年份效应	是	是	是	是	是
AR（2）	0.417	0.145	0.328	0.497	0.421
Hansen 检验	1.000	0.892	1.000	1.000	1.000
观测值	570	570	570	570	570

注：*、** 和 *** 分别表示 10%、5% 和 1% 的显著性水平；括号内为稳健标准误。

四、结论与政策启示

中国经济正处于"三期叠加"阶段，为缓解经济"结构性"下行压力，揭示"产城协同"对经济增长的影响过程，对寻找提升经济增长规模和质量的可行路径具有重要的理论与实践意义。鉴于此，本文试图在新型城镇化战略背景下，深入到现代服务业内部，系统揭示"城旅协同"对经济增长的影响及其作用机制，希冀从更为微观的"城旅协同"视角为产城融合促进经济增长寻找一个具象解释。计量分析表明，"城旅独立"和"城旅协同"均对经济增长具有显著促进作用，并且"城旅独立"的经济增长效应表现更为强烈，充分佐证出有效发挥旅游业与新型城镇化的联合协同作用，能够有力地促进经济增长。在克服内生性、分析异质性和检验敏感性后，上述核心研究结论保持稳健。此外，检验结果表明，"城旅协同"具体是通过推动产业结构优化、升级，进而促进经济增长的。本文还进一步发现，"城旅协同"对经济增长的影响相对深远，旅游业与新型城镇化之间深度有效协同可通过改进全要素生产率而提升经济增长质量。

本文研究证实了新型城镇化是增强旅游业影响经济增长的效应强度的重要调节力量，因而将"城、旅"协同作用纳入经济增长驱动因素框架中予以实证研究，对在新时期探索经济增长的潜在贡献来源极为迫切。本文所蕴含的重要政策启示：（1）旅游业是影响经济增长的重要因素，因而在当前经济发展环境下，各地政府可以考虑将旅游业视为促进经济增长的产业发展工具，需要提及的是，应当以发展现代、新兴和高端旅游业为主，避免同质化、重复性旅游开发思维；（2）全面、系统和深入贯彻新型城镇化建设战略，以切实推进以人为核心的城镇化为抓手，以持续提升城镇化质量为主要理念，以促进内涵集约式产业发展为实施路径，以优化改革体制机制为内在动力，有序完善新型城镇化发展体系，充分释放新型城镇化蕴藏的巨大内需潜力；（3）强化"城、旅"协同运行机制，旅游业发展需提高对新型城镇化建设所释放出的有效市场需求、产业创新技术、先进经营模式等外溢知识的吸收能力，同时，各级政府可考虑在资源、技术、集聚和功能等方面为构建旅游业与新型城镇化协同发展路径创造配套保障，以增进旅游业系统与新型城镇化系统之间的互动协调性、耦合适应性；（4）为尽可能拓宽"城旅协同"对经济增长的影响路径，需激发"城旅协同"的产业结构调整机制，通过"城旅协同"所催生的衍生需求升级、消费业态迭代、产业动态集聚、知识溢出关联等途径对产业结构优化产生"要素配置效应""技术驱动效应"和"产业筛选效应"；（5）基于新型城镇化的产业选择机制，通过强化旅游业与新型城镇化之间的"协同效应"，实现新兴涉旅部门的跨行业集聚，并释放"集聚经济效应"，可成为提升经济增长质量的可行实践方略。

参考文献

［1］Adamou A，Clerides S. Prospects and limits of tourism-led growth：The international evidence [J]. Review of Economic Analysis, 2010, 2 (3): 287-303.

[2] Agarwal S. Resort economy and direct economic linkages [J]. Annals of Tourism Research, 2012, 39 (3): 1470-1494.

[3] Akama J S, Kieti D. Tourism and socio-economic development in developing countries: A case study of Mombasa Resort in Kenya [J]. Journal of Sustainable Tourism, 2007, 15 (6): 735-748.

[4] Andriotis K. Scale of hospitality firms and local economic development-evidence from Crete [J]. Tourism Management, 2002, 23 (4): 333-341.

[5] Arellano M, Bond S. Some tests of specification for panel data: Monte Carlo evidence and an application to employment equation [J]. Review of Economic Studies, 1991, (58): 277-297.

[6] Arellano M, Bover O. Another look at the instrumental variable estimation of error-components [J]. Journal of Econometrics, 1995, 34 (7): 877-884.

[7] Blundell R, Bond S. Initial conditional and moment restrictions in dynamic panel data models [J]. Journal of Econometrics, 1998, 87 (2): 115-143.

[8] Bond S. Dynamic panel data models: A guide to micro data methods and practice [J]. Portuguese Economic Journal, 2002, 1 (2): 141-162.

[9] Brau R, Lanza A, Pigliaru F. How fast are small tourism countries growing Evidence from the data for 1980-2003 [J]. Tourism Economics, 2007, 13 (4): 603-613.

[10] Brida J G, Pereyra J S, Devesa M J S. Evaluating the contribution of tourism to economic growth [J]. Anatolia, 2008, 19 (2): 351-357.

[11] Burchardi K B, Hassan T A. The economic impact of social ties: Evidence from German reunification [J]. The Quarterly Journal of Economics, 2013, 128 (3): 1219-1271.

[12] Copeland B. Tourism, welfare, and de-industrialization in a small open economy [J]. Economica, 1991, 58: 515-529.

[13] Figini P, Vici L. Tourism and growth in a cross section of countries [J]. Tourism Economics, 2010, 16 (4): 789-805.

[14] Green W. Econometric Analysis (5th Edition) [M]. NJ: Prentice Hall, 2002.

[15] Hsiao C. Analysis of Panel Data [M]. Cambridge: Cambridge University Press, 1986.

[16] Kim H J, Chen M H, Jang S C. Tourism expansion and economic development: The case of Taiwan [J]. Tourism Management, 2006, 27 (5): 925-933.

[17] Lean H H, Chong S H, Hooy C W. Tourism and economic growth: comparing Malaysia and Singapore [J]. International Journal of Economics & Management, 2014, 8 (1): 139-157.

[18] Lee C C, Chang C P. Tourism development and economic growth: A closer look at panels [J]. Tourism Management, 2008, 29 (1): 180-192.

[19] Li H, Chen J L, Li G, et al. Tourism and regional income inequality: Evidence from

China［J］. Annals of Tourism Research，2016，58（3）：81–99.

［20］Li K X，Jin M，Shi W. Tourism as an important impetus to promoting economic growth：A critical review［J］. Tourism Management Perspectives，2018，26：135–142.

［21］Liberto D A. High skills，high growth：Is tourism an exception［J］. The Journal of International Trade & Economic Development，2013，22（5）：749–785.

［22］Nunn N，Qian N. US food aid and civil conflict［J］. American Economic Review，2014，104（6）：1630–66.

［23］Oh C O. The contribution of tourism development to economic growth in the Korean economy［J］. Tourism management，2005，26（1）：39–44.

［24］Pablo-Romero M P，Molina J A. Tourism and economic growth：A review of empirical literature［J］. Tourism Management Perspectives，2013（8）：28–41.

［25］Sequeira T N，Campos C. International tourism and economic growth：A panel data approach［M］//Advances in modern tourism research. Physica–Verlag HD，2007：153–163.

［26］Sequeira T N，Nunes P M. Does tourism influence economic growth A dynamic panel data approach. Applied Economics，2008（40）：2431–2441.

［27］Succurro M. Concentration，productivity and profitability in the Italian commercial accommodation sector［J］. International Journal of Tourism Research，2008，10（4）：379–392.

［28］Tosun C. Limits to community participation in the tourism development process in developing countries［J］. Tourism management，2000，21（6）：613–633.

［29］陈丹妮.城镇化对产业结构演进的影响［J］.财经科学，2017（11）：65–77.

［30］陈淑云，曾龙.地方政府土地出让行为对产业结构升级影响分析——基于中国281个地级及以上城市的空间计量分析［J］.产业经济研，2017（6）：89–102.

［31］樊纲，王小鲁，朱恒鹏.中国市场化指数——各地区市场化相对进程2011年报告［M］.北京：经济科学出版社，2011.

［32］方圆.乡村旅游在促进新型城镇化发展中的作用分析［J］.农业经济，2019（12）：29–30.

［33］干春晖，郑若谷，余典范.中国产业结构变迁对经济增长和波动的影响［J］.经济研究，2011（5）：4–16.

［34］郭晨，张卫东.产业结构升级背景下新型城镇化建设对区域经济发展质量的影响——基于PSM–DID经验证据［J］.产业经济研究，2018，96（5）：78–88.

［35］贺丹，田立新.基于低碳经济转型的产业结构优化水平实证研究［J］.北京理工大学学报（社会科学版），2015，17（3）：31–39.

［36］黄睿，曹芳东，黄震方.新型城镇化背景下文化古镇旅游商业化用地空间格局演化——以同里为例［J］.人文地理，2014（6）：67–73.

［37］纪祥裕.金融地理影响了城市创新能力吗［J］.产业经济研究，2020（1）：114–127.

［38］蓝庆新，陈超凡.新型城镇化推动

产业结构升级了吗——基于中国省级面板数据的空间计量研究［J］.财经研究，2013（12）：59-73.

［39］刘天曌，刘沛林，王良健.新型城镇化背景下的古村镇保护与旅游发展路径选择——以萱洲古镇为例［J］.地理研究，2019，38（1）：135-147.

［40］毛雁冰，原云轲.绿色新型城镇化对经济增长影响的实证研究［J］.上海大学学报（社会科学版），2019（6）：107-118.

［41］莫志明.旅游引导的乡村新型城镇化模式及其效应研究［J］.农业经济，2019（5）：45-47.

［42］冉婷，杨丹，苏维词.2007—2018年重庆市旅游业与新型城镇化耦合协调发展分析［J］.重庆师范大学学报（自然科学版），2020，37（2）：59-69.

［43］苏建军，王丽芳.旅游驱动新型城镇化发展的机理及类型研究［J］.改革与战略，2019，35（2）：63-70.

［44］王琴，黄大勇.新型城镇化对旅游业发展的影响效应——以长江经济带为例［J］.河南科技学院学报，2020（9）：1-8.

［45］王小鲁，樊纲，余静文.中国分省市场化指数报告（2016）［M］.北京：社会科学文献出版社，2017.

［46］魏鸿雁，陶卓民，潘坤友.乡村旅游与新型城镇化耦合发展研究——以江苏省为例［J］.南京师大学报（自然科学版），2020，43（1）：89-96.

［47］吴雪飞，赵磊.旅游业是产业结构变迁的动力吗来自中国的经验证据［J］.旅游科学，2019，35（5）：80-103.

［48］徐海峰.新型城镇化与流通业、旅游业耦合协调发展——基于协同理论的实证研究［J］.商业研究，2019（2）：45-51.

［49］许耀东，周军，李霞.市场一体化与新型城镇化的关联性解析——以武汉城市圈为例［J］.武汉理工大学学报（社会科学版），2017，30（1）：62-67.

［50］杨主泉.旅游业与新型城镇化协同发展机理研究［J］.社会科学家，2018，258（10）：86-91.

［51］张广海，赵韦舒.中国新型城镇化与旅游化互动效应及其空间差异［J］.经济地理，2017，37（1）：196-204.

［52］张军，吴桂英，张吉鹏.中国省际物质资本存量估算：1952—2000［J］.经济研究，2004（10）：35-44.

［53］张艺凡，朱家明.旅游业与新型城镇化互动发展路径的研究［J］.哈尔滨师范大学（自然科学学报），2018，34（3）：79-84.

［54］赵磊.旅游发展与经济增长——来自中国的经验证据［J］.旅游学刊，2015，30（4）：33-49.

［55］赵永平，徐盈之.新型城镇化发展水平综合测度与驱动机制研究——基于我国省际2000—2011年的经验分析［J］.中国地质大学学报（社会科学版），2014，14（1）：116-124.

［56］赵云鹏，叶娇.对外直接投资对中国产业结构影响研究［J］.数量经济技术经济研究，2018，35（3）：78-95.

附录

表 1　旅游业发展综合指标体系

子系统	一级指标	二级指标	单位	属性
旅游业发展	产业规模	国内旅游接待人数	万人次	+
		入境旅游接待人数	万人次	+
		国内旅游收入占旅游总收入比重	%	+
		入境旅游收入占旅游总收入比重	%	+
	行业结构	旅行社接待国内游客人天数	人天	+
		旅行社接待入境游客人天数	人天	+
		旅行社从业人员	人	+
		旅行社固定资产原值	万元	+
		旅行社营业收入	万元	+
		星级酒店房间数	间	+
		星级酒店床位数	张	+
		星级酒店平均客房出租率	%	+
		星级酒店从业人员	人	−
		星级酒店固定资产原值	万元	+
		星级酒店营业收入	万元	+
		旅游景区从业人员	人	+
		旅游景区固定资产原值	万元	+
		旅游景区营业收入	万元	+
	发展潜力	第三产业从业人员数	万人	+
		旅游总收入占 GDP 比重	%	+
		星际酒店集中度	%	+
		旅行社全员劳动生产率	万元 / 人	+
		星级酒店全员劳动生产率	万元 / 人	+
		旅游景区全员劳动生产率	万元 / 人	+
		居民消费水平	元	+
		旅游院校学生数	人	+
		旅行社企业规模	家	+
		星级酒店企业规模	家	+
		旅游景区企业规模	家	+

表 2　新型城镇化建设综合指标体系

子系统	一级指标	二级指标	单位	属性
新型城镇化建设	人口城镇化	城镇人口比总人口	%	+
		城镇人口密度	万人 / 平方公里	+
		城镇人均固定资产投资额	元	+
		城镇居民家庭人均可支配收入	元	+
		每 10 万人口中高等学校在校学生人数	人	+
	经济城镇化	人均地方财政一般预算支出	元	+
		人均实际利用外商投资额	元	+
		第三产业占 GDP 比重	%	+
	空间城镇化	建成区面积占辖区面积比重	%	+
		人均公园绿地面积	平方米	+
		建成区绿化覆盖率	%	+
	社会包容性	人均拥有公共图书馆藏量	册	+
		交通密度	公里 / 平方公里	+
		人均受教育年限	年	+
		每千人口卫生技术人员数	人	+
		城镇居民人均消费水平	元	+
		互联网上网使用人数占总人数比重	%	+
		城镇居民家庭恩格尔系数	%	+
	环境治理力	城市污水处理率	%	−
		生活垃圾无公害处理率	%	+
		工业固体废物综合利用率	%	+
		生活垃圾清运量	万吨	+
		工业二氧化硫排放量	万吨	+
	城乡统筹度	城乡可支配收入比重	%	−
		城乡消费水平比重	%	−
	生态集约化	森林覆盖率	%	+
		单位 GDP 电耗	千瓦时	+
		单位 GDP 能耗	吨标准煤 / 万元	−

在线评论效价、评论有用性和出游意向的关系研究

——旅游地声誉的调节作用

粟路军

（中南大学，湖南　长沙　410083）

摘　要： 近年来，在线评论的数量、范围、完整性和普遍可用性都出现了爆炸式增长，并成为旅游者获取旅游目的地信息的重要渠道以及出游决策参考的主要因素。基于归因理论、方法—目的链理论、声誉理论、信号理论等，本文构建了以在线评论效价（正面／负面）为前因变量，评论有用性为中介变量，旅游地声誉（好／一般）为调节变量，出游意向为结果变量的在线评论效价对旅游者出游意向的作用机制模型，并通过两个实验进行了实证检验。实验1的结果表明，与负面评论相比，正面评论对旅游者感知到的评论有用性更高，对出游意向的影响作用更显著；评论有用性在在线评论效价与出游意向之间关系中起部分中介作用。实验2的结果表明，旅游地声誉在在线评论效价与评论有用性、出游意向之间关系中起调节作用，即在旅游地声誉好的情境下，相对于负面评论，旅游者感知到正面评论的有用性会更高，对旅游地的出游意向更加积极；而在旅游地声誉一般的情境下，在线评论效价（正面／负面）对旅游者感知到的评论有用性和出游意向的影响没有显著差异。本研究创新之处在于将在线评论引入到旅游地情境中，探讨面对评论效价不同的在线评论时旅游者所感知到的评论有用性和出游意向的差异性，通过分析评论有用性的中介作用以及旅游地声誉的调节作用，探明在线评论效价对出游意向的影响机制，进一步厘清了在线评论效价对出游意向影响的作用边界。研究结果对于旅游地在线评论管理研究具有一定的启示意义，对于旅游地实践管理具有重要的参考价值。

关键词： 在线评论效价；旅游地声誉；评论有用性；出游意向

收稿日期：2021-09-24

作者简介：粟路军（1979—　　），男，中南大学商学院教授，博士生导师，主要研究方向为旅游地营销与管理。

Research on the Relationship among Online Review Valence, Usefulness of Online Reviews and Travel Intention——the Moderating Role of Destination Reputation

Su Lujun

（Central South University，Changsha，Hunan，410083）

Abstract：In recent years，the number，scope，integrity，and universal availability of online reviews has exploded，which have become an important channel for tourists to obtain information on tourist destinations and the main factors for travel decision-making. Based on attribution theory，means-end chain theory，reputation theory，signaling theory etc.，this paper constructs a mechanism model of online review valence's influence on travel intentions，and conducts empirical tests through two experiments. Specifically，the online review valence（positive vs negative）is the antecedent variable；the usefulness of online reviews is the mediating variable，and the travel intention（good vs general）as result variable. The study 1 found that compared with negative reviews，positive reviews are more useful to tourists，and have a more significant effect on travel intention；the usefulness of online reviews plays the partial mediating role in the relationship between online review valence and travel intention. The study 2 found that the reputation of tourism destinations plays a regulatory role in the relationship among online review valence，usefulness of online reviews and travel intentions：when the destination reputation is good，the tourists who browse positive reviews will think the online review more useful，and have a stronger travel intention to the tourist destination，but conversely，if the destination reputation is general，the online review valence（positive/negative）has no significant difference on the usefulness of online reviews and travel intention to travelers. The innovation of this research is to introduce online reviews into the tourism situation and explore the differences of the usefulness of online reviews and travel intentions perceived by tourists when they are faced with online reviews with different valences（positive vs negative）. Moreover，by analyzing the mediating role of the usefulness of online reviews and the regulation role of destination reputation，this research figures out the mechanism of the online review valence's influence on travel intentions and clarify the boundary of the effect of the online review valence's influence on travel intentions. The research results have certain enlightenment significance for the online review management research of tourism destinations，and have important reference value for the practice management of tourism destinations.

Key words：online review valence；destination reputation；usefulness of online reviews；travel Intention

一、引言

根据中国互联网络信息中心（CNNIC）在京发布的第43次《中国互联网络发展状况统计报告》，截至2018年12月，我国网民规模达8.29亿，其中在线旅行预订用户达4.1亿。随着互联网的普及和各种网络社交模式的兴起，消费者之间的互动变得更加便捷，在线评论的数量、范围、完整性和普遍可用性都出现了爆炸式增长。关于在线评论，它对不同类型产品消费者购买决策的影响已经被研究证明，如书籍、酒店住宿以及所有的追求体验的商品。在线评论已经成为消费购买的一个重要信息来源，它允许消费者分享过去的消费体验，传递详细和可靠的信息。通过在线评论可以推断产品质量和减少产品不确定性，产生间接的购买体验，从而降低消费者的感知风险水平，帮助消费者形成最终的购买决策。在当前互联网技术先进的时代背景下，旅游、酒店、休闲、电气设备等消费行业的公司需要面对管理大规模、匿名和简短的他人意见的挑战，企业需要新的知识使自身能够及时捕捉、分析、解释和管理在线网络社交影响。

随着人们生活水平的提高，旅游度假已经成为人们缓解压力、提高生活品质的重要方式，越来越多的人将旅游作为日常生活的重要组成部分，旅游活动正逐步向大众化、普及化和经常化发展。在2009年国务院发布的41号文件中，已将旅游业定位于"国家战略性支柱产业"，在2017年十二届全国人民代表大会第五次会议上，李克强总理更是强调了要大力发展旅游和休闲行业，促进消费稳定增长。在学术界，许多学者也明确指出旅游的消费属性。根据Collie的研究，65%的休闲旅游者在决定旅游目的地之前会上网搜索，69%的计划是由在线旅游评论决定的，在线评论很大程度上影响着旅游者的出游意向。在线旅游营销中，评论效价作为在线评论的重要方面，对评论有用性和出游意向的影响也已得到广泛证实。根据声誉理论和信号理论，良好的声誉是正面形象的表征，可以促使旅游者对旅游地产生积极认知，并强化该旅游地在旅游者心中的地位，增强其吸引力，从而影响旅游者的态度和行为。同时，基于技术接受模型（TAM）、信息采纳模型（IAM）和理性行为理论（TRA），在线评论越有用，旅游者会有更大的意愿采纳这些信息进行决策。总的来说，在线评论及其效价、旅游地声誉和评论有用性会显著影响旅游者的行为，可以用来预测旅游者的出游意向。

首先，大多数旅游业的在线评论研究集中在酒店企业，很少有研究关注有关旅游地在线评论及其影响。然而，旅游地是旅游活动的主要载体，且旅游活动包括吃、住、行、游、购、娱等多种体验，需要多个旅游企业来完成，而旅游者对旅游体验进行评论时，往往是对在旅游地获得的综合性体验评价。特别是，旅游活动由于具有异地性、暂时性、生产与消费的同时性以及无形性等的自身特征，导致旅游消费具有空间距离、时间距离和文化距离，旅游消费面临的风险相对较高。因此，对旅游地的在线评论及其产生的影响可能具有自身的独特性。其次，许多研究已经证实负面评论比正面评论有用性更高，对消费者产生的影响更大，但是近年来也有学者发现在享乐型产品（如旅游、音乐）消费中，消费者感知到的负面评论的有用性相对于实用型产品（如电脑、手机）较低，并且在旅游地情境下评论有用性在在线评论效价与出游意向之间关系中的作用未知，这值得我们进行进一步的探索。此外，旅游地声誉是游客在选择度假目的地时的一个重要考虑因素，良好的旅游地声誉可以显著促进旅游者对旅游地的认同和满意度，强化旅游者的主观幸福感，在不同旅游地声誉情境下旅游者的反应机制可能存在较大差别。

鉴于此，本研究基于现有相关文献，将归因理论、方法—目的链理论、声誉理论、信号理论等引入旅游地情境中，构建了以在线评论效价（正面／负面）为前因变量，评论有用性为中介变量，旅游地声誉（好／一般）为调节变量，出游意向为结果变量的研究模型，通过实证研究对模型进行检验，对在线评论效价对旅游者出游意向的作用机制进行理论上的探索，为旅游者更好地识别的有价值的在线评论和旅游网站、旅游地管理者更好地管理在线

评论，充分发挥在线评论的价值提供理论上的参考。

二、概念界定和研究假设

（一）概念界定

1. 在线评论效价

在线评论是网络口碑的一种重要形式，是用户基于个人使用体验创建的一种产品信息，一般指潜在或实际消费者在电子商务或第三方评论等网站上发表产品或服务的正面或负面观点。评论效价是衡量在线评论者满意程度的重要指标，比较直观，容易被感知，能够直接影响在线评论的有用程度以及消费者的购买决策过程。Mudambi 和 Schuff 认为评论效价是指消费者对产品或服务所给出的正面或负面评论，一般表现为产品的评分，评论星级包括一星级到五星级，其中一星级、二星级代表负面评论，四星级、五星级代表正面评论。评论效价可以是正面的、负面的和中性的，但 Forman 等的研究发现中性评论对消费者的感知有用性明显低于正面评论或负面评论，正负面评论对消费者的影响更大，因此本研究聚焦于正面评论和负面评论这两种评论。基于这些研究成果，本文将在线评论效价界定为评论者根据自身对产品或服务的满意程度所给出的正面或负面评论。

2. 评论有用性

Mudambi 和 Schuff 最早从感知价值角度将评论有用性界定为消费者对在线评论是否可以帮助自己做出购买决策的一种主观感知，可以反映信息（即在线评论）的诊断性。Cheung 等将评论的感知有用性

解释为消费者遵守评论意向的关键决定因素。Pan 和 Zhang 提出评论有用性是消费者认为在线评论在执行他 / 她的购物任务中所感知到的有用程度，有用性可以看作是对评论中包含信息的潜在价值的主观测量。根据以往文献，本文将评论有用性界定为在线评论对消费者做出购买决策时所感知到的帮助程度。

3. 出游意向

Fishbein 和 Ajzen 最早从心理学领域将意向界定为个体对态度对象的反应倾向，是具体行为在实施之前的决定，出游意向则是意向在市场营销学中的推广。Chen 和 Tsai 认为出游意向是旅游者对旅游目的地做出重游、推荐等行为的可能性。Woodside 和 Lysonski 通过设定的情景变量预测旅游者的行为，将出游意向定义为潜在旅游者前往某地旅游的概率。以往研究大都集中对旅游者游后行为的研究，以推荐出游和重游的意向为研究对象，本文则将目标集中在事前行为角度下，研究潜在旅游者出游意向的影响因素。综合以上研究内容，本文认为出游意向是潜在旅游者在受到外界因素的刺激下，产生的前往某个旅游地的主观意愿和倾向。

4. 旅游地声誉

声誉是经过长时间的认识，个体对一个实体的某种属性持久性的评价。在旅游学文献中，对旅游地声誉的研究处于起步阶段，但是企业声誉在市场营销学研究中作为无形资产得到了学界和业界前所未有的关注。Smaiziene 和 Jucevicius 认为企业声誉是利益相关者对社会传播企业（它的特征、实践等）在过去很长一段时间内的总体评价，它代表了对公司行为的期望以及与竞争对手相比的可信性、赞赏度和认可度。Christou 从旅游业的角度，将旅游地声誉定义为不同利益相关者对旅游地的意见、看法、知识和态度的结合，这些利益相关者包括旅游者、管理者和整个社区。根据企业声誉和旅游地声誉的定义，本文从利益相关者角度将旅游地声誉界定为旅游地利益相关者根据过去一段时间内社会传播有关旅游地的行动、行为等评价的基础上，对旅游地的信赖水平和好感程度。

（二）假设推导

1. 在线评论效价和评论有用性的关系

传统市场营销学口碑研究中，Chiou 和 Cheng 基于线索诊断理论证明了消极效应，即负面信息比正面信息更具诊断性，因为它是新颖和稀缺的。Ahluwalia 同样发现消费者在做出购买决策时更依赖负面信息，因为在信息处理过程中，消费者更关注负面信息，并且认为负面信息比正面信息更具相关性或诊断性。这表明，当消费者对产品处于中立的立场时，负面评论往往比正面评论的影响作用更强。

但是一些研究基于产品类型（实用型 / 享乐型）得出了不同的结论。实用型产品是能够为消费者带来功能性、工具性价值的产品，而享乐型产品是能够让人在情感和感官获得美的、愉快感受的商品。首先，Sen 和 Lerman 用归因理论来解释消费者对评论动机的归因调节了负面偏见对他们评论态度的影响，与实用型商品相比，消费者更容易将享乐型产品的负面评论归因于评论人的内部（或非产品相关）原因，因此他们不太认可负面评论有用。其次，根据方法—目的链理论，Mort和Rose认为在实用型产品的消费中，商品、消费者主要受到产品消费的直接后果的激励；对于享乐型时尚休闲旅游产品而言，消费这些产品的主要动机是基于属性—价值联动，是由通过消费实现价值的需求驱动的，或者说是基于他们所期望的现实。旅游作为典型的享乐型产品，消费的预期价值是所有旅游者的主要动机，而不管他们的认知需求（NFC）水平如何，与旅游者预期价值一致的正面信息更能得到旅游者的共鸣，导致正面评论的感知有用性更高。因此，本文提出如下研究假设。

H1：相对于负面评论，正面评论对旅游者感知到的评论有用性更高。

2. 在线评论效价和出游意向的关系

一直以来，社会科学中普遍认为个体的行为会受其他人影响。特别是，同一群体对产品或服务的评价代表一种社会影响，包括接受来自不熟悉人的信息和建议，在线用户评级和评论可以显著地促使消费者建立品牌忠诚度，并影响他们的购买决策。根据社会认同理论，社会认同代表一种类型的模仿，当决策者对自己的决策不确定或当他们能够观察到与之类似的其他进行决策情形时会主动进行模仿，因此当旅游者对其他旅游者的在线评论产生认同感后，就会产生一种情感倾向，从而积极地影响其对旅游地的出游意向。

在面对享乐型产品的评论时，现实世界消费者往往有着更大的怀疑，可能是因为相对于实用性的产品，他们对享乐型的产品有着更强的"先验"或期望，因此更容易产生一致性偏差，并有效地反驳信息或对其效果进行折扣，而不是受其影响。Sheth等人发现，与个人偏好行为模式相关的价值类别将直接导致在某些消费情况下的选择。当消费者寻找享乐主义产品的消费者评论时，他们可能更期待着一种正面的情感和感官体验，如Hirschman和Holbrook提出的审美或感官愉悦、幻想和乐趣，他们可能已经非常期待着去进行这种享乐型产品消费。自我确认的倾向也会使消费者主动地去寻找证据来确认其对商品或服务的初始态度，使他们更期待正面的信息。一般来说，消费者对大多数品牌的态度往往是中等积极的，但他们通常只会搜索他们喜欢的品牌的信息。在享乐产品的情况下，这种倾向可能更明显，导致超过负面评论的消极效应。此外，根据认知评价理论，寻求和阅读某一在线评论的旅游者会认为正面评价比负面评价更令人感到愉快，因为正面评价会使他们感到一致性，会促进旅游者的内在动机（即感知享受），从而产生愿意拥有相同经历的意愿，影响他们的出游决策过程。因此，本文提出如下研究假设。

H2：相对于负面评论，正面评论对旅游者出游意向的影响更显著。

3. 评论有用性和出游意向的关系

在线旅游营销中，识别在线评论的有用性是一个至关重要的问题，因为有用的在线评论会增强消费者做出购买决策的信心。其次，在当代社交媒体中，人们往往会遇到大量的在线评论信息，因而信息有用性是购买意向的主要预测因素，一旦感知信息有用性被视为购买决策中感知价值的衡量标准，则评论有用性将影响购买意向。此外，基于技术接受模型（TAM）、信息采纳模型（IAM）、理性行为理论（TRA），Erkon 和 Evan 发现在线评论越有用，消费者会有更大的意愿采纳这些信息，且购买意向越强。总的来说，评论有用性能够促使消费者更有信心采纳和利用在线评论进行购买决策，可以被看作判断消费者是否认同并遵从在线评论的重要预测因素。根据以往文献，我们推测在旅游地情境下，旅游者会根据感知到的有用信息做出决策，即旅游者所感知到的评论有用性会影响其出游意向，且不同程度的有用性对其出游意向的影响程度不同。因此，本文提出如下研究假设。

H3：有用性越高的在线评论对旅游者出游意向的影响越显著。

4. 评论有用性的中介作用

Davis 等最早提出技术接受模型（TAM），分析了个体态度、意向和行为的相互关系，外部变量会影响信息的感知有用性和感知易用性，他们会共同影响用户的态度，进而影响行为意向，而且感知有用性可以直接影响行为意向。互联网属于信息系统的范畴，技术接受模型（TAM）在与网络有关的消费者行为方面得到了广泛的应用。基于此模型，曾欢发现旅游者在面对在线评论时会考察评论的内容质量，并且评论的内容质量是通过影响旅游者对评论的有用性感知作用于采纳意愿。此外，基于调节模式理论，Lee 和 Koo 的

研究发现运动模式导向高的消费者和评估模式导向高的消费者对正面评论和负面评论的感知有用性存在显著差异，并影响消费者的购买意向，且评论本身的有用性具有中介作用。根据以往文献，我们推测在旅游地情境下，在线评论提供的正面或负面信息可以作为信息系统的外部变量影响旅游者感知到的评论有用性，进而影响其态度和出游意向。因此，本文提出如下研究假设。

H4：评论有用性在在线评论效价对旅游者出游意向的影响中起中介作用。

5. 旅游地声誉的调节作用

根据声誉理论和信号理论，良好的旅游地声誉往往是优质产品和服务的信号，可以降低旅游者的感知风险，强化旅游地在旅游者心中的形象，增加旅游者对旅游地的认同以及影响旅游者的出游意向。声誉好的旅游地会为旅游者提供一种反复的积极强化，使旅游者在心理上更容易产生积极的联想。作为自我表达和自我提升的一部分，旅游者更愿意与声誉好的旅游地建立联系。特别是旅游消费具有异地性、暂时性、无形性、生产消费的同时性等特征，导致旅游消费相对于其他消费面临的风险更高，因而旅游地声誉对旅游者态度和行为具有重要影响。以往研究已经证实在线评论对旅游者出游意向具有正向影响，正面评论可以提高旅游者的信任，鼓励旅游者出游，而负面评论则会损害旅游地形象，降低旅游者的出游意愿。根据认知失调理论，当旅游地声誉较好时，旅游者会认为正面评论与其认知上的保持连贯或一致性而不会产生认知失

调，但负面评论极有可能会与较为正面的声誉水平形成对比引发旅游者的认知失调，从而做出消极响应。此外，Ditto 和 Lopez 发现当人们对某一特定结果有先验偏好时，他们会对与其先前态度和信念一致的信息更敏感，并且会试图反驳与这种偏好不一致的信息的含义。旅游消费作为一种典型的体验性消费，人们往往期待从旅游活动中获得愉悦的体验，较好的旅游地声誉会使旅游者对旅游地产生积极的评价倾向，并增强旅游者认知和情感相一致的正面评论有用性以及正面评论对出游意向的影响。相反，声誉一般的旅游地会向旅游者传达旅游地整体形象弱、游览风险高的清晰信号，增加了旅游者本身的不确定性，很可能使旅游者形成、保持一种负面态度，从而弱化了旅游地相关的在线评论信息的作用，导致在线评论效价（正面／负面）对旅游者感知到的评论有用性和出游意向的影响没有显著差异。根据以往文献，我们推测当旅游地声誉较好时，与旅游地声誉一般相比，旅游者会对旅游地会存在一种更积极的评价倾向和情绪，导致正面评论更能得到消费者的认同，正面评论对评论有用性和出游意向的影响会更高，而负面评论则不存在显著差异。因此，本文认为旅游地声誉调节了在线评论效价和评论有用性、出游意向之间的关系，从而提出如下四个研究假设。

H5a：当旅游地声誉较好时，与负面评论相比，正面评论的有用性会更强。

H5b：当旅游地声誉一般时，正面评论和负面评论的有用性不存在显著差异。

H6a：当旅游地声誉较好时，与负面评论相比，正面评论对旅游者出游意向的影响更强。

H6b：当旅游地声誉一般时，正面评论和负面评论对旅游者出游意向的影响不存在显著差异。

根据以上研究假设，本研究构建的理论模型如图 1 所示。

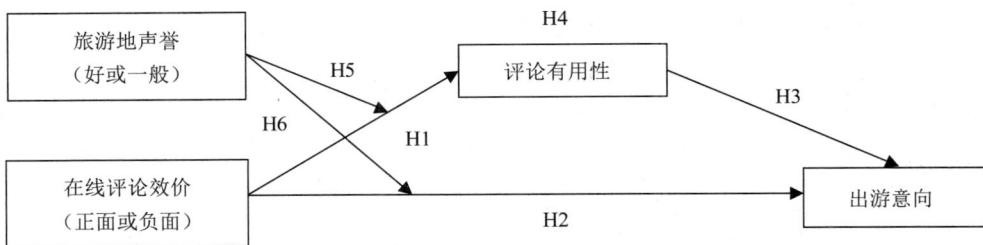

图 1　研究理论模型

三、实验设计与研究发现

（一）实验一

实验一有三个目的，首先是检验在线评论效价对评论有用性、旅游者出游意向的影响，即验证 H1、H2；其次是检验评论有用性对旅游者出游意向的影响，即验证 H3；最后是检验评论有用性的中介作用，即验证 H4。

1. 前测实验

第一部分实验目的在于选出用于正式实验的旅游地描述的在线评论刺激材料。为了确保实验研究收集的数据是科学的，我们邀请一位没有被告知我们的研究假设的研究生来帮助进行实验，以在一家全球领先的旅游点评网站 Tripadvisor 上发布的在线评论作为研究的抽样单位按照两阶段随机抽样方法选择样本并收集数据。随机抽样的第一阶段，研究生选择了 10 个旅游地，选中的旅游地其评论中至少有 1 条正面评论和 1 条负面评论。随机抽样的第二阶段为选择审核（二级抽样单位）。在确定了研究的旅游地后，研究生根据条件为每个旅游地选择了 1 条正面评论和 1 条负面评论。Sparks 等、Doh 等的研究通过改变一组在线评论中正面评价、负面评论和中性评论的比例来操纵在线评论效价，他们认为该自变量应该是以正面或负面评论主导的，而不是所有正面或负面评论的存在，因为在现实生活中旅游网站上的正负面评论是混合出现的，并且存在中性信息。因此，我们额外要求研究生从选中的 10 个旅游地的在线评论中随机选择 5 条中性评论，以提高刺激材料的真实性。根据

上文对评论效价的定义，我们对总计 25 条评论进行分类、筛选、修改和剔除，最终留下 5 条正面评论、5 条负面评论和 1 条中性评论。最后，通过借鉴 Sparks 等、Dohi 等的实验过程，我们将 5 条正面评论、1 条负面评论和 1 条中性评论按随机顺序排列组成共计 7 条评论的正面评论刺激材料，将 5 条负面评论、1 条正面评论和 1 条中性评论按随机顺序排列组成共计 7 条评论的负面评论刺激材料。在实验过程中，我们对评论长短、评论时间、主客观表达方式、评论者头像和评论者用户名都进行了控制，以排除其他因素对结果的影响。

第二部分实验目的是用于评估被试对刺激材料中所反映的在线评论效价的感知程度，确保可以有效操控在线评论效价。为了避免被试在现实中对现有旅游地品牌产生偏见，我们采取了虚拟旅游地名称。我们首先将被试随机分成两组（在线评论效价：正面／负面），其次根据组别要求被试阅读一个与虚拟旅游地 A 相关的正面评论或负面评论的刺激材料，最后所有被试在阅读完刺激材料后对感知到的在线评论的正负程度打分。

我们邀请了 58 名在校大学生参加前测实验，其中男性占 55.2%，女性占 44.8%，平均年龄 22.19 岁（SD=1.395）。实验结果显示，正面评论组比负面评论组的被试感知到在线评论正面程度更高（$M_{正面评论}$=5.36，SD=0.780 VS. $M_{负面评论}$=2.57，SD=1.073；t=11.262，$p<0.001$）。数据表明，我们对在线评论效价的操控是成功的。

2. 实验设计

本实验采用单因素组间设计,所有被试被随机平均分配到两组在线评论效价(正面/负面)的任一组实验情境中。我们首先让被试想象他和他的朋友准备去度假,并且想要去旅游地 A 游玩,他们希望阅读其他旅游者的在线评论,帮助他们做出最终选择,然后让被试根据组别浏览关于虚拟旅游地 A 的在线评论,页面尽可能地模拟现实中旅游网站的评论场景。为了确保我们的评论可信,我们要求被试评估此类评论出现在网络上的可能性。同时为了提高研究结论的普适性,增加外部效度,我们测量被试对虚拟旅游地 A 的熟悉程度和旅游经历作为控制变量。最后,我们让被试填写对在线评论效价的感知,完成评论有用性量表、出游意向量表和人口特征统计表。本研究对评论有用性的测量参考 Sen 和 Lerman 的研究,经过调整后得到 3 个题项;对出游意向的测量借鉴 Kassem、Lam 等的研究,共包含 5 个题项。所有量表题项均采用 7 分值 Likert 形式,"1"表示非常不同意,"7"表示非常同意,分值越高代表越同意该题项的描述/评价。

3. 实验结果

我们邀请了 70 名在校大学生参加正式实验,其中男性占 55.7%,女性 44.3%,平均年龄 21.36 岁(SD=1.475)。

①信度检验。评论有用性和出游意向量表的 Crobach's α 系数分别为 0.812 和 0.799,均大于 0.700,从而说明本研究对这两个变量的测量量表内部一致性很好。被试也强烈认同他们阅读的评论可能出现在网上,因为他们对这个问题的回答的平均值是 5.79,显著大于中位值 4,标准差为 0.866。

②操纵效果结果。被试对在线评论正负程度的打分在不同的组内存在显著差异($M_{正面评论}$=5.49,SD=1.096 VS. $M_{负面评论}$=2.82,SD=1.074;t=10.265,$p<0.001$),说明操纵成功。

③控制变量检验。本研究控制了旅游地熟悉度和旅游经历两个变量,对于旅游地熟悉度的检验,两个实验组的被试虚拟旅游地 A 不熟悉的认可程度组间差异不显著[$M_{正面评论}$=5.76 VS. $M_{负面评论}$= 5.39;$F_{(1, 68)}$=1.984,$p>0.05$]。对于旅游经历的检验,根据总样本每年旅游次数的平均值 2.63 将被试划分为旅游经历多和旅游经历少两组,结果显示旅游经历对评论有用性($M_{旅游经历多}$=5.23 VS. $M_{旅游经历少}$=5.17;t=0.304,$p>0.05$)和出游意向($M_{旅游经历多}$=4.30 VS. $M_{旅游经历少}$=4.29;t=0.076,$p>0.05$)的影响不显著。这说明,在线评论效价对评论有用性和旅游者出游意向的影响不受这些因素的干扰。

④假设验证分析。以在线评论效价为自变量,评论有用性、出游意向为因变量进行数据分析,结果如图 2 和图 3 所示。相比阅读负面评论的被试,阅读正面评论的被试感知到的评论有用性更高($M_{正面评论}$=5.53,SD= 0.696 VS. $M_{负面评论}$=4.82,SD= 0.862;t=3.826,$p<0.001$),对旅游地的出游意向也更加积极($M_{正面评论}$=4.92,SD= 0.482 VS. $M_{负面评论}$=3.59,SD=0.476;t=11.555,$p<0.001$)。上述实验结果证实了 H1 和 H2。然后,以评论有用性为自变

量，出游意向为因变量进行线性回归分析，结果显示，评论有用性对旅游者的出游意向有显著的正向影响（回归系数 $B=0.486$，$t=4.845$，$p<0.001$），从而 H3 得到验证。

最后，按照 Zhao 等提出的中介效应分析程序，参照 Hayes 提出的 Bootstrap 方法来进行中介效应检验，将自变量在线评论效价进行编码，1= 正面评价和 0= 负面评价，评论有用性和出游意向分别设置为中介变量和因变量，样本量选择 5000。

在 95% 置信区间下，结果如表 1 所示，中介检验的结果不包含 0（LLCI=0.0231，ULCI=0.2795），表明在线评论有用性的中介作用显著，且中介效应值大小为 0.1365。此外，控制了中介变量之后，自变量在线评论效价对因变量出游意向的影响也显著，区间不包含 0（LLCI=0.9469，ULCI=1.4300）。因此，评论有用性在在线评论效价对旅游者出游意向影响中起部分中介作用，从而研究假设 H4 得到验证。

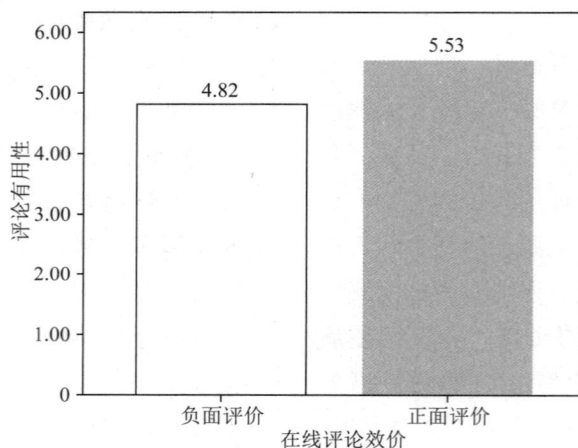

图 2　在线评论效价对评论有用性的影响

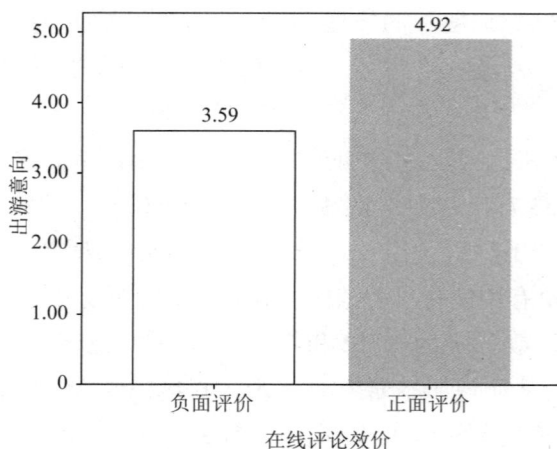

图 3　在线评论效价对出游意向的影响

表1　评论有用性的中介作用

	中介效应值 Effect	置信区间下限 LLCI	置信区间上限 ULCI
直接效应 Direct Effect	1.1885	0.9469	1.4300
间接效应 Indirect Effect	0.1365	0.0227	0.2814

（二）实验二

实验二的目的是检验旅游地声誉是否在在线评论效价和评论有用性、旅游者出游意向之间的关系产生调节作用，即验证H5、H6。

1. 前测实验

前测实验目的是用于评估被试对刺激材料中所反映的旅游地声誉的感知程度，确保可以有效操控旅游地声誉。我们首先将所有被试随机分为两组旅游地声誉（好/一般）的任一组实验情境中，阅读不同的刺激材料。根据旅游地声誉概念界定，我们从知名度、美誉度、旅游者满意度和推荐出游指数四个维度来操控旅游地声誉高低。旅游地声誉好的情境表述为"旅游地A在2018年中国100家旅游目的地声誉排行榜和知名度排行榜上排名位居前三，在各大旅游网站和App上旅游者在线评论满意度评级为4.5星级（满星为5星级），好评率占比90%以上，推荐出游指数为95（满分为100）"。另外，旅游地声誉一般的情境表述为"旅游地A在2018年中国100家旅游目的地声誉排行榜和知名度排行榜上排名居中，在各大旅游网站和App上旅游者在线评论满意度评级

为2.5星级（满星为5星级），好评率占比仅为55%，推荐出游指数为52（满分为100）"。被试在看完对应刺激材料后，被要求对旅游地声誉进行打分。本研究对旅游地声誉的测量侧重旅游者从认知和情感上对旅游地的感知，借鉴Walsh等的研究成果，共设计3个测量题项。该量表题项同样采用7分值Likert形式，"1"表示非常不同意，"7"表示非常同意，分值越高代表越同意该题项的描述/评价。

我们邀请了57名在校大学生参加旅游地A声誉的预测试，其中男性占49.1%，女性占50.9%，平均年龄22.07岁（SD=1.067），实验结果显示，该量表Crobach's α系数为0.970，具有较高的信度；两个实验组在旅游地声誉上的得分上差异显著，旅游地声誉好的实验组的得分显著高于旅游地声誉一般实验组的得分（$M_{旅游地声誉好}$=5.42，SD= 1.232 VS. $M_{旅游地声誉一般}$=2.41，SD= 1.509；t=8.298，$p<0.001$）。数据表明，我们对旅游地声誉的操控是成功的。

2. 实验设计

本实验采用为2（在线评论效价：正面/负面）×2（旅游地声誉：好/一般）

的组间操控设计，所有被试被随机分配 4 组不同的实验情境中。为了消除关于在线评论效价的信息对被试关于旅游地声誉评价产生影响，我们首先让被试阅读关于前测实验中关于虚拟旅游地 A 声誉的文字描述。接下来，我们让被试根据组别阅读实验 1 中所使用的关于虚拟旅游地 A 的不同效价的在线评论刺激材料。最后，我们测量被试认为此类评论出现在网络上的可能性、对虚拟旅游地 A 的熟悉程度和旅游经历，让被试填写对旅游地声誉、在线评论效价的感知，完成评论有用性量表、出游意向量表和人口特征统计表。其中在线评论效价、评论有用性、出游意向量表题项与实验 1 相同。

3. 实验结果

我们邀请了 144 名在校大学生参加实验，其中男性占 53.5%，女性占 46.5%，平均年龄 21.75 岁（SD=1.991）。

①信度检验。旅游地声誉、评论有用性和出游意向量表的 Cronbach's α 系数分别为 0.961、0.846、0.928，均大于 0.700，从而说明本研究对这两个变量的测量量表内部一致性很好。被试也强烈认同他们阅读的评论可能出现在网上，因为他们对这个问题的回答的平均值是 5.64，显著大于中位值 4，标准差为 1.109。

②操纵效果结果。被试对在线评论正负程度的打分在不同的组内存在显著差异（$M_{正面评论}$=5.47，SD= 0.901 VS. $M_{负面评论}$=2.56，SD= 0.998；t=18.413，$p<0.001$），且对旅游地声誉的判断存在显著差异（$M_{旅游地声誉好}$=5.37，SD= 0.803 VS. $M_{旅游地声誉一般}$=2.66，SD= 0.982；t=18.066，$p<0.001$），

说明操纵成功。

③控制变量检验。本研究控制了旅游地熟悉度和旅游经历两个变量。对于旅游地熟悉度的检验，四个实验组的被试虚拟旅游地 A 不熟悉的认可程度均值在 5.50~5.70，且组间差异不显著 [$F_{(1, 140)}$=0.163，p=0.921]。对于旅游经历的检验，根据总样本每年旅游次数的平均值 2.17 将被试划分为旅游经历多和旅游经历少两组，结果显示旅游经历对评论有用性（$M_{旅游经历多}$=5.37 VS. $M_{旅游经历少}$=5.30；t=0.448，$p>0.05$）和出游意向（$M_{旅游经历多}$=3.90 VS. $M_{旅游经历少}$=4.00；t=−0.509，$p>0.05$）的影响不显著。这说明，在线评论效价、旅游地声誉对评论有用性和旅游者出游意向的影响不受这些因素的干扰。

④假设验证分析。为了检验假设 H5，本研究以在线评论效价、旅游地声誉两者的交互项为自变量，以评论有用性为因变量，进行双因素方差分析。研究发现交互项对评论有用性有显著的影响 [$F_{(1, 140)}$ = 4.401，$p<0.05$]。进一步进行简单效应分析，数据结果表明，在旅游地声誉较好的情境下，与负面评论相比，被试感知到的正面评论的有用性会更高 [$M_{正面评论}$=5.91 VS. $M_{负面评论}$=5.08；$F_{(1, 72)}$=17.641，$p<0.001$]。相反，在旅游地声誉一般的情境下，被试感知到的正面评论和负面评论的有用性不存在显著差异 [$M_{正面评论}$=5.23 VS. $M_{负面评论}$=4.99；$F_{(1, 68)}$=1.342，$p>0.05$]。这说明，旅游地声誉在在线评论效价与评论有用性的关系中发挥了调节作用（见图 4），从而假设

H5 得到验证。

与上述方法相同，为了检验假设 H6，本研究以在线评论效价、旅游地声誉两者的交互项为自变量，以出游意向为因变量，进行双因素方差分析。研究发现该交互项对出游意向有显著影响 [F（1，140）=5.871，p=0.017]。进一步进行简单效应分析，数据结果表明，在旅游地声誉较好的情境下，与负面评论相比，被试感知到正面评论时对旅游地的出游意向会更高 [$M_{正面评论}$=5.03 VS. $M_{负面评论}$=3.91；F（1，72）=24.801，p<0.001]。相反，在旅游地声誉一般的情境下，无论是被试感知到的是正面评论还是负面评论，其出游意向不存在显著差异 [$M_{正面评论}$=3.57 VS. $M_{负面评论}$=3.23；F（1，68）=2.140，p<0.05]。 这说明，旅游地声誉在在线评论效价与旅游者出游意向的关系中发挥了调节作用（见图 5），从而假设 H6 得到验证。

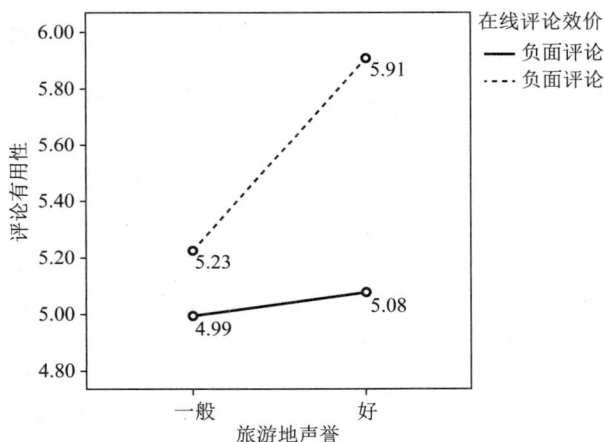

图4　旅游地声誉在在线评论效价和评论有用性中的调节作用

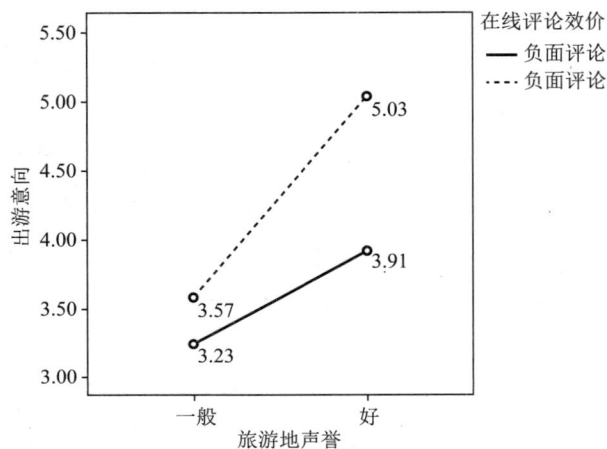

图5　旅游地声誉在在线评论效价和出游意向中的调节作用

四、研究结论和讨论

（一）研究结论

基于归因理论、信号理论、声誉理论等，本文引入了在线评论效价（正面/负面）为前因变量，评论有用性为中介变量，旅游地声誉（好/一般）为调节变量，出游意向为结果变量，构建了在线评论效价对旅游者出游意向的作用机制模型。通过两个实验的设计和检验，本文得出以下结论：（1）实验一的结果表明，与负面评论相比，正面评论对旅游者感知到的评论有用性更高，对出游意向的影响作用更显著；评论有用性在在线评论效价与出游意向之间关系中起部分中介作用。（2）实验二的结果表明，旅游地声誉在在线评论效价与评论有用性、出游意向之间关系中起调节作用，即在旅游地声誉好的情境下，相对于负面评论，旅游者感知到正面评论的有用性会更高，对旅游地的出游意向更加积极；而在旅游地声誉一般的情境下，在线评论效价（正面/负面）对旅游者感知到的评论有用性和出游意向的影响没有显著差异。

（二）理论贡献

首先，本研究将在线评论引入到旅游地情境中，探讨在线评论效价对旅游者感知到的评论有用性和出游意向的影响，拓展了在线评论研究文献，深化了在线评论相关研究。现有营销学文献已经探讨了在线评论效价对消费者感知到的评论有用性和购买意向的影响，而且大多数研究认为负面评论往往比正面评论更有用，但也有研究认为在享乐型产品情况下消费者感知到的正面评论有用性更高，值得我们去进行进一步的探索。此外，在旅游地情境下，以往文献已经证实了在线评论效价对旅游者出游意向有正面的积极作用，但缺乏正面评论和负面评论的对比。鉴于这些研究不足，本文基于以往文献开展细分性研究，实验结果显示：旅游作为典型的享乐型产品，其正面评论的有用性显著高于负面评论，并且对旅游者出游意向有着更积极的影响。

其次，本研究构建了以在线评论效价（正面/负面）为前因变量，评论有用性为中介变量，出游意向为结果变量的理论模型，揭示了在线评论效价对旅游者出游意向的作用机制。近年来，在线评论有用性受到了越来越多的关注，但现有研究主要将其作为因变量，集中在评论有用性的影响因素，对其结果变量的研究尚有欠缺。此外，在旅游地情境下，评论有用性的作用尚未引起研究者们的广泛关注，其在在线评论效价与出游意向之间关系中的作用未知。鉴于这些研究不足，本文基于相关研究文献将评论有用性引入到旅游地情境中，实验结果显示评论有用性和旅游者出游意向之间有着显著的因果关系，且在在线评论效价对出游意向的影响中起部分中介作用。具体而言，与负面评论相比，正面评论对旅游者感知到的评论有用性更高，从而激发旅游者对旅游地更加强烈的出游意向。

最后，本研究验证了旅游地声誉的调节作用，丰富和拓展了旅游地声誉领域的研究成果。声誉可以成为从单一企业角度理解企业与客户关系的关键组成部分，并且传统上声誉的经济结果一直受到学者的关注。目前旅游学文献中关于旅游地声誉的研究还不十分丰富，而且大多将其作为自变量或中介变量，探讨其对旅游者态度和行为的影响，缺乏将其作为调节变量分析不同声誉条件下旅游者响应的差异性。旅游消费具有异地性、暂时性和生产消费的同时性等特征，这增加了旅游消费的风险。而根据信号理论，旅游地声誉可以作为旅游者对旅游地相关感知的判断依据，并依据不同的旅游地声誉状况做出不同的行为决策，因而旅游地声誉可以视为旅游地的重要资产。基于认知失调理论、信号理论和声誉理论以及现有相关文献，本文将旅游地声誉划分为两种基本类型（好/一般），作为调节变量引入到理论模型中，试图回答了不同声誉条件下，在线评论效价对旅游者感知到的评论有用性和出游意向影响的差异性，以便进一步厘清在线评论效价对评论有用性和出游意向影响的边界条件。实验结果显示，不同旅游地声誉条件下，在线评论效价对评论有用性和出游意向的影响存在显著差异。在旅游地声誉好的情境下，正面评论比负面评论对评论有用性和出游影响的影响更强，而在旅游地声誉一般的情境下，在线评论效价（正面/负面）对评论有用性和出游意向的影响没有显著差异。

（三）管理启示

本研究所设计的两个实验结果也有较强的营销实践意义，具体体现在以下几个方面：

针对实验一的结果，在旅游地情境下，正面评论对旅游者感知到的有用性显著高于负面评论的有用性，对出游意向的影响更强，因此对旅游地来说负面评论和正面评论的影响是非对称的，旅游地的营销人员不必过于担心旅游网站上的负面评论，而且正负双面信息的在线评论会增加信息来源的可信度。旅游地和旅游网站营销人员应通过有效的方式回应评价，更多地关注积极评价，可以参考亚马逊网站的在线评论管理机制，将有用性更高的在线评论突出显示。旅游地也可以与专业旅游网站合作，搜集和传播关于旅游地的正面信息，置顶正面的评论或文章，增加对旅游地正面口碑的曝光率。其次，旅游地管理者要做好互联网平台的建设，引导关于旅游地舆论的正确走向。通过对专业旅游网络平台和社区的建设与维护，为广大用户提供信息的分享和交流，将更多的潜在旅游者转化为现实旅游者。

针对实验二的结果，在旅游地声誉好的情境下，旅游者感知到正面评论的有用性会更高，对旅游地的出游意向更加积极；而在旅游地声誉一般情境下，在线评论效价（正面/负面）对旅游者感知到的评论有用性和出游意向的影响没有显著差异，这充分反映了良好的旅游地声誉是旅游地持续获取竞争优势的重要源泉。一方面，旅游地管理者要重视塑造旅游地良好的声誉，并且应坚持对自身声誉的塑造和维护，使其在旅游者心中的形象不断强化。另一方面，旅游地声誉离不开旅游地优质的产品和服务，因此旅游地应注重自身娱乐设施和服务设施的建设，最大限度地满足旅游者的各方面需求，同时要注重提升旅游从业人员的服务意识和职业道德，将友善的态度传递给每一位来访者，树立自身正面形象。此外，旅游地管理者应及时通过在线评论了解旅游者的意见和反馈，改善游后体验，并且利用互联网的优势扩大自身声誉的影响力。

五、研究局限和未来研究方向

本研究在已有文献研究的基础上加以创新，提出了一个包含中介机制和调节机制的综合理论模型，但由于各方面因素的影响，仍存在一些局限性和不足之处。一是本文的实验设计中使用的是一个虚拟的旅游地，用真实的旅游地进行研究将具有重要价值。此外，如何在更加真实的环境中观察旅游者的反应，也将是未来的研究方向。二是尽管本文通过两个实验验证了研究假设，但均采用大学生样本，存在身份特点的局限性，未来研究亦可在此基础上进行改善，检验研究结论对于其他职业或人群的适应性。三是本文探讨了旅游地情境下在线评论效价和旅游者出游意向之间的作用机制，提出旅游地声誉会调节它们之间的关系。我们认为依然存在其他的调节变量，如评论的数量，现有研究发现评论的数量（多／少）会调节在线评论整体评分（好／坏）和评论可信度的关系，如果信息的可信度不够高，通信接收者就会抵制其消极意图，有可能会影响旅游者感知到的评论有用性以及出游意向。总的

来说，旅游地声誉只是其中的一个调节变量，探索不同的调节变量是未来的一个研究方向。

参考文献

［1］Clemons E，Gao G and Hitt L. When online reviews meet hyper differentiation：A study of the craft beer industry［J］. Journal of Management Information Systems，2006，23（2）：149-171.

［2］Chevalier J A，Mayzlin D. The effect of word of mouth on sales：online book reviews［J］. Journal of Marketing Research，2006，43（3）：345-354.

［3］Vermeulen I E，Seegers D. Tried and tested：The impact of online hotel reviews on consumer consideration［J］. Tourism Management，2009，30（1）：23-127.

［4］Mudambi S M，Schuff D. What makes a helpful online review A study of customer reviews on amazon.com［J］. MIS Quarterly，2010，34（1）：185-200.

［5］Yoo K H，Gretzel U. What motivates consumers to write online travel reviews［J］. Information Technology & Tourism，2008，10（4）：283-295.

［6］Ye Q，Law R，Gu B and Chen W. The influence of user-generated content on traveler behavior：An empirical investigation on the effects of e-word-of-mouth to hotel online bookings［J］. Computers in Human Behavior，2011，27（2）：634-639.

［7］Hu N，Liu L，Zhang J. Do online

reviews affect product sales The role of reviewer characteristics and temporal effects [J]. Information Technology and Management, 2008, 9 (3): 201-214.

[8] Litvin S W, Goldsmith R E, Pan B. Electronic word-of-mouth in hospitality and tourism management [J]. Tourism Management, 2008, 29 (3): 458-468.

[9] 粟路军, 黄福才. 旅游地社会责任、声誉、认同与旅游者忠诚关系 [J]. 旅游学刊, 2012, 27 (10): 53-64.

[10] Fang B, Ye Q, Kucukusta D, Law R. Analysis of the perceived value of online tourism reviews: Influence of readability and reviewer characteristics [J]. Tourism Management, 2016 (52): 498-506.

[11] Reza Jalilvand M, Samiei N, Dini B, Yaghoubi Manzari P. Examining the structural relationships of electronic word of mouth, destination image, tourist attitude toward destination and travel intention: An integrated approach [J]. Journal of Destination Marketing & Management, 2012, 1 (1-2): 134-143.

[12] Abubakar A M. Does ewom influence destination trust and travel intention: A medical tourism perspective [J]. Ekonomska Istraživanja, 2016, 29 (1): 598-611.

[13] Sen S, Lerman D. Why are you telling me this an examination into negative consumer reviews on the web [J]. Journal of Interactive Marketing, 2007, 21 (4): 76-94.

[14] Morgan N J, Pritchard A, Piggott R. Destination branding and the role of the stakeholders: the case of new zealand [J]. Journal of Vacation Marketing, 2003, 9 (3): 285-299.

[15] 马北玲, 粟路军. 旅游地声誉与旅游者忠诚关系研究 [J]. 经济地理, 2014, 34 (8): 173-179.

[16] Erkan I, Evans C. The influence of ewom in social media on consumers' purchase intentions: An extended approach to information adoption [J]. Computers in Human Behavior, 2016 (61): 47-55.

[17] East R, Hammond K, Lomax W. Measuring the impact of positive and negative word of mouth on brand purchase probability [J]. International Journal of Research in Marketing, 2008, 25 (3): 215-224.

[18] Park C, Lee T M. Information direction, website reputation and ewom effect: A moderating role of product type [J]. Journal of Business Research, 2009, 62 (1): 61-67.

[19] Mort G S, Rose T. The effect of product type on value linkages in the means-end chain: Implications for theory and method [J]. Journal of Consumer Behaviour, 2006, 3 (3): 221-234.

[20] Pan Y, Zhang J. Born unequal: A study of the helpfulness of user-generated product reviews [J]. Journal of Retailing, 2011, 87 (4): 598-612.

[21] Han H, Kim Y. An investigation of green hotel customers' decision formation: Developing an extended model of the theory of planned behavior [J]. International Journal of

Hospitality Management，2010，29（4）：659–668.

［22］Han H，Yoon H J. Hotel customers' environmentally responsible behavioral intentions：Impact of key constructs on decision in green consumerism［J］. International Journal of Hospitality Management，2015（45）：22–33.

［23］Chen Y，Xie J. Online consumer review：word–of–mouth as a new element of marketing communication mix［J］. Mangement Science，2008，54（3）：477–491.

［24］Korfiatis N，García–Barriocanal E and S Sánchez–Alonso. Evaluating content quality and helpfulness of online product reviews：The interplay of review helpfulness vs. review content［J］. Electronic Commerce Research and Applications，2012，11（3）：205–217.

［25］Huang J，Chiao N，Chen Y. Herding in online product choice［J］. Psychology & Marketing，2010，23（5）：413–428.

［26］张军，赵梦雅，时朋飞. 什么样的好评让你更心动多维度网络评论效价与出游意向影响研究［J］. 旅游科学，2018，32（4）：47–59，84.

［27］Forman C，Ghose A，Wiesenfeld B. Examiningthe relationship between reviews and sales：The role of reviewer identity disclosure in electronic markets［J］. Information Systems Research，2008，19（3）：291–313.

［28］Cheung C M K，Lee M K O，Rabjohn N. The impact of electronic word–of–mouth：The adoption of online opinions in online customer communities［J］. Internet Research，2008，18

（3）：229–247.

［29］Fishbein M，Ajzen I. Belief，attitude，intention and behavior：An introduction to theory and research［J］. New Jersey：Addioson–Wesley，1975：56–59.

［30］Chen C，Tsai D. How destination image and evaluative factors affect behavioral intentions［J］. Tourism Management，2007，28（4）：1115–1122.

［31］Woodside A G，Lysonski S A. A general model of traveler destination choice［J］. Journal of Travel Research，1989，27（4）：8–14.

［32］Paul H，John M. The relationship of reputation and credibility to brand success［J］. Journal of Consumer Marketing，1993，10（3）：18–24.

［33］Smaiziene I，Jucevicius R. Corporate reputation：Multidisciplinary richness and search for a relevant definition［J］. Inzinerine Ekonomika–Engineering Economics，2010，2（2）：91–100.

［34］Christou E，Evangelos. Guest loyalty likelihood in relation to hotels' corporate image and reputation：A study of three countries in european［J］. Journal of Hospitality & Leisure Marketing，2003，10（3–4）：85–99.

［35］Chiou J S，Cheng C. Should a company have message boards on its web sites［J］. Journal of Interactive Marketing，2003，17（3）：50–61.

［36］Ahluwalia R. Examination of psychological processes underlying resistance to persuasion［J］. Journal of Consumer Research，

2000, 27（2）: 217-232.

［37］Voss K E, Spangenberg E R, Grohmann B. Measuring the hedonic and utilitarian dimensions of consumer attitude［J］. Journal of Marketing Research, 2003, 40（3）: 310-320.

［38］Burnkrant R E, Cousineau A. Informational and normative social influence in buyer behavior［J］. Journal of Consumer Research, 1975, 2（3）: 206-215.

［39］Gavilan D, Avello M, Martinez-Navarro G. The influence of online ratings and reviews on hotel booking consideration［J］. Tourism Management, 2018（66）: 53-61.

［40］Salmon S J, De Vet E, Adriaanse M A, Fennis B M, Veltkamp M, De Ridder D T. Social proof in the supermarket: Promoting healthy choices under low self-control conditions ［J］. Food Quality and Preference, 2015（45）: 113-120.

［41］Sheth J N, Newman B I, Gross B L. Why we buy what we buy: a theory of consumption values［J］. Journal of Business Research, 1991, 22（2）: 159-170.

［42］Hirschman E C, Holbrook M B. Hedonic consumption: Emerging concepts, methods, and propositions［J］. Journal of Marketing, 1982, 46（3）: 92-101.

［43］Kunda Z. The case for motivated reasoning［J］. Psychological Bulletin, 1990, 108（3）: 480-498.

［44］Mizerski R W. An attribution explanation of the disproportionate influence of unfavorable information［J］. Journal of Consumer Research, 1982, 9（3）: 301-310.

［45］Ahluwalia R. How prevalent is the negativity effect in consumer environments［J］. Journal of Consumer Research, 2002, 29（2）: 270-279.

［46］Park S, Nicolau J L. Asymmetric effects of online consumer reviews［J］. Annals of Tourism Research, 2015（50）: 67-83.

［47］Ryan R M, Deci E L. Intrinsic and extrinsic motivations: classic definitions and new directions［J］. Contemporary Educational Psychology, 2000, 25（1）: 54-67.

［48］Sussman S W, Siegal W S. Informational influence in organizations: An integrated approach to knowledge adoption［J］. Information systems research, 2003, 14（1）: 47-65.

［49］Chu S C, Kim Y. Determinants of consumer engagement in electronic word-of-mouth（ewom）in social networking sites［J］. International Journal of Advertising, 2011, 30（1）: 47-75.

［50］Lee K T, Koo D M. Evaluating right versus just evaluating online consumer reviews ［J］. Computers in Human Behavior, 2015（45）: 316-327.

［51］Nabi R L, Hendrinks, A. The persuasive effect of host and audience reaction shots in television talk shows［J］. Journal of Communication, 2003, 53（3）: 527-543.

［52］Dellarocas C, Zhang X and Awad N F. Exploring the value of online product reviews in forecasting sales: The case of motion pictures［J］.

Journal of Interactive Marketing, 2007, 21（4）: 23-45.

［53］Davis F D, Bagozzi R P, Warshaw P R. User acceptance of computer technology: Comparison of two theoretical models［J］. Management Science, 1989, 35（8）: 982-1003.

［54］曾欢. 旅游者对在线评论的信息采纳意愿研究［D］. 暨南大学, 2013.

［55］Bartikowski B, Walsh G. Investigating mediators between corporate reputation and customer citizenship behaviors［J］. Journal of Business Research, 2011, 64（1）: 39-44.

［56］Su L, Swanson S R, Chen X. Social responsibility and reputation influences on the intentions of Chinese Huitang village tourists［J］. International Journal of Contemporary Hospitality Management, 2015, 27（8）: 1750-1771.

［57］Su L, Swanson S R, Chinchanachokchai S, etal. Reputation and intentions: The role of satisfaction, identification, and commitment［J］. Journal of Business Research, 2016, 69（9）: 3261-3269.

［58］Festinger, L. A theory of cognitive dissonance［M］. California: Stanford University Press, 1957.

［59］Ditto P H, Lopez D F. Motivated skepticism: use of differential decision criteria for preferred and nonpreferred conclusions［J］. Journal of Personality and Social Psychology, 1992, 63（4）: 568-584.

［60］Rindova V P, Williamson I O, Sever P J M. Being good or being known: an empirical examination of the dimensions, antecedents, and consequences of organizational reputation［J］. Academy of Management Journal, 2005, 48（6）: 1033-1049.

［61］Sparks B A, Browning V. The impact of online reviews on hotel booking intentions and perception of trust［J］. Tourism Management, 2011, 32（6）: 1310-1323.

［62］Doh, S J, Hwang, J S. How consumers evaluate ewom（electronic word-of-mouth）messages［J］. Cyber Psychology & Behavior, 2009, 12（2）: 193-197.

［63］Kassem N O, Lee J W, Modeste N N, Johnston P K. Understanding soft drink consumption among female adolescents using the theory of planned behavior［J］. Health Education Research, 2003, 18（3）: 278-291.

［64］Lam T, Hsu C. Predicting behavioral intention of choosing a travel destination［J］. Tourism Management, 2006, 27（4）: 589-599.

［65］Zhao X S, Lynch J G and Chen Q. Reconsidering baron and Kenny: Myths and truths about mediation analysis［J］. Journal of Consumer Research, 2010, 37（2）: 197-206.

［66］Hayes A F. Introduction to mediation, moderation, and conditional process analysis: A regression-based approach［M］. Guilford: Guilford Press, 2013.

［67］Walsh G, Mitchell V W, Jackson P. Examining the antecedents and consequences of corporate reputation: a customer perspective［J］. British Journal of Management, 2009, 20（2）:

187-203.

［68］Liu Z，Park S. What makes a useful online review Implication for travel product websites［J］. Tourism Management，2015（47）：140-151.

［69］Chang K C. How reputation creates loyalty in the restaurant sector［J］. International Journal of Contemporary Hospitality Management，2013，25（4）：1-25.

入境游客大运河遗产旅游体验研究

——以苏州古运河为例

吴茂英　吴新芳

（浙江大学，浙江　杭州　310058）

摘　要： 中国大运河是世界文化遗产，也是中国首创的国家文化公园，具有展示和保护中华优秀文明、传递国家形象、促进世界异文化交流的重大国际意义。入境游客的大运河遗产旅游体验是检验大运河文化旅游发展水平、对外文化展示与传播力度的重要依据，然而少有研究关注入境游客的运河遗产旅游体验。本文以中国大运河江南运河段的苏州古运河作为研究场景，以 Tripadvisor 的入境游客评论为数据来源，运用 LDA 主题模型、数理统计分析方法研究运河遗产旅游体验的主题及其特征。研究结果显示：入境游客的运河遗产旅游体验包括历史文化底蕴、运河遗存、居民生活方式、游船观光游览方式、旅游休闲配套设施与服务 5 个主题；游船观光游览方式最显著且积极，旅游休闲配套设施与服务、运河遗存比较显著但稍显消极，历史文化底蕴与居民生活方式感知相对较少但评价积极；不同国家的游客体验主题存在显著差异。据此提出大运河遗产旅游体验的提升建议。

关键词： 大运河；旅游体验；世界文化遗产；LDA

收稿日期：2021-09-23

作者简介：吴茂英（1984—　），女，浙江大学管理学院副教授，博士，主要研究方向为旅游社区可持续发展、乡村治理市场化、遗产管理与旅游活化。

吴新芳（1993—　），女，浙江大学管理学院博士研究生，主要研究方向为旅游与休闲经济。

基金项目：本文为国家社科基金一般项目资助（项目编号：19GB136）。

Inbound Tourists' Heritage Tourism Experience on the Grand Canal: A Case of Suzhou Ancient Canal

Wu Maoying, Wu Xinfang

(Zhejiang University, Hangzhou, Zhejiang, 310058)

Abstract: The Grand Canal is not only a world cultural heritage site, but also one of the first national cultural parks in China. It plays a significant role in displaying and protecting the outstanding Chinese civilization, transmitting the positive national image, and promoting the international cultural exchanges. Analyzing inbound tourists' heritage tourism experience on the Grand Canal is an important way to test the level of the Grand Canal cultural tourism development and the effect of cultural display and transmission. However, most of the limited existing studies focus on domestic tourists' experience. Few studies have explored inbound tourists' experience. This paper takes Suzhou Ancient Canal in Jiangnan section of the Grand Canal as the research context. The inbound tourists' reviews posted on Tripadvisor are taken as the data source. This paper uses the Latent Dirichlet Allocation (LDA) model and mathematical statistics analysis method to explore the topics and characteristics of inbound tourists' experience of the canal heritage. The research results show that the inbound tourists' experience of canal heritage is generally positive. Their experience include the following five topics: historical and cultural deposits, canal remains, residents' lifestyle, sightseeing by cruise, tourism and leisure facilities and service. The sightseeing by cruise is the most significant theme and positively perceived. Tourism and leisure facilities and service, and canal remains are also considered as significant but slightly negatively viewed. The perception of historical and cultural deposits and residents' life style are relatively less frequently noticed. They however are viewed as very positive experience. Significant experience differences are found among different generating countries. The benchmarking between the domestic and inbound tourists' experiences are also conducted. Suggestions to improve the Grand Canal heritage tourism experience are provided.

Key words: the Grand Canal; tourism experience; World Cultural Heritage; LDA

一、引言

中国大运河是世界上开凿最早、规模最大的人工运河，2014 年成功列入《世界遗产名录》。为了更好地保护包括大运河在内的大型线性文化遗产，我国首创了国家文化公园的保护利用模式。在习近平总书记"保护好、传承好、利用好大运河"的思路指导下，大运河与长城、长征一起成为首批国家文化公园。作为国家文化公园，大运河具有深厚的历史底蕴、宏大的文化载体和不屈的民族精神，是中国国家文化的象征和国家形象的重要代表，承担着展示中华文明、宣传中国形象、彰显文化自信的重要使命。为了实现这些使命，文化和旅游部以及国家发展和改革委员会联合制定了《大运河文化和旅游融合发展规划》，推动大运河文化的国际传播。其中，入境旅游是通过外国游客"走进来"带动中华文化"走出去"的重要方式，也是外国游客感受国家形象的重要渠道。大运河以其悠久的历史文化积淀吸引着来自世界各地的游客。《江苏大运河文化旅游消费白皮书》显示，2018 年赴江苏参观游览大运河的入境游客已突破 400 万人次，并呈现逐年增长趋势。但较其他世界遗产，大运河入境旅游市场整体上相对低迷，入境游客到访率偏低，大运河文化对外展示和传播力度有限。入境游客如何感知大运河，他们在大运河的体验如何，这些问题影响着大运河入境旅游产品的开发、营销与管理，更影响着如何借助大运河入境旅游讲好中国故事、展示中华文化、传递积极国家形象的具体方式。因此，对大

运河入境游客旅游体验的挖掘和优化既有利于促进大运河入境旅游的可持续发展，提高大运河作为中华文化标识和国家象征的国际影响力，又为大运河国家文化公园的建设提供可借鉴的依据。基于此，本研究以中国大运河最受入境游客欢迎的苏州古运河为研究场景，以 Tripadvisor 上的游客评论为数据样本，运用 LDA 主题模型、数理统计分析方法分析入境游客对大运河遗产旅游的体验主题及其内在结构。

二、运河遗产的游客体验研究综述

运河遗产是世界线性文化遗产重要的组成部分，在世界各地均有分布，如法国米迪运河、加拿大里多运河、美国伊利运河和中国大运河。传统运输功能的衰落加速了运河遗产化和旅游发展进程。运河遗产具有深厚的历史文化积淀、丰富的遗存资源。相比一般遗产，运河遗产还具有流动性、活态性、功能多元性的特点。运河遗产以其独特的魅力吸引着众多的国内外游客，成为潜力巨大的旅游目的地。运河遗产旅游的研究主题较为广泛，涉及旅游价值和休闲游憩适宜性的评价、旅游产品开发、旅游空间模式、生命周期演变、可持续营销和保护、遗产廊道建设、与当地社区的互动关系、运河旅游体验等。

在体验经济时代下，运河遗产旅游体验研究日益受到关注。从游客的视角解析运河遗产旅游要素的结构和质量，对于促进运河遗产旅游可持续发展具有重要的作用。因此，不少学者开始探讨运河遗产旅游体验的特点、构成、影响等话题。关于

运河遗产旅游体验的特点，学者们认识到，运河遗产旅游提供了一种流动的、以水为媒介的文化旅游体验，以运河水脉为主线串联起与运河相关的遗产元素（如水工遗存、历史遗存等）、历史街区村镇以及相关联的环境景观，让游客产生步移景异的时空感受。

已有研究指出，运河遗产旅游体验的构成是多维的，包括运河历史文化、自然景观和环境、游船旅游方式、主客互动、服务设施等。首先，运河历史文化是运河遗产旅游体验的重要内容。李永乐、陈霏、华桂宏以大运河清名桥历史文化街区为例，发现运河历史文化、文化展示场所是运河历史文化街区核心静态要素的组成部分。但张瑛、史凯静、刘建峰对国内游客大运河文化遗产感知的分析发现，国内游客对大运河深层次的历史文化内涵感知是相对缺失的。同样的问题也存在于我国北运河文化遗产的社会感知中，王长松、王亚男因此提出，要加强对运河历史文化的宣传展示，增强社会对运河文化的认同感和文化体验，传承运河遗产的重要价值。其次，运河的自然风光和环境，也是运河遗产旅游的核心要素之一，为游客创造了强烈的感官体验。该要素的质量和表现会影响游客对运河旅游产品的满意度。再次，不少学者认为运河游船旅游方式是运河遗产旅游独特的休闲活动，也是游客运河旅游体验的重要内容。运河游船旅游是一种放松、愉悦的慢旅游方式，也是一种可持续、国际性的生态友好型休闲活动，在世界范围内受到欢迎。游船活动为游客提供了风景观光、娱乐休闲、遗产

体验以及与自然相联系的机会，有利于人们身心健康。例如，Kaaristo 和 Rhoden 研究了游客在英格兰运河上通过休闲游船体验旅游与日常的融合。此外，游客和当地社区的互动也是运河遗产旅游的重要体验要素。运河遗产区既是游客的休闲游憩空间，又是当地社区居民的生活空间。运河遗产旅游的发展依赖于当地社区的支持，当地社区所呈现的生活风貌、民风民俗、非遗等动态资源和设施（如集市、美食、步道等）是重要的旅游体验要素。Flemsæter, Stokowski 和 Frisvoll 基于节奏分析法探究挪威泰勒马克运河的游客体验及主客互动的节奏，指出主客之间互动的缺乏或不和谐会导致互动节奏失调，影响游客对运河遗产的旅游体验，并制约旅游对当地社会、经济、文化的贡献。最后，旅游服务设施也是游客评价运河遗产旅游体验质量的依据之一。蒋婷以京杭运河杭州段为例，发现旅游服务与设施是游客对大运河旅游认知形象的主要维度，需要不断完善旅游设施、提高旅游服务质量。孙毓含对京杭运河苏州段游客的旅游体验分析也表明，游客较为关注交通和可进入性等旅游服务设施的体验。

纵观国内外的运河遗产旅游体验研究，运河遗产旅游作为一个新兴的研究领域，相关研究相对有限。已有研究基于大运河单体遗产点（如某一特定历史街区）或者特殊旅游方式（如游船）探讨了运河遗产旅游体验，为提升运河游客体验提供了很好的启迪，但这些研究可能没法很好地把握运河遗产的特点和全貌。已有研究注意到游客生成内容（User Generated

Content，UGC）的在研究游客体验中的作用，但遗憾的是他们更多的是基于高频词的分析，并未提取游客对大运河文化遗产的感知主题。同时，这些研究基本聚焦国内游客的运河遗产体验。本研究认为运河的遗产是普世共享的。以中国大运河为例，它不仅是世界性的大型文化遗产，而且是中国首创的国家文化公园，同时是中华文化独特的标识和中国国家的象征，大运河也是入境游客了解中国文化的重要窗口。因此，本研究基于已有研究成果，聚焦入境游客，以苏州古运河为研究场景，关注运河遗产整体性的感知，通过Tripadvisor入境游客点评数据系统，综合采用无监督的机器学习算法、数理统计分析方法，分析入境游客的大运河遗产旅游体验。具体回答以下研究问题：（1）入境游客对苏州古运河遗产旅游的整体体验如何？包含哪些体验主题？（2）这些体验主题的显著性如何？（3）这些体验主题的积极性如何？（4）不同出游类型与不同国家的游客在体验上是否存在差异？基于以上问题的回答，本研究将对中国大运河如何更好地服务入境旅游市场、讲述中国故事和运河故事、传播中华文化提供相应的对策建议。

三、研究方法

本文采用多元的技术进行评论文本数据的分析，分析步骤如图 1 所示。

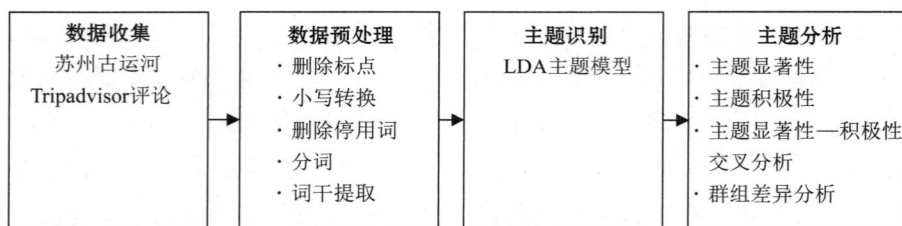

图 1　数据分析步骤

本文选取大运河的江南运河苏州段作为研究区域。一方面，已有研究指出在大运河线性文化遗产河道中，苏州段具有较强代表性。苏州是京杭大运河的发祥地之一，是中国大运河浓墨重彩的重要河段，集中展现了中国大运河独特的城市文化景观风貌，其运河故道（山塘河、上塘河、胥江、平江河、护城河）、运河相关文化遗存（山塘历史文化街区、平江历史文化街区、盘门、宝带桥、吴江古纤道）被纳入中国大运河世界文化遗产目录中。另一方面，在大运河游憩利用上，苏州段表现突出，为研究大运河入境游客体验奠定了基础。大运河苏州段遗产河道游憩利用适宜性、旅游价值综合评价非常高。在江苏大运河接待入境游客人数中，苏州稳居年度游客接待量第一；从 Tripadvisor 上中国大运河沿线城市相应的点评数据来看，苏州段的入境游客点评量最多，说明大运河苏州段在入境旅游市场开拓上走在前列。因此，本文选择大运河苏州段作为研究区域，深入探讨入境游客对大运河遗产的旅游体验。

（一）数据收集

本文选择以 Tripadvisor（https://www.tripadvisor.com）作为研究平台。Tripadvisor 是全球最大最受欢迎的旅游社区和旅游点评网站之一，平台上的评论具有真实性高、数据量大、信息丰富的特点。因此，不少学者将 Tripadvisor 上游客自发的评论作为数据来源研究游客行为、偏好、体验等。

本文在 Tripadvisor 上以"Suzhou Ancient Grand Canal"为检索关键词进行搜索，发现苏州古运河有 537 条评论（截至 2021 年 2 月 22 日）。这些点评覆盖英语、日语、西班牙语、法语等多种语言，英语点评占多数（68%）。由于语言条件限制，本研究集中考察入境游客的英语点评。本研究于 2021 年 2 月利用网络爬虫技术从 Tripadvisor 网站上收集苏州古运河所有的英语评论，包括评论用户、评论时间、国家、出游类型、评分、评论文本共 6 个字段。本研究共获取了 365 条评论作为样本，评论的点评时间在 2011 年 11 月至 2020 年 4 月（由于疫情，2020 年 4 月至今没有入境游客的点评），评论文本字数为 23533，每条评论字数在 10 字至 364 字不等，平均字数为 64。这些评论的"非常好（5 分）""好（4 分）"占 83.5%，平均得分为 4.186，整体评分较为积极。这些评论用户主要来自澳大利亚（30.7%）、美国（24.4%）、英国（10.7%）、加拿大（9.0%）等 35 个国家和地区。出游类型以与朋友（39.5%）、夫妻（39.1%）出行为主，其次为家庭出游（12.3%）、单独出游（5.8%）、商务旅游（3.3%）。

（二）数据预处理

评论文本的预处理遵循以往研究的步骤。首先，删除标点符号、非英文字符、数字，统一转换为小写，进行分词（tokenization）。接着，删除一些无意义的停用词，如"它"（it）、"这"（this）、"那些"（those）、"在"（at/in/on）、"也"（also）等。其次，进行词性标注（part-of-speech tagging）、词干提取（stemming）（如"swims"和"swimming"都转换为"swim"），并删除低频词（低于 2%）。评论文本的预处理均通过 Python 使用自然语言工具包（Natural Language Toolkit）的模块实现。

（三）入境游客体验主题识别：LDA 主题模型

本文利用潜在狄利克雷分布（Latent Dirichlet Allocation，LDA）主题模型提取入境游客对苏州古运河的体验主题。LDA 主题模型是一种无监督的机器学习技术，是一种文档主题生成模型，也被称为三层贝叶斯概率模型，包含词、主题和文档三层结构。其主要思想是：一篇文档是以一定概率选择了某个主题，并从该主题中以一定概率选择某个词语而构成的。也就是说，一篇文档代表若干主题构成的一个概率分布，而每一主题又代表若干词语构成的一个概率分布。LDA 模型会计算出文档—主题和主题—词语两个概率分布。主题—词语概率分布体现为一系列词语及其在该主题中出现的概率，词语出现的概率越大，说明与该主题的相关性越大，这些词语体现了该主题的内部结构。文档—主题概率分布会获得每个主题下的文档权重，权重越大，说明该文档包含该主题的可能性越高。LDA 主题模型能够用于识别大规模文档中潜藏的主题信息。由于具有无须人工构造训练数据就能高效、高质地处理大规模数据的优点，LDA 主题模型日益广泛地应用于分析游客对酒店、景点的旅游体验。

在本研究中，一条评论便是一篇文档，所有评论文本可能包含了较多的潜在主题。为了避免人工指定主题数的主观性，本文借鉴已有研究采用手肘法则通过计算困惑值（perplexity values）来确定合适的主题数。困惑值越低，模型聚类的性能越好。手肘法则运行 k-means 聚类算法形成特定数量的聚类中。本研究首先将聚类（k）的数量设置为 2~10，针对每一个 k 值，计算出其平方误差。合适的主题数一般出现于平方差和显著边际下降点或曲线的"弯角"。如图 2 所示，当主题数为 5 时，平方误差和曲线从边际下降较快开始转向相对平缓的下降，表明该点困惑值较低，因此本研究确定 5 个主题较为适宜。

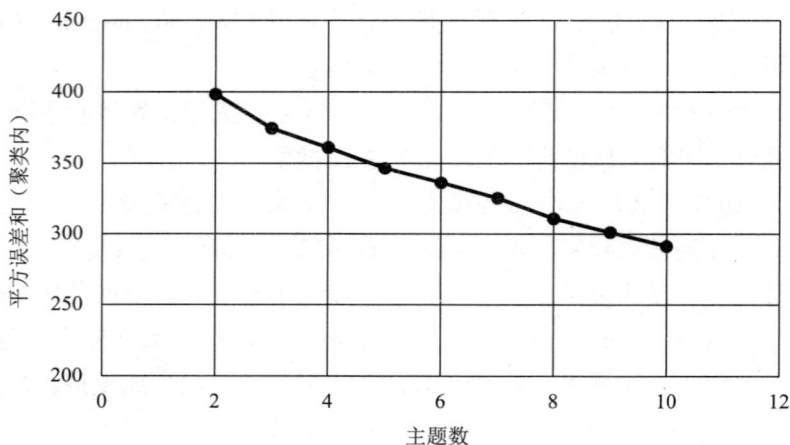

图 2　使用手肘法则确定主题数

（四）入境游客体验主题分析

基于 LDA 主题模型所识别的 5 个主题，本文进一步分析了主题的显著性（salience）和积极性（valence）。主题的显著性是指主题的普遍性，主题越显著，说明游客在评论中越多提及该主题。本文计算每一条评论属于各个主题的概率，以最高概率的主题作为该评论的主题，统计每个主题下的评论数。以每个主题的评论数与总评论数的比值作为主题的显著性。

主题的积极性衡量的是每个主题的极性表现。本研究使用 Tripadvisor 上的评分数，借鉴已有研究对评论极性的处理，将 4~5 分评论归为积极评论，将 1~3 分评论归为消极评论。主题的积极性计算借鉴 Taecharungroj 和 Mathayomchan 对主题极性的测量，计算公式如（1）所示，观察到的积极评论数是指该主题实际的积极评论数，期望的积极评论数则是指按照总评论样本极性的分布，预期该主题中积极评论数的期望值，两者的差值相比于该主题的总评论数便是主题的积极性。主题积极性体现了每个主题相对于总评论样本积极性平均值的超出程度，若主题的积极性为正，则说明游客对该主题的评价更加积极，反之则更加消极。

$$主题积极性 = \frac{（观察到的积极评论数 - 期望的积极评论数）}{该主题的总评论数} \tag{1}$$

（五）入境游客体验主题的群体差异

本文采用卡方检验（χ^2 test）分析不同出游类型、不同国家的游客体验主题是否存在差异，并通过事后检验（post hoc testing）来判断各组的差异。

四、研究结果

（一）苏州古运河入境游客体验主题

本文在 Python 编程环境中使用 Gensim 工具包进行 LDA 主题模型分析，识别出了 5 个主题：历史文化底蕴、运河遗存、居民生活方式、游船观光游览方式、旅游休闲配套设施与服务。表 1 列出了这 5 个主题及每个主题下概率排名前 15 的词语分布。每个主题的命名是基于这些概率较高的词语之间的意义和逻辑联系。2 名研究人员对主题的命名进行最终的交叉确认。

本研究所识别出的 5 个主题反映了入境游客在苏州古运河的游览体验。其中，游船观光游览是入境游客进入苏州古运河、感受运河风情的重要体验方式，是游客进一步欣赏运河遗存、感受历史文化底蕴和居民生活方式、体验旅游休闲配套设施与服务的主要途径。历史文化底蕴维度从整体上反映了入境游客对苏州古运河及整个大运河历史文化的认识；运河遗存、居民生活方式体现了入境游客对古运河有形和无形的旅游吸引物的感知；旅游休闲配套设施与服务是入境游客对古运河旅游的支持性基础要素的评价。

表 1　基于 LDA 模型识别的国际游客大运河遗产旅游体验主题

主题 1：历史文化底蕴		主题 2：运河遗存		主题 3：居民生活方式		主题 4：游船观光游览方式		主题 5：旅游休闲配套设施与服务	
运河（canal）	0.022	运河（canal）	0.036	船（boat）	0.014	船（boat）	0.024	乘坐（ride）	0.018
中国（China）	0.011	古老的（old）	0.017	居民（people）	0.011	观看（see）	0.014	花费（take）	0.017
文化（culture）	0.011	船（boat）	0.015	观看（see）	0.011	乘坐（ride）	0.012	居民（people）	0.012

续表

主题1：历史文化底蕴		主题2：运河遗存		主题3：居民生活方式		主题4：游船观光游览方式		主题5：旅游休闲配套设施与服务	
古老的（old）	0.010	游船（cruise）	0.014	有趣的（interesting）	0.009	苏州（suzhou）	0.011	旅行（trip）	0.011
地区（area）	0.010	游览（tour）	0.013	地方（place）	0.009	居民（people）	0.011	当地的（local）	0.009
观看（see）	0.010	建筑（building）	0.011	时间（time）	0.009	游览（tour）	0.010	商店（shop）	0.009
返回（back）	0.009	桥梁（bridge）	0.011	极好的（great）	0.008	古老的（old）	0.010	游船（cruise）	0.009
旅行（trip）	0.009	宏大的（grand）	0.010	参观（visit）	0.008	方式（way）	0.009	游览（tour）	0.009
当地的（local）	0.009	威尼斯（Venice）	0.010	旅行（trip）	0.007	时间（time）	0.008	好的（good）	0.008
游览（tour）	0.008	古代的（ancient）	0.009	生活（life）	0.006	生活（life）	0.008	服务（service）	0.008
历史（history）	0.007	中国（China）	0.007	方式（way）	0.006	参观（visit）	0.008	很好地（well）	0.008
曲艺（opera）	0.007	时间（time）	0.007	中国人（Chinese）	0.006	房屋（house）	0.007	生活（life）	0.007
苏州（suzhou）	0.007	房屋（house）	0.007	景象（view）	0.006	桥梁（bridge）	0.006	商街（street）	0.007
游船（cruise）	0.007	地方（place）	0.006	好的（good）	0.006	体验（experience）	0.006	河岸（side）	0.007

（1）历史文化底蕴。大运河的历史文化底蕴受到了入境游客的认可。入境游客在体验苏州古运河的过程中普遍提到大运河悠久的历史、厚重的文化、突出的遗产价值、"活态"的特点，并认为大运河是世界上最长、最悠久的人工运河，是著名的世界遗产地，在古代和现代都发挥了重要的价值。和该主题联系紧密的词有"运河""中国""古老的""历史"等。属于该主题的评论如："大运河是世界上最长的运河，是一条公元750年前古老的商业水道，连接了杭州和北京。这里是联合国教科文组织世界遗产，非常值得参观。""最令人惊叹的是，迄今为止，大运河还在为人们服务。当地人喜欢说，中国的长城是为了抵御外界而修建的屏障，而大运河的建造是为了联系人们。"

正是由于大运河具有深厚的历史文化底蕴、见证了中国古往今来的历史变迁，入境游客把大运河作为感受中国历史的重要窗口，从中可以窥见中国社会的多面性。可以说，大运河是中国社会历史发展的缩影和见证。作为国家形象的代表，大运河的旅游体验也影响着入境游客对中国的认知。如相关评论提道："中国经历巨大的发展和更新，苏州古运河就是一个通向历史和过去的窗口。""苏州古运河是一个了解中国矛盾性的好地方。古运河是历史和商业、贫穷和富裕都混杂在一起的复合体。"

（2）运河遗存。苏州古运河的运河遗存以传统建筑物为主，包括运河水道、古老的桥梁、沿河建造的传统民居、亭台水榭等。运河遗存是构成如"小桥流水人家"一般的江南水乡景观的重要组成部分，也是大运河历史文化底蕴的具体体现。这些运河遗存能带人们回到古老的中国，体验中国的历史韵味，并为入境游客带来赏心悦目的体验。和主题密切相关词语有"运河""古老的""船""建筑""桥梁""房屋""威尼斯"等。相关评论指出："我们非常享受坐在游船上悠闲地沿着古运河游览。你会看到无数古老的、装饰精致的石桥。有些石桥底下的墙上有古老的绘画，你只能在水面上坐船抬头才能看到。运河沿岸仍然有许多老式的民居，许多中国人仍然生活在这里。这些房屋中大多数都有旧石阶，直接通向水面。"

入境游客在体验苏州的运河遗存时，也会联想到意大利威尼斯，但同时也强调苏州古运河区别于威尼斯的独特性，如"苏州古运河被称为'中国的威尼斯'，但还是有差别的。苏州古运河是一个迷人的

工程，有许多经典的拱桥，环绕着一些古民居。整个地区都弥漫着浪漫气氛，它的年龄和景象增添了很多魅力。"

（3）居民生活方式。居民真实的日常生活方式，以及游览过程中和谐的主客互动，是苏州古运河的独特吸引力，也是入境游客感知的重要运河体验要素。相关的词语有"船""居民""生活""方式""中国人"等。许多入境游客对于沿运河而居的居民以及他们传统的生活方式非常感兴趣，他们的凝视焦点经常围绕着居民在运河边洗衣服、晒衣服、乘凉、钓鱼、打扫等日常生活活动。如相关评论提道："第二天早晨，我们乘运河船，看到运河边生活的居民在运河里洗衣服、休闲放松、做各种家务。这是对他们生活非常有趣的观察。"这些与日常相关的元素让入境游客感受到了旅游体验的真实性，并使他们感受到了真实的中国，同时，也赋予了他们回到过去的"乡愁"之感。相关的评论如："这是一次奇妙的巡游，看到运河沿岸的所有老房子，看到人们像很多年以前一样做着自己的事情和生意，真是太有趣了，就像时光倒流一样。""我们参观了运河外的当地市场，我们感觉正在进入一个'真实的'中国，认识中国当地人和去当地的市场。我从来没想过我会那样爱中国。这是一个美丽的国家，居民非常幸福、谦虚。"

入境游客在凝视居民的生活方式的同时，也与当地居民产生了互动。不少游客认为友好的主客互动是游览过程中比较愉悦、独特的体验之一。如一些评论指出："大运河的居民都很友好，向我们挥手致

意。很有趣的是看到人们在运河旁边洗衣服、晒衣服和鞋子，还看到渔民（他们告诉我们，他们钓了很多鱼并吃掉了）。我很高兴有机会看到这些与我们大多数旅行中看到的旅游景点不同的地方。"

（4）游船观光游览方式。游船游览是苏州古运河主要的游览方式，为游客提供了游览运河、认识中国的全新视角。入境游客普遍提到，游船游览的方式令人印象深刻，非常惬意、有趣。与该主题相关的词语有"船""乘坐""观看""游览""参观""方式""体验"等。典型的评论如："我乘坐了有导游的游船，非常令人印象深刻。古运河非常干净，景色美极了。游船坐了约40分钟。微风拂面，灯光非常漂亮。""大运河游船非常有趣！是欣赏苏州现代与传统生活的绝佳方式。在几百年前建造的运河上游览太酷了。"

游船观光游览的方式特别之处在于，以移动的方式提供了另一种视角全景式地游览苏州古运河。游船游览引导游客通过游船认识"古老的中国"，近距离地观看独特的古运河景象。相关评论有："从船上去看'古老的中国'非常有趣。""游船游览非常有趣！我们与旅游团一起乘坐了短途的游船游览，沿着运河一路慢悠悠地航行，最后停在山塘街后面。游船游览提供了很好的视角，让我们了解当地人是如何生活的。"

（5）旅游休闲配套设施与服务。休闲游憩是游客游览运河的重要动机之一。因此，作为运河旅游支撑系统的旅游休闲配套设施与服务（包括餐饮、购物、住宿、娱乐、解说等）也是游客体验的重要构成维度。密切相关的词语有"花费""游船""游览""商店""商街""当地的"等。一方面，入境游客在评论中较多地提及苏州古运河的旅游纪念品商店、咖啡店、餐馆、酒吧等休闲场所。如评论："街道上到处都是有趣的手工艺品、材料、纪念品、食物、咖啡馆等商店。多花点时间试试当地的河边餐厅，值得。""苏州古运河是一个不错的历史区域。漫步在林立的商店中，在运河上巡游，看看真实的人们是如何生活的。商店里的价格合理，可以讨价还价。苏州古运河是个好地方，可以一边品尝着饮料一边俯瞰水景。"

除了硬件设施，服务人员的服务水平也极大地影响着入境游客的体验。比如，在游船游览中，划船的主人和导游的态度与行为至关重要，他们对当地的介绍、唱歌表演等影响了游客对古运河的认知和感受。正如有些评论提道："我们的船长是一位知识渊博的向导，他对当地传统的生活方式进行了深入的介绍。""你一定要坐小船沿运河游览。这是我们这次旅行的亮点。开船的老人在给我们开船的同时还给我们唱歌。太棒了。"

本研究所识别出的五个主题——历史文化底蕴、运河遗存、居民生活方式、游船观光游览方式、旅游休闲配套设施与服务，是入境游客苏州古运河体验的主要内容。这五个主题之间相互联系，历史文化底蕴可以通过运河遗存、居民生活方式得以展现；游船观光游览方式提供了另一种视角参观古运河的运河遗存和居民生活方式，使游客感受到古运河的历史文化底蕴；旅游休闲配套设施与服务则是其他主题的补充，满足入境游客基本的旅游需求。

（二）苏州古运河入境游客体验主题的显著性与积极性分析

基于已识别的五个主题，本文进一步分析了五个主题的显著性与积极性（见图3）。研究表明，显著性从高到低依次为游船观光游览方式、旅游休闲配套设施与服务、运河遗存、历史文化底蕴、居民生活方式；五个主题的积极性幅度较小，说明各个主题的积极性趋于整体评论的积极性水平。居民生活方式、游船观光游览方式、历史文化底蕴感知相对更为积极，而运河遗存、旅游休闲配套设施与服务相对于整体水平有些消极。

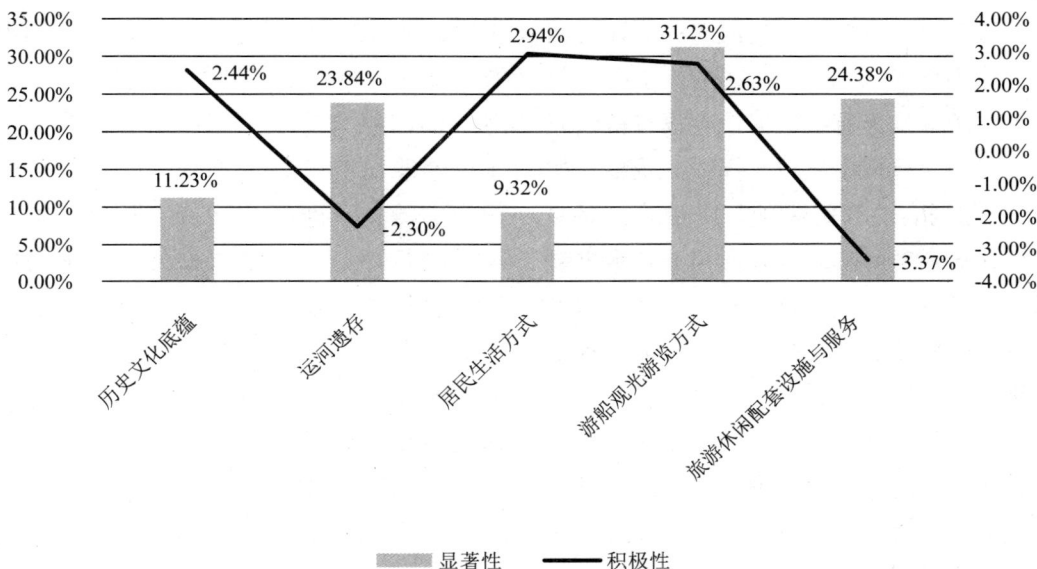

图3　主题显著性—积极性分析

从五个主题的显著性与积极性的关系来看，游船观光游览方式是最显著（31.23%）、较积极（2.63%）的主题。这说明游船观光游览项目是入境游客感知苏州古运河的重要方式，也受到了入境游客的欢迎。旅游休闲配套设施与服务显著性（24.38%）次之，但入境游客的体验相比整体水平是消极的（-3.37%）。通过分析该主题的消极评论发现，入境游客的消极体验主要体现在两方面：一方面是旅游休闲服务水平，包括部分导游和船夫等服务人员素质较低、外语水平低，并有强迫和欺骗性的购物消费行为；缺乏必要的解说服务；高峰期等待时间太长、人手不足等问题。相关评论提道："我很习惯住在中国，但这次游船超出了我的极限！我们忍受着一个中国人用大喇叭大声说话，我们不能出去，船长在抽烟！然后我们被'要求'去买便宜、俗气的纪念品。完全是浪费时间。"另一方面旅游服务设施和环境也导致了较差的游憩体验，如厕所和河流水道等环境脏乱差、游船相关设施差、道路拥挤、游客过多等。如："河水很脏，不要沾到身上，也不要深呼吸去闻。游船有空调，但不够凉快，排气也不好。厕所当然不是很理想，很臭、很脏。好吧，这就是中国。"

运河遗存也是较为显著（23.84%）的主题，说明入境游客对运河遗存的感知比较强烈。但相对来说对运河遗存的评价稍微有些消极（−2.30%），这主要是由于部分入境游客认为有些运河遗存没有得到充分的保护，呈现出破败、损毁的景象。如相关评论指出："我感到有些伤心，那些没有政府资助的地方正在崩塌并在水中腐烂。""在运河上乘船游览非常有趣，但当地政府必须修复那里的房子了，那些房子的状况很糟糕。"

另外，部分游客由于语言不通、解说服务缺乏、运河商业氛围太浓、停留时间太短等原因，对运河遗存的感知比较浅层。如有些游客评论道："我不确定是否有英语导游，但令人失望的是，整个解说都是中文的，我不能理解我所看到的东西。""它只是一条古老的小巷或街道，有许多商店出售衣服、饮料、当地食品和纪念品。没什么，只是在这里消磨时间。"

最后，本研究发现入境游客非常认可运河的历史文化底蕴和居民的生活方式（积极性分别为 2.44% 和 2.94%），但感知相对较弱（显著性分别为 11.23% 和 9.32%）。这说明了运河遗存的阐释和传播有待加强，居民的生活方式也可以更好地包装和呈现。

（三）苏州古运河入境游客旅游体验主题的分布差异

本文采用卡方检验和事后检验来判断不同出游类型和不同国家的入境游客体验主题的差异。首先，进行出游类型与体验主题的卡方检验，发现体验主题在不同出游类型的分布并无显著差异。其次，进行对不同国家与体验主题的卡方检验。由于评论涉及 35 个国家与地区，而 80% 的国家的英文评论不足 10 条，因此，本文重点分析评论量满足数据分析要求的国家，包括澳大利亚、美国、英国、加拿大这四大客源国。结果显示（χ^2 =24.941，$p<0.05$），不同国家的游客对苏州古运河体验主题存在显著差异，国家与体验主题之间存在弱相关（Cramer's V=0.175，$p<0.05$）。各个国家间的事后检验结果如表 2 所示。遵循 Agresti 的建议，调整后标准化残差绝对值大于 1.96，就认为该数值的观测频数与期望频数的差值存在统计学意义。结果显示，澳大利亚游客较少关注居民生活方式，而加拿大游客更看重旅游休闲配套设施与服务，美国游客更关注居民生活方式，相对较少关注旅游休闲配套设施与服务。

表 2　不同客源国游客的体验差异：事后检验结果

国家 Nations	主题 Topics				
	历史文化底蕴 historical & cultural deposits	运河遗存 canal remains	居民生活方式 residents' lifestyle	游船观光游览方式 cruise sightseeing	旅游休闲配套设施与服务 tourism and leisure facilities & service
澳大利亚 Australia	11 （−0.2）	30 （0.5）	23 （−2.8）	14 （1.4）	34 （1.6）
加拿大 Canada	1 （−1.5）	11 （1.1）	5 （−1.9）	3 （−0.1）	13 （2.0）
英国 UK	6 （1.1）	8 （−0.7）	15 （1.3）	3 （−0.4）	7 （−1.1）
美国 USA	10 （0.4）	20 （−0.7）	38 （3.3）	6 （−1.1）	15 （−2.2）

注：括号内为调整后标准化残差。

五、结论与讨论

（一）结论

鉴于大运河在对外展示中华文化、传播国家形象方面的重要国际意义，以及大运河遗产入境旅游体验研究不足的现状，本文选择大运河江南运河的苏州古运河为研究案例地，通过对 Tripadvisor 游客评论进行 LDA 主题分析，识别出 5 个入境游客运河遗产旅游体验主题，包括历史文化底蕴、运河遗存、居民生活方式、游船游览观光方式、旅游休闲配套设施与服务。通过计算 5 个主题的显著性与积极性发现，入境游客感知最强烈、最积极的是游船游览观光方式；对旅游休闲配套设施与服务、运河遗存感知也较强，但相对有些消极；历史文化底蕴和居民生活方式感知相对较弱但非常积极。研究同时发现，不同国家的入境游客体验主题有显著差异。

具体来看，入境游客在大运河文化遗产上与我们存在共识，绝大部分游客认识到大运河的文化价值和游憩潜力。其中，历史文化底蕴是指大运河悠久的历史、深厚的文化积淀、重要的遗产价值和地位，反映了入境游客对大运河的整体性评价。运河遗存是以传统建筑物为主的有形遗产，是构成大运河文化景观的关键部分。这两个主题体现了大运河作为世界遗产的本质特点。的确，大运河的历史文化是大运河旅游体验的核心要素，游客会通过运河遗存感知到大运河的历史文化底蕴。居民生活方式指沿运居民传统的生活风貌，包括民风民俗、日常活动、生活场所的呈现等，是吸引入境游客的重要资源，也是入境游客追寻真实性、独特性旅游体验的体现。正如以往研究发现居民直接或间接地参与到游客体验中，游客与居民的互动节奏的协调性是游客体验质量的核心因素。居民生活方式作为入境游客体验的主题，也反映出运河遗产是居民生活区与景区相重叠的特点，居民生活方式成为游客凝视的对象。游船观光游览方式则是指入境游客乘坐游船进入运河，以全新的视角和移动的方式近距离地感知运河遗产的自然风光与人文景观风貌，体现了运河遗产以水为媒介，具有流动性的特征。运河游船的休闲方式已成为苏州的主要游憩活动，深受入境游客喜爱，构成了入境游客感知到的苏州旅游形象的重要维度。最后是旅游休闲配套设施与服务，包括餐饮、购物、住宿、娱乐、解说等旅游设施和旅游服务。这是运河遗产发展旅游的必备要素，这与李永乐、陈霏、华桂宏提取的景区服务系统要素相类似。这一主题也反映了运河遗产的游憩属性。

在大运河遗产体验上，入境游客与国内游客存在较多共同之处，如整体上的积极体验感知，如都感知到运河遗产的历史文化、建筑景观、居民生活风貌、运河游船、旅游公共服务设施等要素。但从体验主题的显著性和积极性来看，入境游客和国内游客有所差异。国内游客对运河自然风光、建筑景观、运河水乡氛围、运河历史文化、文化展示场所、旅游消费成本和餐饮美食这些要素的关注度高且满意度高；但入境游客对游船观光游览方式感知最强烈也最积极，较关注旅游休闲设施与服务、运河遗存但稍显消极，对历史文化底蕴和居民生活方式的评价比较积极但感知较少。入境游客作为外来文化群体，对运河旅游体验具有不同的期待和偏好，需要区别对待。

与以往研究相比，本研究的理论贡献在于：首先，整体性地识别出入境游客对大运河遗产体验的主题。已有研究大多关注入境游客量的时空演变和影响因素，本研究聚焦他们的微观旅游体验。大运河遗产兼具世界性和民族性，代表中华文明，了解入境游客这一中华文化传播中的重要群体的游览体验，有助于促进大运河遗产在世界舞台上讲好中国故事，丰富运河遗产旅游体验研究，延伸旅游体验理论在运河旅游中的应用。其次，在研究方法上，本研究综合运用无监督的机器学习算法的数理统计方法，提高数据分析的效率和客观性，对未来相关研究具有较强的借鉴意义。

（二）研究启示

作为首个聚焦入境游客对中国大运河遗产旅游体验的研究，本文对于大运河国家文化公园提升入境旅游体验、讲好中国故事具有十分重要的意义。基于本文研究结论，提出以下管理建议。

1. 加强对大运河遗产的保护和阐释，提升游客对历史文化底蕴的感知

本研究发现，大运河遗产是入境游客体验较显著的主题，但由于保护不足、语言解说缺乏等原因，入境游客的感知稍显消极，对大运河遗存背后的历史文化底蕴感知相对落后。因此，需要加强对大运河文化遗产的保护，坚持保护放在第一位，促进遗产资源合理适度利用。同时，要构建大运河叙事的中国表达，讲好中国故事、运河故事。既要完善大运河的解说标识系统，提供不同语种的专业解说，又要鼓励百姓讲述丰富、多元、有趣的运河故事，让大运河居民成为"旅游形象大使"、运河历史文化的传播者。

2. 提升游船观光游览项目，提供高品质的"水上游"

本研究提出，游船观光游览方式是入境游客感知最强烈的主题，是入境游客认识中国、走进大运河的重要方式。因此，可以对游船观光游览项目提质升级，如整合沿岸的文化旅游资源推出具有地域文化特色的主题游线，提升夜间亮化景观、设计沿线实景演出等，提供品质化、内容丰富的运河休闲观光游览体验。

3. 完善旅游休闲配套设施与服务，营造良好的旅游环境

旅游休闲配套设施与服务是入境游客感知较显著但评价较消极的主题，消极感知主要体现在旅游服务人员强迫性消费、人员素质、服务意识和技能相对较低，旅游相关服务设施和环境较差。因此，需要加强对旅游服务人员的培训，提升服务技能；打击强迫性、欺骗性购物，规范旅游消费市场，建立健康有序的运行秩序。同时，加强对游船、厕所、河流水道、道路等设施与公共区域环境的治理，营造干净、整洁的旅游环境。

4. 呈现传统真实的居民生活方式，促进和谐的主客交流

本研究显示，居民生活方式作为无形的、动态的资源是吸引入境游客的重要因素，入境游客对居民生活方式的感知很积极。因此，要继续保留、传承独特的生活方式和民风民俗，维护传统生活氛围，并通过有机更新不断改善居民的生活条件。同时，培育淳朴民风、文明乡风，促进和谐的主客互动，让游客体验原住民生活的真实性。

5. 提升大运河遗产旅游的跨文化营销与管理能力，促进国际共识的形成

本研究发现，不同国家游客对大运河旅游的体验感知存在显著差异，如澳大利亚游客很少注意到与运河遗产相关的居民生活方式。然而，该主题是运河遗产旅游地生动、真实的旅游体验的重要来源，也反映了运河遗产的活态特征。因此，今后的运河遗产保护和旅游开发工作，应关注不同国家、不同文化背景的游客的认知习惯和行为模式，以各国游客喜闻乐见的方式全方位地呈现运河遗产的真实面貌和独特价值，对外输出具有较强一致性和较高公信力的运河文化和中国故事。

（三）研究局限与未来展望

本文也存在一定的研究局限。首先，本文仅选取了苏州古运河作为研究区域，由于大运河遗产范围广泛，可能存在地区差异，未来可在大运河其他区域进行验证。其次，本文的数据源单一，且由于语言水平限制，仅分析了英语评论，未来可考虑扩大数据分析样本，如纳入日本、韩国等重要客源市场的声音。最后，本文仅是探索性地识别出了入境游客运河遗产旅游体验的主题，未来还可进一步分析主题之间的关系、时空演变特征等。

参考文献

[1] 李飞，邹统钎. 论国家文化公园：逻辑、源流、意蕴[J]. 旅游学刊，2021，36（1）：14-26.

[2] 蒋依依. 以国家形象与旅游形象有机融合促进入境旅游持续发展[J]. 旅游学刊，2018，33（11）：9-11.

［3］中国新闻网.江苏大运河文旅消费报告出炉：2018年入境游客达400万人次［EB/OL］.https://www.sohu.com/a/311821591_123753sec=wd.

［4］Tang L，Jang S. The evolution from transportation to tourism：The case of the New York Canal System［J］. Tourism Geographies，2010，12（3）：435–459.

［5］吕龙，黄震方.遗产廊道旅游价值评价体系构建及其应用研究——以古运河江苏段为例［J］.中国人口·资源与环境，2007，17（6）：95–100.

［6］张飞，杨林生，何勋，等.大运河遗产河道游憩利用适宜性评价［J］.地理科学，2020，40（7）：1114–1123.

［7］黄震方，李芸，王勋.京杭大运河旅游产品体系的构建及其旅游开发——以京杭大运河江苏段为例［J］.地域研究与开发，2000（1）：70–72.

［8］黄昊，贾铁飞.古运河旅游开发及其空间模式研究——以京杭大运河长江三角洲区段为例［J］.地域研究与开发，2013，32（2）：129–133.

［9］Donohoe H M. Sustainable heritage tourism marketing and Canada's Rideau Canal world heritage site［J］. Journal of Sustainable Tourism，2012，20（1）：121–142.

［10］Zhang M，Lenzer J H. Mismatched canal conservation and the authorized heritage discourse in urban China，A case of the Hangzhou Section of the Grand Canal［J］. International Journal of Heritage Studies，2019，26（2）：105–119.

［11］俞孔坚，奚雪松.发生学视角下的大运河遗产廊道构成［J］.地理科学进展，2010，29（8）：975–986.

［12］Pinkster F M，Boterman W R. When the spell is broken：Gentrification，urban tourism and privileged discontent in the Amsterdam canal district［J］. Cultural Geographies，2017，24（3）：457–472.

［13］Kaaristo M，Rhoden S. Everyday life and water tourism mobilities：Mundane aspects of canal travel［J］. Tourism Geographies，2017，19（1）：78–95.

［14］Mehran J，Olya H. Canal boat tourism：Application of complexity theory［J］. Journal of Retailing and Consumer Services，2020（53）.

［15］Ashworth G. Preservation，conservation and heritage：Approaches to the past in the present through the built environment［J］. Asian Anthropology，2011，10（1）：1–18.

［16］Weiler B，Ham S H. Relationships between tourist and trip characteristics and visitor satisfaction：A case study of the Panama Canal Watershed［A］. CAUTHE 2005：Sharing Tourism Knowledge［C］. Australia：Charles Darwin University，2005：720.

［17］李永乐，陈霏，华桂宏.基于网络文本的大运河历史文化街区旅游体验研究——以清名桥历史文化街区为例［J］.南京社会科学，2021（2）：157–165.

［18］张瑛，史凯静，刘建峰.基于网络游记的大运河文化遗产游客感知研究［J］.地域研究与开发，2020，39（4）：79–85.

［19］王长松，李舒涵，王亚男.北运河文化遗产保护与应用的社会感知研究［J］.城市

发展研究.2019,26（8）：45-52.

［20］孙毓含.基于网络文本分析的京杭运河旅游体验研究——以苏州为例［J］.江苏科技信息,2018,35（14）：69-71.

［21］赵刘.基于游客体验理论的无锡运河旅游产品研究［J］.江苏商论,2010（09）：127-129.

［22］Mehran J, Olya H G T, Han H, et al. Determinants of canal boat tour participant behaviours：An explanatory mixed-method approach［J］. Journal of Travel & Tourism Marketing, 2020, 37（1）：112-127.

［23］Fallon J. If you're making waves then you have to slow down：Slow tourism and canals［M］// S Fullagar, K Markwell, E Wilson（Eds.）. Slow tourism：experiences and mobilities. Bristol：Channel View Publications, 2012：143-154.

［24］Thurau B, Seekamp E, Carver A D, et al. Should cruise ports market ecotourism A comparative analysis of passenger spending expectations within the Panama Canal watershed［J］. International Journal of Tourism Research, 2015, 17（1）：45-53.

［25］Pretty J, Peacock J, Hine R, et al. Green exercise in the UK countryside：Effects on health and psychological well-being, and implications for policy and planning［J］. Journal of Environmental Planning and Management, 2007, 50（2）：211-231.

［26］Flemsater F, Stokowski P, FRISVOLL S. The rhythms of canal tourism：Synchronizing the host-visitor interface［J］. Journal of Rural Studies, 2020（78）：199-210.

［27］蒋婷.基于网络文本的京杭大运河（杭州段）旅游形象感知研究［J］.常州工学院学报,2016（6）：70-74.

［28］Guo Y, Barnes S J, Jia Q. Mining meaning from online ratings and reviews：tourist satisfaction analysis using Latent Dirichlet Allocation［J］.Tourism Management, 2019（59）：467-483.

［29］Kirilenko A P, Stepchenkovas O, Dai X Y. Automated topic modeling of tourist reviews：does the anna Karenina principle apply［J］Tourism Management, 2021（83）.

［30］梁晨晨,李仁杰.综合LDA与特征维度的丽江古城意象感知分析［J］.地理科学进展,2020,39（4）：614-626.

［31］Li J P, Feng Y Y, Li G W, Sun X L. Tourism companies' risk exposures on text disclosure［J］. Annals of tourism research, 2020（84）.

［32］Taecharungroj V, Mathayomchan B. Analysing Tripadvisor reviews of tourist attractions in Phuket, Thailand［J］.Tourism management, 2019（75）：550-568.

［33］Agresti A. Categorical Data Analysis（2nd Ed.）［M］. New York：Wiley, 2002.

［34］吴良平,胡健敏,张健.中国省域入境旅游发展的空间计量建模与影响因素效应研究［J］.旅游学刊,2020,35（3）：14-27.

文化研究

新诗"晦涩"问题的接受学阐释

徐慧慧

（浙江旅游职业学院，浙江 杭州 311231）

摘 要：中国现代新诗的"晦涩"问题，一直是一个有争议的现象，造成"晦涩"的原因除了诗歌本身的问题，还涉及诗歌接受美学和社会文化学等多重视角。从文学接受学—现代解诗学的角度来分析新诗"晦涩"问题，主要涉及以下两大方面：一是欣赏的多义造成的审美的晦涩；二是新批评的构建，即现代解诗学的出现。

关键词：新诗；晦涩；接受学；新批评

Reception Interpretation of the Obscurity of New Poetry

Xu Huihui

（Tourism College of Zhejiang，Hangzhou，Zhejiang，311231）

Abstract：The obscurity of modern Chinese new poetry has always been a controversial phenomenon. In addition to the problem of the poetry itself，it also involves multiple perspectives such as poetry reception aesthetics and social culture. Analyzing the obscurity of new poetry from the perspective of literary reception–modern interpretation poetics mainly involves the following two aspects：first，the aesthetic obscurity caused by the polysemy of appreciation；the second is the construction of new criticism，that is，the emergence of modern interpretation poetics.

Key words：new poetry；obscurity；reception studies；the new criticism

收稿日期：2021-09-02

作者简介：徐慧慧（1981— ），女，浙江旅游职业学院旅行服务与管理学院教师，副教授，硕士，主要研究方向为旅游文化与文学。

"在理解一首诗的时候，无论使用什么方法，在决定诗歌揭示其对象是否适当的时候，无论约定什么标准，我们最后都得落实到读者的能力上，也就是他发现诗所揭示的对象的能力上。这是美学研究中不可避免的、必然发生的事情。"瓦雷里也说："有些作品是被读众创造的，另一种却创造它的读众。"20世纪诗学重心从文本向接受的转移，充分肯定了审美接受在文学活动中特殊的重要性。与所有的文学活动一样，诗歌活动既然是创作与欣赏的同构，那么，诗学也自然是对这两者的全面包含。中国现代新诗的"晦涩"问题，正与对新诗"新的"审美接受方式的要求及其出现密切相关。本文就是从文学接受学—现代解诗学的角度，对新诗"晦涩"问题进行了论述。

一、审美晦涩：欣赏的多义

解构主义大师罗兰·巴特曾将文本分为两大类："阅读性的"和"创造性的"。"阅读性的"指的是我们能够认识或已经知道的东西，阅读性的文本是我们作为读者被动地消耗的文本；而创造性的文本要求读者积极地配合，要求他在生产和写作作品中做出贡献。诗歌便是所有文艺作品中最典型的创造性文本，因而它的晦涩，既是指创作本身的晦涩，又是指审美接受过程的晦涩。也就是除了作品本身的多义、朦胧、蕴含丰富和不可穷尽之外，也还有欣赏主体的"贡献"，这种"贡献"主要涉及某种"能力"，亦即他对作品"多义性"的知觉、概括和体验的能力。如果诗歌的审美接受中也有一种"晦

涩风格"的话，想必它指的就是欣赏者的这样一种能力。因而，审美接受的多义性其实就是从接受角度对"晦涩"的一种定义，"晦涩"的内涵在这里主要指向体验的含糊性和理解的"多义"。20世纪文学研究的重心由文本到读者的转移，现代诗学对读者接受的关注与开发，为接受的多义性阐释提供了理论与实践上的证明与支持。而现代理性的发展以及对精密化、深刻剖析的注重与强调，使得现代诗歌的审美也出现了与传统不同的范围与要求，它的跨域已经从文本扩大到了文本与读者乃至更广泛的社会文化思想领域。审美接受本身的深度发展，为现代主义诗歌走向晦涩与丰富提供了诗歌接受学角度的具体方法和内容。在这里，接受的多义主要是指审美层次、审美境界的多样和同一层次中审美内容的多样化。

审美活动是人与客观世界相互作用的一种方式，也是文艺创造与欣赏的根本动力与源泉。贯穿着全部审美活动始终和审美活动的载体是主体的心理活动，即审美心理。这种心理活动与纯粹的认识活动仅从因果等逻辑关系中探求事物的本质不同，它是向外活动与向内活动的交织，具有神秘性、复杂性、多样性和模糊性。审美心理学的产生由来已久，古今中外对它的探究更是不乏其人，但是至今，审美心理依然是一个备受争议的论题，足见它的神秘莫测。审美心理主要包括感知、情感、想象、理解等要素，在具体的艺术创造中，这些要素经过复杂的相互作用——相互诱发、补充和印证，相互作用和斗争，最终构成一种奇妙的审美体验。诗歌

欣赏是审美心理活动最复杂的体现之一，它为晦涩诗学提供了文学接受学方面的内容和心理学的支持。多义性与模糊是审美体验的一种客观属性。古诗云："横看成岭侧成峰，远近高低各不同。"对同一座山，视角的不同尚会有不同的观看效果，诗歌的欣赏更是如此。无论对于诗人还是读者而言，诗歌在内容上总是对审美体验的传达，所谓"以我观物，物皆着我之色彩"，因而，接受的多义性是审美欣赏本质属性的题中应有之意。

从艺术心理学角度看，"欣赏，是基于欣赏经验的，欣赏主体通过欣赏经验去发现、判断对象的艺术价值，并通过欣赏经验在欣赏中能动地创造艺术价值。在这个过程中，欣赏经验也就进一步得到丰富与发展"。德国哲学家尼古拉·哈特曼说："同任何象征品一样，一篇文章也是只对活着的圣人才充满象征意义的。精神内容并非本来就存在于艺术作品的成型材料之中，而只是为我们这些进行理解之人才存在的。"这也就是文学接受的过程，文学作品经过读者的接受，形成审美对象并实现作品的价值。完善的欣赏不能只停留在浅表或者模模糊糊的状态，而需要层次性与深度，并且要在总体结构与细读间反复交错提升。读者生活和诗的经验从自己的"视界"出发，与对象的"视界"相互交融互补，从而形成一个新的再造的"视界"。伊格尔顿说，文学作品是他律性的：它等待着主管操作去使之现实化。伊格尔顿区分出四个"作品层次"，即物质指导、字面意义、代表的对象和想象目标。与这四个层次相适应的是

意识的行为，其系统构成阅读。伊格尔顿还说，文学对象也向读者挑战；它在保守自己的奥秘的同时，肯定自己的自由：它的意义永远是无限地远不可及的。从作品到接受者之间有一系列的中介因素，如欣赏惯例、接受密码等，读者必须"动员"自己的知识并破译这些密码，从中挖掘并再造作品中的审美信息。新的艺术样式有着前所未有的"密码"，这就造成了接受上的隔膜，以及超越这些隔膜时，路径的多样化。

正是靠一种强烈的参与创造意识和"意识的行为"，使读者走进诗美的世界，也使诗美的世界最终得以真正完成。正如滕守尧在《审美心理描述》中所指出的那样，"多义性并不是作品的纯客观性质，也不是欣赏者的主观构想，而是作品的某些特征与观看者的某些特殊的知觉和理解方式相互作用的产物"。因为，文学本身不是到作品为止的一种单向制作，而是由读者与作者共同完成的一个交互性的创造过程。我们说"一千个读者有一千个哈姆雷特"，这既是哈姆雷特的丰富性所致，又是读者自身的丰富性所致。曾有人把文学的接受分为被动性的和主动性的两种。前者只接受文本直接提供的信息，是一种消极的接受方式；基本没有审美的快感可言；后者不但接受而且主动创造信息，或者形成思想情绪情感的互动，是一种积极的审美接受方式，具有创造、想象和领悟的快感。诗歌欣赏无疑需要后一种接受方式，它不但使我们在创造性接受的过程中最大限度地享受到诗歌艺术的真正魅力，而且丰富着诗歌文本本身的内涵。因为当

诗人创作完一首诗，诗人便在这首诗中"死了"，诗的命运将托付给源源不断的读者，并由他们去不断地丰富和完善诗歌的内涵与意义。

纪德在其《纳蕤思解说》中曾说过，（在作品中）一点神话本来就够了。这也就是在说，作品的丰富并不太多地期待作者单方面切实意义的投入，而在它为读者的发挥留下了怎样的可能，然后是有能力的读者的介入与共同创造，这便是那种从具体推到抽象，从有限推到无限的道理。它是诗歌真正的"源头活水"，是诗意生生不息、诗的生命能够永恒的主要原因。既然作者创作时就注入自己作品以多层次的内涵，也就更应该允许读者在作品中注入自己多层次的想象。朱光潜更清楚地论述了这一再造的审美意义。朱光潜说："读诗就是再作诗，一首诗的生命不是作者一个人所能维持住，也要读者帮忙才行。读者的想象和情感是生生不息的，一首诗的生命也就是生生不息的，它并非是一成不变的。一切艺术作品都是如此，没有创造就不能有欣赏。"朱光潜讲的读者的想象和一首诗的生命生生不息，和施蛰存主张的"仿佛得之"为欣赏诗的极限，废名说明自己的《掐花》"容得下几样文化"，同他的《妆台》《小园》一样，均可以作多种理解等，都是这种理论的证明。现代诗的艺术创造也创造了读者（包括批评家）再创造的权利，从而增进了诗歌多义性的可能。

现代最具有主体意识的批评家李健吾，在对卞之琳诗歌的解读与阐释中，充分体现了审美接受的多义性特征。如《寂寞》一诗，李健吾认为这是诗人感叹"短促微弱的生命"经不起寂寞。由原来喜欢蝈蝈的乡下孩子长大进城"买了一只夜明表"，这是"为了听到一点声音，哪怕是时光流逝的声音"，但是"为了回避寂寞，他终不免寂寞和腐朽的侵袭"（"如今他死了三小时，夜明表还不曾休止"），这里表现了一种人生的"悲哀"和"迷惘"。卞之琳读后认为"觉得出我意料之外的好，因为我当初只是想到这么一个乡下人，简单地写下了这么一个故事，然后在本文里找了这么两个字作为题目，自己原不曾管什么深长的意义"。可见，有时候正是接受者给文本赋予了丰富深厚之义。现代诗歌的晦涩风格与其说是文本天生的，不如说是经由后天的多方面所共同建构的。李健吾曾十分自信地宣布说："如今诗人自白了，我也答复了，这首诗就没有其他'小径通幽'吗？我的解释如若不和诗人的解释吻合，我的经验就算白了吗？诗人的解释可以撵掉我的或者任何其他的解释吗？不！一千个不！幸福的人是我，因为我有双重的经验，而经验的交流做成我生活的深厚。诗人挡不住读者。这正是这首诗美丽的地方……一首诗，当你用尽了心力，即使徒然，你最后得到的不是一个名目，而是人生，宇宙，一切加上一切的无从说起的经验——诗的经验。"其中对于作为一名诗歌的读者，尤其是作为一个诗歌批评家所具有的创造性的喜悦和骄傲之情溢于言表。对此，西方新批评派也曾提出不无偏激的"意图谬见"，来割裂作者与作品的关系，为读者的自由自立张目。

然而，新批评派继而又提出"感受谬

见",斩断了作品与读者(包括批评家)的关系。虽然这一概念的偏颇和不切实际依然明显,但在某种程度上它无疑又提示我们注意到,接受的多义性也受到完全抛开诗歌的意图、走向另一种自负和意义垄断的威胁。克罗齐讲:"要了解但丁,我们就必须把自己提升到但丁的水准。"因此,接受的多义既是必然和必需的,同时又是有条件的。具有很强主体意识的现代主义诗歌的审美,更主要的是以自己的灵魂去接近另一个陌生的灵魂。其中的困难是以往的诗歌欣赏中少有的。古典诗歌作品的书写对象和创作方法都为鉴赏接受打下了良好的基础。在书写对象方面,古典诗歌坚持现实性的原则,主要是"诗言志""诗缘情"反映普遍的现实之"志"、社会之"道"与人伦道德感情。而在创作方法方面主要坚持的则是可感性原则,它们共同构成了古典诗歌由浅入深的完整欣赏结构。诗歌形式上的音乐感在作为审美层次的同时,也给诗歌意义的探索解了压,读者常因为流连于音韵之美而忽略对诗歌内涵的关注。古典诗歌的读者更多停留在对一种朦胧诗意的直觉与感悟上,止于大概而不深究,与之相应的批评鉴赏便多是印象式的。因此,现代诗歌必然要面对审美接受与批评中新的课题。读者和批评家只有经过了审美主体和创造主体之间的隔膜与超越、碰撞与沟通,经过反复的阅读、思考和感受的过程,才能实现写作与接受在"晦涩风格"层面的真正统一。

二、现代解诗学:批评的建构

解诗学是对新诗审美接受方式的具体建构。通俗地说,它是教人如何读诗的。新诗晦涩风格的出现,导致的主要问题就是读者接受上的困难。由此,大部分人便武断地把"晦涩"当作了一种病症加以否定,把责任全部推卸给了诗歌创作。因此,解诗学的建构,在替新诗的晦涩风格正名、推翻其作为新诗症候的谬论、为晦涩诗学辩护方面,有其不可低估的策略性价值。当大多数读者,经由现代解诗学的引导,进入新诗审美的较高领域;从理论和实践的角度,对晦涩风格的新诗表示了理解与认同;并且能够举一反三,欣赏到更为神秘曼妙的诗歌美学,晦涩作为新诗症候的命运也就自然会被扭转。

解诗学理论主要承接诗歌审美接受的多义性特征而来,如果我们真正理解了诗歌的创造是作者和读者的共同任务,也就能更深切地明白诗歌接受对晦涩诗学的重要性。通过对解诗学的建构,一方面有助于肯定和发扬诗歌审美接受多样性这一美好特质,发挥它对新诗的创造性和建设性作用;另一方面通过对读者的引导和培养,也有利于对新诗内涵的进一步发掘与丰富,保证晦涩风格得到最大深度和广度的实现。华兹华斯说:"一个诗人不仅要创造作品,还要创造能欣赏那种作品的趣味。"古典诗歌体系的完成一方面得益于古典诗歌创作的辉煌成就,另一方面也离不开与之相适应的一套古典诗歌批评(主要落实于诗歌欣赏)所做出的相得益彰的配合。因此,新诗(本文主要指现代主义诗歌)的建设和确立,也必须同时从这两个方面进行建构,对读者的创造有着与本体建设同样重要(有时甚至更重要)的地位及意义。因为懂与不懂、接受与不接受，要取决于新的"诗"观念的有无。然而，观念的普及毕竟还有些抽象，对于"一般读者"来说，晦涩观念的接受，首先就需要落实为一种与新诗相应的"读法"的有无。因此傅东华说："中国新文学创造者的第一职务，是在改变读者的 taste。"洪子诚也认为，在诗与读者的关系上，固然需要重点检讨诗的写作状况和问题，但"读者"并非就永远占有天然的优越地位。他们也需要调整自己的阅读态度，了解诗歌变化的依据及其合理性。

一种新的诗歌潮流会推动一种新的诗学批评的产生。事实上，在新诗晦涩风格形成的过程中，一种新的欣赏理论也在随之浮出水面，那就是中国现代解诗学的探索与建构。现代主义诗歌对新的诗歌对象、表现技巧和思维方式的发现与开拓，一开始就引起了不少敏锐的诗人及批评家的关注和对新的审美接受批评的探索；而接受本身的多义性也需要有相对规范的批评方式加以引导，使其不至于走向自以为是却南辕北辙的偏颇。最初的诗人或批评家李广田、废名、卞之琳、朱光潜、李健吾、闻一多、施蛰存、戴望舒、杜衡、金克木、林庚、邵循美等人，都曾以他们多种形式的理论探索和批评，为构建中国现代解诗学做出了自觉或不自觉的努力，表现了批评家对现代主义诗歌自身艺术特征的尊重，并在作者、作品和读者之间架起了一座智性的桥梁。从而如孙玉石所言，众口一声简单地认为现代派诗"晦涩朦胧""不好懂"而加以挞伐和否定的时代，由于现代解诗学的出现便结束了。解诗学

使现代诗的晦涩问题再一次地回到了对作品本身复杂性的认同与超越之上，回到了对审美多样性的再造以及对作品本体理解歧义性的互补与纠偏中来。现代解诗学是现代晦涩诗学中一个具有建设意义的组成部分，是对现代主义诗歌晦涩风格的进一步确认、疏导与保护。

西格德·布克哈特认为，"诗的错误"这一观念，不是一个简单的观念，一个有才华的文艺批评家很少会满足于责备诗人犯了这种错误。相反，他会尽力"解释"这种错误，如果有可能的话，把这种解释建立在外在于这首诗本身的另外某种规律的基础上（美国西格德·布克哈特的《内审阐释理论简析》）。某种程度上，诗作与阐释之间的矛盾只能通过矫正阐释，而不是通过矫正诗作来解决。金克木相信，新诗一定可懂，"只是不能人人都懂而已，因为能懂的读诗者一定也要有和作者同样的智慧程度"。如果燕卜逊的说法没错："我们这个时代所需要的，就算不是对某一种诗的解释，也应该是一种有普遍说服力的信念，即坚信所有诗都是可解释的。"那么，我们确实有必要把风格层面的"晦涩"问题纳入现代解诗学的视域去对待。

自从 1932 年以后，在《现代》《新诗》《大公报·副刊》《独立评论》等刊物上，开展了关于现代诗"明了"与"晦涩"、"懂"与"不懂"问题的讨论。朱自清便在 1936 年正式提出了"解诗"概念，对于我们欣赏诗（尤其是现代派诗）时缩短诗人审美追求与读者审美阅读距离、革新批评方法产生了重要的价值和意义。解诗学以"了解是欣赏的基础"为主要的理论原

则。其中,"欣赏"指的是审美体验和审美评价,而"了解"则包含着现代解诗学的"理解"和"解释"内容,核心是"理解"。解诗和"细读"活动,其基本点是借助具体文本的解析,试图探索现代诗有异于传统诗歌的艺术构成,也试图重建诗歌文本和读者联系的新的途径。如果以朱自清先生的说法,那就是,这种解析自然也要"识得意思",但重点关注的可能是"晓得文义"。然而解诗并不可能避免误读,而是通过填补诗中留下的大量"空白点"来消除读者经验上的隔膜,从而在创造性地阅读过程中获得比诗人"多一倍""经验"(即他所说的"双重的经验")的幸福。

在 20 世纪 80 年代,孙玉石先生重新提倡和发展了新诗的解诗学理论,并给它赋予了更加科学严密的内涵与操作方式。此时,解诗(包括作为其主要手法的"细读")所依据的理论和方法,显然得了 40 年代英美"新批评"、稍后的结构主义批评方法、60 年代的接受美学理论的启发,而直接承继的,则是我国 30 年代《现代》杂志,和朱自清、废名、卞之琳、朱光潜、李健吾等在三四十年代诗歌解析上的理论倡导和实践。当然,也会从我国台湾一些诗人、批评家那里接受影响。这些理论,无论是以文本分析为中心或以读者为中心,都体现了对于批评在沟通作者与读者审美距离方面作用的重视的增强,这被孙玉石认为是现代解诗学理论建构的目的和作用。可以说,解诗并不是应对新诗晦涩风格的唯一方式,也不是改善新诗与读者关系的根本手段。但是解诗学的提出与实践对于目前的中国新诗而言,确实是一个十分必

要和重要的过程。我们也有理由相信,通过对一些优秀新诗作品的介绍解读,新诗的接受状况将会得到一定程度的改善,人们对新诗晦涩的指责也会更加理性和到位。

80 年代解诗学的重新提出,其理论前提和现实语境同三四十年代朱自清等人倡导时如出一辙:"30 年代以戴望舒为首的现代派诗潮迅猛发展的势头,使得广大的诗歌读者和传统的诗学批评陷入了困惑境地。'晦涩'和'不懂'的呼声向一群年轻的诗歌探索者压过来。新诗从理论到批评面临着读者舆论的挑战";而 80 年代初"被称为'朦胧诗'创作潮流的急剧发展和嬗变,将对新诗真正繁荣的期待和艺术探索的困惑感一并带到批评家和读者面前,诗人的艺术探索与读者审美能力之间的鸿沟,又像 30 年代现代派诗风盛行时那样成为新诗自身发展的尖锐问题"。诚然,"晦涩"的相关讨论触及了中国现代主义诗歌的某些根本质素,揭示了其在各个历史阶段遭受的普遍境遇。但是由于解诗学的介入,"晦涩"及其造成的现代主义诗歌理解问题的解决获得了较为坚实的理论支撑。可以说,现代解诗学剥开了"晦涩"之雾的掩藏,让人们得以窥见现代主义诗歌的"真实"面目,现代主义诗艺也在解读之光烛照中渐渐明朗而敞亮开来;但这并不是说,被驱散了神秘光环的现代主义诗歌会因之变得粗糙浅白,或丧失自身的某些固有属性。恰恰相反,在解读之光的烛照下,"晦涩"复归于缄默状态,现代主义诗歌仍旧保留其自足性、隐藏性、模糊性等期待着新的解读,只不过经过解读的洗礼后,现代主义诗歌语词的

怪异性、思维的超常性以及暗喻、通感、省略、跳跃手法的运用等特性，才能逐渐为人所认识和接受。

现代解诗学的建设需要借鉴古典诗歌中的某些批评鉴赏理论及西方现代主义诗歌接受理论，总结现代诗歌既有的欣赏经验，同时结合中国现代主义诗歌晦涩风格的具体情况与特征。在具体实践上，解诗学既不同于只注重社会内容和外部艺术特点的社会历史批评诗学，进入作品内在的意象和语言结构的分析，达到由形式而走向内容；也区别于西方新批评派完全杜绝了解作者创作意图而将作品进行封闭式的细读和注释的形式主义，以及中国传统解诗学过分追求字义的考据疏证从而陷入穿凿和烦琐的附庸主义，达到了为内容而进入形式。孙玉石把协调作者、作品与读者三者之间的公共关系，理解趋向的创造性和本文内容的客观性相结合，注意形式和内容的统一，作为中国现代解诗学的主要特征。在操作中，首先要选择真正具有文本内涵的客观包容性的作品。这一点，具有晦涩风格的现代主义诗歌为我们提供了最丰富的文本资源。其次，要在正确把握晦涩风格特性的基础上，进行深入而专业化的细读。细读的过程是落实一切解诗学理论与技巧最为切实的阶段，是解诗学最核心和主要的部分。孙玉石对李金发、戴望舒、卞之琳、废名等人的作品的解读，为具体的细读提供了出色的范本。他所著的《中国现代诗导读》，以及由李怡主编的《中国现代诗歌欣赏》、由洪子诚主编的《在北大课堂读诗》等都是这方面比较不错的参考读本。

真正在解诗的实践上做出了独特贡献的，首推李健吾。他在《答〈鱼目集〉作者》中曾就自己批评的公平提出要求说："第一，我要学着生活和读书；第二，我要为这不懂之处领会；第三，我要学着在限制中自由。"这些高标准的要求，无疑也是解诗学的准则。具体就解诗核心的文本细读而言，在对一首确实经得起美学考验的新诗的解读中，李健吾所说的第一点是对解读者自身的素质而言的。萨特曾特别强调说，作家不对不可靠的后代讲话，他是一种自由，想与其他自由进行交流，以便召唤他们参加共同事业。因此解诗者在知识、学养、艺术鉴赏及感悟能力等方面的修养，成了优质的细读得以实现的必要保证。这是第一点，主要是一种准备，为细读提供可能性。

第二点是对文本的尊重。新批评派甚至把这一点推向了使文本孤立出来的地步。这种偏激的做法某种程度上表明了细读原则对以本为本地注重。文学解读，毕竟不能脱离开文本的限制性存在，而错把自由当作毫无节制的肆意行为。一切阐发都应该是有迹可循的，要把创造性的发挥，控制在一个切实的关系网内。在具体操作上，首先要对诗的构成材料"文字"，进行立体的扫描与分析，然后从意象、节奏、语感及建筑等各方面进行直觉与理性层面的多重对话。最后还要与诗的孕育者，即不在场的诗人的思维进行追踪、捕捉和辨析。在这个阶段，素养方面的准备将得到充分的施展和发挥。虽然还在文本的表层范围内，却已经涉及了许多看不见的深层功夫。

第三点是对创造性想象的强调。这一

点需要和第二点相联系才能被阐释清楚，并且它能有效地克服文本细读陷入狭隘、偏颇和死板的危险。真正出色而得体的细读，介于文本的束缚与想象的自由之间的某一最佳点上，是对这两者所构成的张力的一种动态化的平衡。阅读者在此不但要还原，而且最主要的是要扩展诗中的隐喻和想象，拉开文本多层歧义与隐含义的宽度与深度，是一场解诗者与诗人之间类似比赛式的智慧对话。同时，作为对自我生命的一次体验，解读者还应通过对另一生命精神留痕的进入，充分感受自身内在直觉的运行速度、体验面积及再生质量，进而激活生命原本的沉寂状态，并在阅读品的智慧空间之外享受自我生命的抚摸与扩展。它表现为对一个更高审美空间的创造，从而把解诗推向自由的审美境界，这是文本细读最难实现的部分，也是最容易误入歧途、最难把握的部分。

当然，一种过于具体的欣赏，常常是一件费力不讨好的事情，诗人很可能会指责你的自以为是，传统的模糊美学及印象式的诗歌批评理论也会出来反驳你的具体精深或者微言大义。但对成长中的中国现代主义诗歌，以及需要诗歌的读者来说，细读式的解诗方式却有着十分重要的意义。并且传统诗学的混沌与笼统，很多时候容易将我们导向一个欣赏的误区，因为毕竟，"看山是山"和"看山还是山"两者之间，其境界上的差异之大是不言而喻的，而其间所必经的，恰恰就是"看山不是山"的过程。也就是说，完整的认识是一个模糊与清晰、笼统与精细相交织的否定之否定过程。解诗学不是一个替诗歌固

定某种意旨的一劳永逸的手段或方式，而是为诗意无限可能性的敞开提供一条切实可行的途径的过程——请千万懂得和记住"途径"的含义。我们不妨借用艾略特在《传统与个人才能》中关于认为诗歌不是放纵感情而是逃避感情的句式说，诗歌接受的最高境界也许依然是朦胧的（这是由优秀诗歌的无限丰富性所决定的），然而只有经历过细致与清晰（的解诗过程）的人，才能真正懂得朦胧的真实含义。

在《诗人与矛盾》一文中，郑敏用以论述穆旦的一段话，似乎对大部分具有晦涩风格的现代诗人及其作品也同样适用，她说："由于他的艺术不同于那在中国诗歌读者中间已经普及了的浪漫主义手法及狭隘现实主义手法，要理解穆旦的诗需要一些新的理论知识和眼光。这种对读者进行的准备工作是美学、诗学教育工作者的课题，也是文艺评论者对诗歌读者应尽的义务。如果古典诗词的欣赏需要进行基础知识和理论方面的准备，为什么对新诗的'新'的理解和欣赏不应要求读者有一些理论基础的准备呢。当一些读者抱怨看不懂新诗时，理论工作者和教育工作者应持的合理态度应当是帮助读者进行理论上的准备，而不是说'停止尝试吧！'要求作家不进行新的试验是对创作欲的最大压抑。"因而，解诗无疑成了一项更为广泛也更有必要的提升性活动，是对新诗晦涩风格一个必要和有力的补充。

现代解诗学的建构，还需要注意以下两点：一方面，解诗学一定要走"亲民"路线，解诗本身是为了使读者了解、欣赏从而喜爱新诗，如果解诗的过程过于清高

和贵族化，就违背了解诗学的初衷和它的题中应有之意；另一方面，一定要把解诗落实到具体的诗篇和诗情上，而不是空讲大而无当的理论或进行变相的故弄玄虚，应该对每一首诗的晦涩风格进行内容、语言、思维等方面有重点和针对性的分析与解读。

另外，更值得引起注意的是，解诗虽然有种种的好处，但它不是欣赏诗歌唯一的路径，更不是诗歌审美主要和必要的内容。作为一种方法和手段，解诗只对需要的人才有意义，并且只有在需要的时候才起作用。否则，它很可能反而成了一种阻碍，影响到诗美最完全、最直接的流通和接受。因为，从根本上来说，诗歌是用来感受而不是用来理解或懂得的。不管依据哪一种价值评价体系，诗歌阅读的本质都是一种生命状态对另一种生命状态的溅起与晕染。诗如果能够像一支三八步枪那样被拆来拆去，那么血肉文学也就只能成为福尔马林溶液中发灰的标本了。早在20世纪30年代，施蛰存就已经指出："读者如果一定要一读即意尽的诗，或是可以像旧诗一样按照调子高唱的诗，那就非所以语于新诗了。"我们读诗，仅仅是因为只有诗中才有功利现实所缺少的"精神意外"，是因为诗中有人类惯常思维中所"没有"和"不确定"的灵动，是因为诗中有一种使用最少的翅膀而进行最优美飞翔的快感……如果阅读的结论早已高高挂起，那么读诗与评诗岂不是成了味同嚼蜡的塑料行为？帕斯捷尔纳克早就说过了，如下的看法是没有道理的：艺术作品必须彻底理解，为了享受艺术作品也必须彻底

理解。和生活一样，艺术也必不可少地有些深不可测和缺憾的成分。然而问题不在这里。就像尽管如此，我们依然提倡解诗学的问题不在这里一样。

参考文献

［1］高楠.艺术心理学［M］.沈阳：辽宁人民出版社，1988.

［2］孙玉石.中国现代诗歌艺术［M］.北京：人民文学出版社，1992.

［3］胡经之，张首映.西方二十世纪文论选：第三卷·读者系统［M］.北京：中国社会科学出版社，1989.

［4］滕守尧.审美心理描述［M］.北京：中国社会科学出版社，1985.

［5］李健吾.答〈鱼目集〉作者，［M］//咀华集.上海：上海文化生活出版社，1936.

［6］［英］威廉·燕卜逊.朦胧的七种类型［M］.周邦宪，王作虹，邓鹏，译.黄新渠，吴福临，审校.北京：中国美术学院出版社，1996.

［7］孙玉石.李健吾诗歌批评理论的现代性［M］//中国现代诗歌艺术.北京：人民文学出版社，1992.

［8］孙玉石.重建中国现代解诗学［M］//中国现代诗导读.北京：北京大学出版社，1990.

［9］米凯尔·杜夫海纳.文学批评与现象学［M］//胡经之，张首映.西方二十世纪文论选：第三卷·读者系统.北京：中国社会科学出版社，1989.

［10］西渡.名家读新诗［M］.北京：中国计划出版社，2005.

［11］潞潞.准则与尺度：外国著名诗人文论［M］.北京：北京出版社，2003.

女性、旅行和赋权：女性独游动机、体验和意义研究

孙 帆

（浙江艺术职业学院，浙江 杭州 310053）

摘 要： 在我们的日常生活和媒体宣传中，常见追求自由、逃离尘世的男性背包客和到国外采购血拼的女性游客两种形象。在这些形象背后，是对女性游客的刻板印象，而独自旅游的女性正好颠覆了这种传统的形象。然而，翻阅文献，关于独自旅游的动机和体验的研究较少，专门探讨女性独自旅游的相关文献更少。唯有一些研究者指出，一个人和结伴参与的自助旅行，两者之间的体验与旅行目的不见得一致（李佳容，2005）。还有研究者认为，独自参与休闲活动时，人们较能清楚地感知到内心的恐惧，而女性比起男性更会害怕独自进行户外活动（Coble et al., 2003）。因此，本文将聚焦独自旅游的女性，研究其旅游动机和体验，并结合电影文本分析的方法，分析女性独游的潜在内涵。

关键词： 女性；独自旅游；动机；体验；赋权

Women，Travel and Empowerment：a Study on the Motivation，Experience and Potential Connotation of Women's Solo Travel

Sun Fan

（Zhejiang Vocational Academy of Art，Hangzhou，Zhejiang，310053）

Abstract：In our daily life and media publicity，there are two common images of male backpackers pursuing freedom and fleeing the world，and female tourists shopping abroad. What lies behind these images is the stereotype of female tourists. Women traveling alone have just subverted this traditional image. However，looking through the literature，there are few studies on the motivation and experience of traveling alone，and even fewer relevant literature

收稿日期：2021-09-09

作者简介：孙帆（1988—　），女，浙江艺术职业学院文化管理系教师，硕士，主要研究方向为文化研究、影视研究、女性文学研究。

基金项目：本文为 2019 年度浙江艺术职业学院一般课题项目资助（项目编号：YB201902020）。

on women traveling alone. Only some researchers point out that the experience and purpose of self-help travel between a person and a partner are not necessarily the same（Li Jiarong，2005）. Other researchers believe that when participating in leisure activities alone，people can clearly perceive their inner fear，and women are more afraid of outdoor activities alone than men（Coble et al.，2003）. Therefore，this paper focuses on women traveling alone，by studying their tourism motivation and experience，and analyzing the potential connotation of women traveling alone combined with film text analysis.

Key words：women；traveling alone；motivation；experience；empowerment

一、社会结构下的女性旅游

在过去，旅行者总是被贴上"冒险家""探索者"等男性化的标签（Little and Wilson，2005）。以往的旅游活动，向来被认为是专属于男性，因为旅行本身具有户外、动态、需要冒险的特质，而室内静态活动、家庭才是女性最好的"位置"（Stratford，2000；王志弘，2000）。女性在社会化的过程中，会不自觉内化社会规范的期许、价值观，这使她们开展旅游活动时，也承受了更多的社会压力与生活束缚。

女性独自旅游的历史，真正开始于19世纪的维多利亚时期（Robinson，1994）。此时，女性首次拥有了独自上路的权利，不过，她们大多来自非富即贵的特权家庭（Clarke，1988）。工业革命后，职业妇女承担起了工作和持家的职责。虽然社会地位有所提升，但为了兼顾家务和工作，女性不得不从家庭中寻找一些休闲的机会，在某种程度上限制和压抑了女性旅游的发生。

进入现代社会，男女旅游观光人数的比例在统计资料上已无太大差别，女性独游已经是常见的旅游形式。但是，女性在进行独游行为时，仍会收到一些反对的意见，被人们以"不正常"来揣测她们出行的动机。与此同时，媒体报道中不乏对女性独游失联事件的报道，或对女性独游抱持谨慎态度。

笔者曾在街头随机访问80名不同年龄、阶层的市民，收集他们对女性独游的看法。其中，在"如果你身边的成年女性亲友要一个人出境自由行，你会持什么态度"的问题中，仅18.75%的市民选择"非常支持"，38.75%的市民选择"比较支持"，36.25%的市民选择"不支持（也不反对）"，还有6.25%的市民选择"反对"。而42.5%的受访市民认为，社会中确实对独自旅游的女性存在一些负面的声音，比较常见的有："没朋友""不太合群""家庭关系不和谐""离婚""找艳遇"等。其中，还有一位市民提到"可能是同性恋"等相关联想。可见，目前环境下，独自旅游的女性比较容易让他人产生"异类"的刻板印象。

同时，有学者认为"女性角色在旅行位置中还是不被彰显，因为不管在观光的推展、意象或是媒体形塑上，仍以男性的观点做主导，到处都充斥着男性化的旅行空间"（陈昭如，1995）；"虽然女性在旅行或观光游览上也有一个位置，但通常是处于边缘、受到贬抑的"（Janet Wolff，黄筱茵，1999）。

然而，这些传统意识形态和传统价值观反而激发了女性对旅行的渴望，而独自旅游也被许多学者认为女性是寻找自我、感受赋权的方式之一（Hall and Kinnaird，1994；Butler，1995；Pesman，1996）。

二、女性和公共空间

Leslie 在《设计的歧视："男造"环境的女性主义批判》中写道："男孩通常被教养成为具有空间的支配力，他们被鼓励要冒险，体验非常广阔的环境背景，他们学习如何借由身体姿势，占有比女孩大的空间……而女孩则被教养要接受空间的限制"（王志弘，张淑玫，魏庆嘉，1997）。

而"现代女性虽然因为经济自主能力、教育程度的提升，出门旅行的条件相对优渥得多，但女性在公共空间的安全考量与移动能力，相较于男性，仍然或多或少地限制了她们外出的机会"（王志弘，2000）。

公共空间对两性存在双重标准。例如，一些男人在街道上拿女人消遣，对她们品头论足，投以凝视、飞吻或口哨。而不管女性是否愿意，这在公共空间都是无法避免的。女性在公共空间中的弱势地位，使得她们在往户外移动时，不受鼓励，甚至受到约束。

还有调查显示，女性在公共区域中比男性更容易意识到她们处在危险中（Neil，2001）。敏感的安全感知不但会影响女性的旅游体验，而且会成为她们出游的阻碍。这也许是因为女性从小被教导出门在外要注意安全，在人少之处要小心谨慎，独自一个人时，什么事情不可以做，什么地方都不可以去。

更有一项关于"独自健行者恐惧感知的调查"显示："男性与女性对恐惧的体验有很大的差别。对女性来说，最大的休闲阻碍来自恐惧，她们害怕在独自健行时会受到男性的攻击"（Coble et al.，2003）。

除了公共空间对女性的约束和威胁，女性在空间辨识上也常被认为能力较差。因此，女性独自在异国他乡旅游，更担心受到攻击和迷路，这些都在一定程度上限制了女性的单独行动。

三、女性独自旅游的动机和意义

虽然不同的个体展现出不同的旅游动机，但是 Pearce 和 Caltabiano（1983）以 Maslow 的"人类需求阶层论"为根据，指出"女性游客对自我实现（self-fulfillment）的需求高于男性游客"。由此可见，旅游如果是一种可以寻找自我的方式，必然会对女性产生极大的吸引力。

有学者曾将女性独游的意义做如下解释：女性独自旅游是一种自我赋权（self-empowerment），是她们掌握生活的手段和媒介（Hall and Kinnaird，1994）。Riley（1998）认为，长期独自旅游可以加强女性独立和自主的意识。Gibson 和 Jordan 对比了美国和英国独自旅游的女性，发现独自旅游让她们感到自由，提升了自信心和自我意识，让她们觉得可以掌控自己的时间，做自己想做的。还有学者对生活在 20 世纪五六十年代的澳大利亚年轻女性进行分析，发现独自旅游成为她们抵抗性别意识形态，逃离传统女性角色和职责的方法（Bulter，1995）。

可见，独自旅游不仅意味着探索世界和满足好奇，还对女性有着特殊的意义。它不仅把女性从充斥规范、压力、束缚的父权社会中解放出来，还提供了逃离家庭和工作的机会。与一般的团体观光客不同，一个人自助旅游的形式让女性收获了双重自由。她们通过在旅途中和异地文化接触、和陌生人沟通、解决突发事件等，增加了自我完善和成长的机会，并收获了自我负责的自在体验。

更重要的是，和旅途中遇到的他者互动，有助于女性认识自我。"对自我的认识必须借由与非自我的他者互动来建构，旅行是一种跨越疆界的行为，提供自我与他者相遇的最好机会"（刘虹风，2000）。女性注重社会参与的人际交流特质，也使独自旅游成为自我实现的重要途径。

四、文本分析：《沙漠驼影（Tracks）》《涉足荒野（Wild）》

《沙漠驼影》和《涉足荒野》都是以女性徒步独游为主题的传记类影片。选择对这两部影片进行分析，是因为它们都由真实事件改编，主角原型"罗宾"和"谢丽尔"是两位真实存在的女性，她们可敬的旅程被记录在同名个人自传中，并在全球出版发行。相比其他虚构故事，罗宾和谢丽尔的经历更具有讨论度、代表性和真实性，在旅途中所呈现的相同规律，也更具分析价值。

（一）成长环境与原生家庭对女性独自旅游的影响

《沙漠驼影》中的罗宾自小丧母，跟随破产的父亲寄住在亲戚家。她计划以六至七个月的时间徒步穿越澳大利亚沙漠到达印度洋，并捕获几匹野生骆驼进行训练，用来负载行李、粮食和水。虽然和父亲关系并不亲密，但她认为自己独自旅游是受到了父亲的影响："如果我的旅游灵感来自某人，肯定是我的父亲。他曾经横穿东非，并说很乐意睡在草丛里。"罗宾从小向往沙漠、热风和开阔的土地，讨厌男性喋喋不休的嘴巴和肢体动作。她直言城市的生活无聊透顶，每天都在重复做同样的事情。她的成长经历使她厌烦体制压力，厌烦世人将自我解放、性别和阶级挂在嘴上。总是在工作和学习上半途而废的罗宾和旁人格格不入，她开始怀疑自己是否能做成一件事，于是，她开始了横跨澳大利亚沙漠的征服之旅。

和罗宾一样，《涉足荒野》中的谢丽尔也来自单亲家庭。因为儿时父亲有严重的家暴，谢丽尔对生活态度积极乐观的母亲存在依赖和怨怼两种矛盾情绪。她埋怨母亲带给了她暴虐的父亲和沉重的贷款，又极其依赖母亲给予她的正能量。母亲身患癌症死后，谢丽尔遭到了沉重的打击，她一度放浪形骸、自我放逐。在经历离婚后，她坦言："我不知道从什么时候变成这么个废人，我曾经坚强，有责任感，对生活有追求，我曾经那么好……我毁了自己的婚姻，现在正毁掉剩余的人生。我要一步步走回去，回到妈妈眼中的那个我。"谢丽尔跑到书店买了一本《太平洋屋脊步道徒步指南》，踏上了这条长达1100英里的自我救赎之路。

罗宾和谢丽尔都来自问题家庭，父母角色在她们生命中的缺失成了她们单独上路、寻找人生意义的动机。而较为自由放养的成长环境，也造就她们凡事自己做主的独立性格，是促成她们独自旅游的关键因素。此外，她们的父亲、姐弟、好友、前夫等，虽然少数因为担心而出言质疑，但未有明显的阻挠，多数选择尊重并鼓励她们的选择，这也是她们的旅程能成功的因素之一。

（二）女性独自旅游面临的限制和恶意

对于女性孤身一人踏上漫长旅途，人们倾向于在还没开始前就给出负面和消极的评价。在《沙漠驼影》和《涉足荒野》中，这种令人沮丧的话语比比皆是。诸如："你别死在那里""疯丫头，没必要冤死在野地里""你丈夫不好吗""对你来说实在太远了""我不想看你单独去""我觉得你跟人相处有困难""你想过放弃吗""不管怎样，别搞垮了自己"。可见，为了独自出行，女性在还没踏出第一步以前，就需要和这些束缚手脚的刻板印象做斗争。不过，这和她们即将在旅途中遭遇的问题来说，显得不值一提。

对于独自旅游的女性来说，旅途中的问题来自方方面面，如安全、体能、风俗等传统限制，还有来自陌生人的恶意，都在某种程度上干扰了她们的旅游体验。

《涉足荒野》中，谢丽尔身材娇小，

她的"巨无霸"背包将她折磨得浑身瘀青、遍体鳞伤。一次，谢丽尔在森林里遇到两名男猎人，她好心地将自己的水分享给他们，而他们却当面调侃她的身材。其中一名男子更是去而复返，企图趁机强暴谢丽尔。女性在他乡旅行，虽然自由，但也危险。因为两性在公共空间中的关系和意识形态上，"一个独身的女性不被视为常态，甚至被认为暗含性爱的邀请，成为被猎取的对象"（王志弘，2000）。

《沙漠驼影》中的罗宾和骆驼农庄的老板达成口头协议，用帮工八个月来交换两头骆驼。最后，老板欺负她孤身一人，拒绝兑现诺言，让罗宾白做工八个月。之后，罗宾在穿越一个叫"肯度村"的必经处时，因为当地族群未开化，有很多保守的习惯，不让外族女子穿越。而因为找不到愿意带路的男性长老，罗宾只能临时更换线路，绕路250多公里。

独自旅游困难重重，但罗宾和谢丽尔最终都依靠自己走出了困境，并在茫茫荒野中越走越自信。这说明女性虽然在旅途中"容易产生担心遭遇攻击的恐惧，但她们会设置一套克服恐惧的策略，并在体验中充分得到自由与自主的决定权，以增加自信和勇气"（Coble et al., 2003）。这也证明了Hall、Kinnaird等人对于女性独自旅游和赋权的相关观点。

（三）女性游客的特殊体验

对于独自一人旅行的女性来说，虽然在旅行之前和旅行之中，容易遭遇各种限制和恶意。但是，她们在路上遇到的陌生人，一般都能轻易地接纳她们，给她们提供休息的地方和食物，并乐意在她们需要时伸出援手。

比如，谢丽尔每到一站都会在徒步登记册上签名。而作为这本册子上唯一的女性，在荒野中遇到的每一个背包客，都能叫出她的名字，给她友善的鼓励。在肯尼迪大草原补给站，谢丽尔一出现就收获了一群男性背包客的掌声和喝彩，还有人主动请客。在另一个补给站，收发包裹的男职员已经打烊，坐上了汽车，但当看到浑身淋湿的谢丽尔时，这位平时并不热心的男职员也同意为她再次开门，给了她免费的食物和饮料。被骗白做工八个月的罗宾，也在后来遇到了一位友善的男子，不仅教她驯服骆驼，而且将自己的一匹骆驼赠送给了她。

然而对男性游客而言，这种特殊待遇并不常见。谢丽尔曾经遇到了一名年轻男背包客，他感慨道："你的身边总有人为你做事，想帮你摆脱困境。我的意思是，从来没人给过我们什么，没人为我们做过任何事。"

（四）旅途中的他者对独游女性的影响

在罗宾和谢丽尔的两段不尽相同的旅途中，这两位女性代表的"自我"，与不同的人和事（即"他者"）邂逅、碰撞，借由"认识他者"或试图"变成他者"以回归自我、建构自我，从他者身上获得了许多改变，在一定程度上帮助了她们女性主体意识的觉醒。

例如，在旅途尾声，谢丽尔偶遇了另一位徒步太平洋屋脊步道的中年女背包客。和这位富有生活经验的女性谈话，减轻了她对去世母亲的怨恨，心情也变得豁

然开朗。当她得知之前给她传授经验的男背包客因为大雪中途退出，而自己还在坚持时，她变得更加满足和自信。

在旅途中，罗宾和谢丽尔都有一段浪漫邂逅。邂逅之后，他们都选择迅速抽身，继续前行。罗宾的邂逅是她的跟拍摄影师，摄影师在那一次之后，要求开车跟随，被罗宾坚决拒绝。因为罗宾将这次旅途看作寻找自我价值的征服之旅，绝不会让浪漫牵绊自己的脚步。她在旅途中逐渐发现，有同伴参与的旅行和完全个人式的旅行，从旅途中的内心感受，到回来后的体验，都存在明显的不同。

在旅途的终点，罗宾穿越沙漠，见到大海。她却说，骆驼之旅没有开始也没有结束，只是形式改变了。将独游前后的罗宾两相对比，完成旅途的罗宾显得坦然和宁静，再无一丝焦躁和迷茫。这正符合了Maslow 的观点：自我实现不是一种结局状态，而是在任何时间实现个人潜能的过程（彭运石，2001）。

（五）思考：徒步荒野的潜在内涵

通过多种研究和论述，女性独自旅游已被看作反抗父权、逃离传统职责和意识形态的实践。然而，一个疑问由此产生。逃到哪里不都是父权社会吗？不都是公共空间吗？尤其是《沙漠驼影》和《涉足荒野》中的旅游类型——户外徒步。因为通常发生在荒山野岭，生存环境恶劣，本就是男性力量占优势的场域。

那么，为什么要选择这样一条充满挑战的道路呢？转念一想，徒步独游的女性选择"明知山有虎，偏向虎山行"的原因，可以看作她们通过选择这种男性力量

占优势的道路，向父权发出的极限挑战。通过这种挑战，展现了这些女性坚强、勇敢和冒险的精神。同时，这些具有男性气质的标签，也通过徒步独游，更容易被她们所获得。

（六）总结和展望

在现实中，罗宾和谢丽尔分别完成了2700多公里和1700多公里的旅程，通过一路艰辛的磨砺，她们的身体和心灵不仅完成了自我实现的目标，而且收获了主体意识的觉醒。在荒芜一人的沙漠里，罗宾不着寸缕，坦然地裸露身体。这种动作背后，是她抛弃了日常社会的行为规范和道德伦常，追求无性别意识状态的体现，蕴含着其主体意识的觉醒。

旅途中，罗宾和谢丽尔被人们亲切地称呼为"骆驼女郎"和"太平洋屋脊女王"。还有很多热心人给罗宾写了信，画了画，记者们纷纷跑来采访她的旅程。可是，谢丽尔和罗宾都对这些行为和称呼不太感兴趣，甚至表现出拒绝的情绪。因为，这些称呼本就有强烈的性别指向。如果把男性换到她们的位置，也许媒体舆论和反响就会大打折扣，就好像"骆驼先生"没有"骆驼女郎"听上去那么性感和吸引人一样。

再看同样由真实事件改编的类似题材影片《荒野生存》（*Into the wild*）。男主角克里斯托弗家境优渥、学业有成，却捐光钱财，弃车徒步，烧掉手头剩余的现金，只带着极少的装备一头"扎进"大自然。超验主义者克里斯托弗想要寻求的是极致的理想和纯粹的自由。虽然对这种激进的行为和无厘头的结果（最终饿死）说不上

赞同，但笔者以为，什么时候再拍摄女性独游题材的影片，如果她们的旅游动机完全是因为"想要一个人"，而不是因为逃离社会的束缚和找寻迷失的自我，那可能会是一种更高级的表达。

参考文献

［1］李佳蓉.女性独自从事自助旅行之动机与体验［D］.国立东华大学研究所，2005.

［2］Coble，Theresa G，Selin，et al. Hiking Alone：Understanding Fear，Negotiation Strategies and Leisure Experiences［J］.Journal of Leisure Research，2003，35（1）：1–24.

［3］Harris C，Wilson E C. Travelling beyond the boundaries of constraint：women，travel and empowerment［J］.Tourism and gender：embodiment，sensuality and experience，2007：237–239.

［4］Janet Wolff，黄筱茵.重新上路：文化批评中的旅行隐喻［J］.中外文学，1999，27（12）：30.

［5］K W Leslie，王志弘，张淑玫，魏庆嘉.设计的歧视："男造"环境的女性主义批判［M］.台北：巨流图书公司，1997：36，98.

［6］Carr N. An exploratory study of gendered differences in young tourists perception of danger within London［J］. Tourism management，2001，22（5）：565–570.

［7］Pearce P L，Caltabiano M L. Inferring travel motivations from travelers experiences［J］. Journal of Travel Research，1983（3）：16–20.

［8］刘虹风."旅行文学"——在追寻/验证、真实/虚构之间［J］.诚品好读，2000：22–25.

［9］王志弘.性别化流动的政治与诗学［M］.台北：田园城市，2000：59，81.

［10］彭运石.走向生命的巅峰——马斯洛的人本心理学［M］.武汉：湖北教育出版社，2001：184-185.

［11］徐文月，刘敏.女性独游的意义阐释：基于自传式民族志方法［J］.旅游学刊，2018，33（3）：23-38.

［12］谢丽尔·斯特雷德.走出荒野［M］.北京：北京联合出版有限公司，2018.

［13］罗苹·戴维森.沙漠驼影，一个女人的千里澳洲行［M］.重庆：重庆出版社，2007.

［14］Anderson L F，Littrell M A．Souvenir-purchase behavior of women tourists ［J］.Annals of Tourism Research，1995，22（2）：328-348.

［15］Butler J．Gender Trouble：Feminism and the Subversion of Identity ［J］.Feminist Review，1990，32（38）：172.

［16］Henderson K A．The Meaning of Leisure for Women：An Integrative Review of the Research ［J］.Journal of Leisure Research，1990，22（3）：228-243.

当代剪纸艺术传承与发展路径研究

——以余杭剪纸为例

周春美

（杭州市余杭区文化馆，浙江　杭州　311100）

摘　要：我国的剪纸艺术历史悠久，源远流长，是中华民族传统文化宝库中的一颗璀璨明珠。随着时代的发展以及人们生活水平的提高，在今天的社会形态下，快速发展的现代文化给传统的民间剪纸艺术带来了较大的冲击力，如何认清剪纸艺术的发展现状，在继承传统文化的过程中找到一个突破点，不断探索、不断创新，将传统剪纸艺术与现代流行因素相结合，夯实其传承与发展的基础，从而将这一文化瑰宝发扬光大，是我们不断思索和实践的重要课题。本文以余杭剪纸为例，从时代性、特色性、交融性三个方面对余杭剪纸艺术的传承形式进行了梳理和探索，从而为剪纸艺术传承步入科学、规范的良性轨道，推动剪纸艺术保护工作更卓有成效地开展提供了一些借鉴。

关键词：剪纸；传承发展；余杭

Research on Inheritance and Developmental Path of Contemporary Papercutting–Taking Yuhang Papercutting as an Example

Zhou Chunmei

（Yuhang District Cultural Center，Hangzhou，Zhejiang，311100）

Abstract：China's papercutting has a long history and is a bright pearl in the treasure-house of Chinese traditional culture. With the times and the improvement of people's living standards today，the rapidly developing modern culture has a great impact on the traditional folk papercutting. How to see the status quo of papercutting clearly and find a breakthrough in inheriting traditional culture. How to constantly explore and innovate，to combine traditional

收稿日期：2021-09-10

作者简介：周春美（1980—　），女，杭州市余杭区文化馆馆员，主要研究方向为新时期群众文化工作的实践与探索。

papercutting with modern elements，and to consolidate the foundation of its inheritance and development，thus carrying forward the cultural treasure is an important topic worth constant thinking and practicing. Taking Yuhang papercutting as an example，the paper outlines and explores the way to inherit Yuhang papercuting from three aspects of times，features and blending，so as to provide experiences for the inheritance of papercutting to step into a scientific and standardized positive track and promote more effective protection of papercutting.

Key words：papercutting；inheritance and development；Yuhang district

剪纸是中国民间流行的一种历史悠久的镂空艺术，是我国优秀文化中瑰丽的奇葩，作为民间美术的主体艺术，它是我国各民族人民在生产劳动过程中经过世世代代的积累而创造的文化结晶。其所特有的浓厚的乡土文化气息反映了广大劳动人民的生活和审美情趣，传承着中华民族的艺术特色和本土精神。蕴藏着余杭人文、民俗文化的余杭民间剪纸，以其饱含浓郁的生活气息和清新的民间民俗情趣，并且均为纯剪刀制品，精巧秀美、独具神韵而深受老百姓的喜爱。随着我国现代化建设和商品经济的发展，传统的价值观念和生活方式有所改变，民间的风俗活动也悄然变化，按照农村传统民俗使用的剪纸作品已大量减少。民间剪纸的现代转型已成为必然。从余杭民间剪纸艺术传承发展的过程中，我们可以思考总结出当代剪纸艺术传承发展的几点想法。

一、时代性，是当代剪纸艺术传承发展的必然结果

任何一件工艺作品都要有时代的风格，时代的气息，没有时代内容和时代气息的作品是枯萎的作品。只有继承传统基础上的创新作品，并且有时代内容和气息的作品，才是有生命力的作品。所以说，时代性是当代剪纸艺术传承发展的必然结果，而创新是保持作品时代性的唯一方法。

（一）与时俱进，艺术创新，形成剪纸艺术发展之亮点

创新是一切艺术的生命与灵魂，剪纸作为我国传统的民间装饰工艺品之一，在继承民族优秀文化传统的同时，也必须不断超越、不断创新，才能不断繁荣与发展。近几年，春节、元宵等节庆期间流行的各类剪纸形式的灯笼、贺卡、小礼品，不但在材料上品种上越来越丰富：有卡纸、新型塑料、及时贴、仿绒布面料等等，而且在形制上也较从前有了很多的变化，加入了当今老百姓喜闻乐见的各种造型。如"小飞侠""喜羊羊""丽莎公主"等经典卡通造型，最新的飞机、航母，还有风景名胜等，充分展现了各个层次民众的需求。余杭仁和镇有个农民画家潘友福

的剪纸作品就突破了传统的窠臼，另辟蹊径，把农民画的艺术融入剪纸，用来表现大题材。他的作品刀法简洁精练，作品画面生动传神，显示出旺盛的生命力。《十二生肖》《中华伟人谱》《戏剧组画》等，都融入了农民画的韵味，既朴实粗犷、又精工秀丽，令人叹为观止。他的作品不仅涉及花鸟虫鱼，而且涉及人物、山水，剪纸作品除单一体裁单幅作品外，内容复杂的则成套成系列、剪成多幅一套，如《共和国十大英雄》等，更有一些现代题材的剪纸，选材多紧密联系社会现实生活，大胆创新、不拘一格，显示出剪纸艺术的无穷魅力。他的主要作品如《革命旧址》《美丽洲春光》等在杭州市和余杭区民间艺术比赛中获一等奖。这些都是新材料、新技术对剪纸改造和创新的结果，同时，也为民间剪纸的传承，提供了更加广阔的发展前景。当然，艺术创新之路任重而道远，余杭剪纸艺人的技艺创新也应紧跟时代、与时俱进，才能更好地传承发展这门优秀的传统艺术。

（二）紧跟市场，功能创新，增强剪纸艺术发展之动力

剪纸艺术传承和弘扬的最好方式，就是走向市场，实现自我价值，推进产业化发展。余杭曾组织过几次民间艺术（包括剪纸）的现场展示和展销活动，由于缺乏对市场动态的了解，缺少适销对路的产品，加上人才和组织保障不足，因而市场比较清冷，要实现剪纸产业化，使剪纸艺术不断传承、发展下去，必须开发符合市场需求的剪纸产品，没有市场的推动，剪纸就会发展迟缓，甚至失传。而根据市场需求，开发符合市场需求的产品，拓宽剪纸功能领域是构建商业剪纸对接市场的必要途径，这一点，可以从五个方向来考虑：一是向高端收藏领域发展，就是以制作大型高档剪纸作品为主，让剪纸登上大雅之堂，成为重要的奢侈装饰品和珍贵的收藏品。例如，与国家名人题字相结合，提升剪纸作品价值。二是向实用领域发展，在制作台历、挂历、相框等小装饰品的基础上，将剪纸推广到家居装修领域，类似玻璃剪纸门、剪纸墙绘等；推广到时尚领域，如剪纸婚纱作品、人物肖像作品等；在飞机票、银行票据、银行卡上制作剪纸图案，扩大剪纸艺术的影响力。三是向影视、戏剧等创意领域发展，制作反映民风民俗的剪纸动漫作品，壮大剪纸产业。四是向智力开发领域发展，制作儿童剪纸制作模具，如与流行的乐高玩具相结合，进行功能开发，从而激发幼儿动手、动脑兴趣。五是向网络营销平台发展，通过各种新闻媒体、社会销售网络、网上电子化经营等方式来搭建平台，使剪纸艺术家走上平台、走进市场。

（三）落到实处，机制创新，提供剪纸艺术发展之保障

机制创新是当代剪纸艺术等优秀传统文化发展传承的保障。一是传承机制的创新，主要是打破口传身授的单一传统育才方式，发展学校教育模式。余杭在一些剪纸艺术普及程度较高的乡镇，先后建立了剪纸艺术校园传承基地，如临平育才小学、红丰小学、良渚勾庄中学等学校均建有40~80人数不等的学生传承队伍，设立了学校剪纸课程。这些学校原本搞过多年的剪纸特色教育，成为传承基地后，传承教学活动更开展得红红火火，一些校外的剪纸艺术家也应邀到基地参加剪纸教学，为剪纸艺术的发展起到了很好的推动的作用，剪纸艺人后继无人的矛盾也得到了缓解。校园剪纸艺术传承基地的建立，还有助于各相关乡镇集中资金，重点"灌溉"、培育本地的民间文化金名片，建设特色民间艺术乡镇。二是人才培养机制的创新，积极扶持领军人物，这是余杭剪纸焕发生机的关键一环。对非物质文化遗产传承人应该在政治上给地位、经济上给资助、发展上给扶持，保障他们专心致力于传统技艺的传承和发扬。近几年来，余杭先后开展了两批余杭民间艺术家的评比活动，使沈忠花等 3 位本土剪纸艺术家脱颖而出。同时发给奖金和传承津贴，不仅让剪纸艺术家具有一定的社会地位，而且充分调动了他们授徒传艺的积极性。三是保护机制的创新。2009 年，剪纸正式成为国际非物质文化遗产。所以，可以在国家立项保护的情况下不断健全壮大剪纸艺人的队伍，同时，把剪纸艺术列入乡村文化室的活动范围，政府给予资金支持，让传承人主事，群众参与；恢复年节民俗，组织剪纸活动，政府对组织得好的单位进行物质和现金奖励；形成省、市、县三级政府保障机制，大幅度提高传承费用，保护剪纸艺人的积极性。

二、特色性，是当代剪纸艺术传承发展的坚实基础

传统是源，创新是流，无源之水，难于生存。剪纸在余杭有着悠久的历史，

《光绪余杭县志》就有记载："元夕食粉团，必先剪纸为灯，各神庙尤盛。"余杭始终将剪纸艺术发展传承的根深深扎在中国历史文化和余杭这片肥沃丰厚的土壤之上，扎在古老文化所积淀的优秀传统之中，去挖掘宝藏，古为今用，吸取养分，使剪纸这项古老的艺术焕发了坚强的生命力。

（一）悠久的历史文化丰富了余杭剪纸的传承记忆

余杭历史悠久，余杭之名与夏禹有关。明万历《余杭县志》载："少康封无余於越，以主禹祀，因曰余杭。"清嘉庆《余杭县志》载："禹航者，夏禹东去，舍舟登陆，因以为名。"余杭即"禹杭（航）"之讹。秦时就已置余杭县。余杭是文化古邑，底蕴深厚。良渚古城遗址实证中华五千多年文明史，大运河文化流淌传承两千余年，一千多年的径山文化蜚声海外，以梦想小镇为代表的特色小镇体现了最前沿的创业创新文化。余杭是北宋大科学家沈括和近代民主革命先驱章太炎的故里，留下了唐代"茶圣"陆羽、北宋文学家苏东坡、近代金石书画大师吴昌硕等名家的踪迹。余杭全区拥有世界文化遗产 2 处，市级以上文保单位（点）91 处，3A 级以上旅游景区 10 家，是名副其实的文旅资源大区。余杭剪纸就是在这种浓郁地方文化土壤的长期熏陶、催化下诞生、成长和成熟的。中国文化不仅仅是古迹、文字承载的，更重要的是人的承载，由一代代勤劳、善良、朴实的劳动人民承载。目前，余杭剪纸的很多稿样都是世代流传下来的，还有很大一部分剪纸艺术品取材于民间题材，多为五谷丰登、六畜兴旺、花

花草草、瓜果鱼虫、民间故事、历史人物、戏剧脸谱以及吉祥图案等。

（二）丰富的民俗、民风缤纷了余杭剪纸的文化内涵

民间剪纸首先作为一种原生态文化，表达了人们普遍认同的生命价值观念和生存需求，它不仅是民俗仪式的象征，而且是与民众生活息息相关的活态文化。所以，对于剪纸这样的无形文化遗产的保护，就关联到了人和人的生活，应该坚持"以人为本"的传承指导思想，将剪纸艺术贯穿到民俗、民风活动中去，如把秧歌、庙会、民间舞蹈等民俗文化与剪纸相融相通，秉持活态传承思路。在余杭塘栖、仁和、径山、南苑等地，有一批上了年纪的老艺人，专门剪一些喜花、窗花等，以娱乐乡里、贴补家用。剪纸在这些活动中扮演着祭奠亡灵、招财纳福、趋吉避凶的角色，是人们用来表达自己的情感、理想和意愿的艺术创作。这些民俗、民风活动丰富了余杭剪纸的内涵，激发了剪纸艺人的创作热情，也由此不断传承发展起来，成为剪纸艺人农闲时的主要生活乐趣和生计补充，成为人们平时生活离不开的必需品，成为中国民间美术中最具代表性的艺术样式之一。

（三）秀美的余杭山川激发了余杭剪纸的创作灵感

山川秀美激发了余杭剪纸的创作灵感。余杭是美丽之洲，山水如画，钟灵毓秀，自然人文景观极为丰富。有江南三大探梅胜地之一的超山、佛教圣地径山、日本茶道之源径山禅寺、"中国生物圈保护区"山沟沟风景名胜区、国家4A级旅游景区双溪竹海漂流、东明山森林公园、全国重点文物保护单位章太炎故居、于谦手植牡丹的普宁寺、古运河上仅存七孔石桥——广济桥、西溪湿地三期、良渚博物院、江南水乡博物馆、杨乃武与小白菜史迹陈列馆、天都城等风景名胜和人文景观。这些秀美的山川和珍贵丰富的人文景观不断丰富和激发着剪纸艺人的创作灵感，成为余杭剪纸取材的主要来源之一。余杭还拓展思路，将剪纸艺术与旅游产业结合起来，以剪纸提升余杭知名度，丰富文化旅游内涵。2010年，由浙江省群众艺术馆、杭州市余杭区文广新局主办，浙江省民间艺术研究会剪纸分会和杭州市余杭区文化馆承办的以"千年古镇"为主题的剪纸艺术展在杭州市余杭区文化馆开展，这是继"江河湖海""桥文化"等民俗风情系列剪纸展之后，用剪纸艺术形式全面反映浙江省古镇厚重历史和人文魅力的又一次剪纸艺术主题展。

三、交融性，是当代剪纸艺术传承发展的未来趋势

推陈出新，不是简单的"新瓶装旧酒"。剪纸艺术体现了传统文化，就不能丢掉传统文化基础；同时，剪纸艺术的发展应该是以深挖剪纸内涵为基础，不断吸收、不断发展、不断丰富的过程，也要结合新的大众欣赏口味、新的时代潮流，积极探索、取长补短、洋为中用、古为今用，打造富有浓郁地方特色的文化产业。

（一）技术交融，开阔剪纸艺术的发展空间

余杭自古以来，手工艺发达，精美的竹刻、竹雕、木雕、石雕，实用的竹编、绳编、藤编，还有手艺代代相传的织布、刺绣、农民画、灶头画等如繁星点亮乡乡镇镇，这些能工巧匠之间的切磋和交流，为余杭剪纸技艺的创新发展提供了范例，在一定程度上创新提升了余杭剪纸的技艺水平。例如，2010年，在余杭举办的以"千年古镇"为主题的剪纸艺术展中，就有一些作品打破传统剪纸单层的模式，采用多层套色的形式，融入摄影、绘画、雕刻等多学科的技术，做到了技术创新；数码技术的运用也为剪纸艺术的传承发展开阔了道路。例如，新写实主义多层剪纸的效果图、剪纸稿就全部靠电脑设计，不再局限单一的平面表现，而是强调立体效果，更加适应市场需求。引进电脑设计、绘画和机器生产等高科技手段，生产时限短、批量大、一次性使用的剪纸产品，可以提高生产效率，为剪纸艺术产业化发展提供支持。创办全国性剪纸网站，还可以为从事传统文化研究的专家、学者、爱好者及剪纸艺人广开言路，搭建百家争鸣的交流平台。

（二）艺术交融，拓展剪纸艺术发展的不同途径

剪纸是多种艺术交融影响的产物，其中最重要的三道制作工序包括画、刻、染，"画"既来源于绘画技艺，又借鉴于刺绣、绣花样子等画样技法，用笔勾画出剪纸的底样；"刻"是剪纸技术的高级形式，因为刀刻比剪更工细，更能代表剪纸的发展方向；"染"由于西方颜料的传入及宣纸的渲染效果，近年来，点染、轧染等技艺相继出现，所以说，一个小小的窗花既是多种民间艺术的积淀，又是中华文明的集中体现。例如，多层剪纸就是融各种艺术形式为一体，坚持"以形写神"的创作手法，强调作品的艺术情调和深邃意境。作品不再是单一的观赏性，更强调的是作品的主题性创作和视觉语言。在艺术形式的表现上，大胆采用多层叠加的制作方法，突破了传统剪纸百年不变的平面效果。强调作品的三维立体感，极大地拓展了剪纸的表现空间。余杭的沈忠花在长期的剪纸教学和实践中，形成了以剪刻、镂空为主的多种技法，如撕纸、烧烫、拼色、衬色、染色、勾描等，使剪纸的表现力有了无限的深度和广度。细可如春蚕吐丝，粗可如大笔挥抹。其不同形式可粘贴摆衬，亦可悬空吊挂，成了余杭民间艺术的一块金字招牌。

（三）文化交融，形成独具特色的"中国剪纸"

一是中西方文化的融合。加强与国内外的艺术家、专家学者、民间艺术家交流合作，搭建国内外剪纸艺术家们的交流平台，共促文化的繁荣与发展。剪纸艺术工作者应不断有所发现、发明和创造，运用新原料，探索新题材，不断开拓当代剪纸的新局面。在'走出去'的同时，还要把视野放宽，从国际同类产品中积极获取灵感和启迪；政府部门也应以举办展览活动为重要抓手，推进展与销相结合，将好的技艺、好的经验"请进来"，提高剪纸知名度。二是地方特色文化的融合。地方

特色是丰富剪纸艺术内涵的来源，是人民大众艺术的最美体现形式之一。结合本地区特色，融各种艺术形式为一体，创作与时俱进的新时代艺术作品，推动中国剪纸文化艺术的向前发展，为中国剪纸艺术文化的发展和传承做出应有的贡献。例如，2010年举办的以"千年古镇"为主题的剪纸艺术展中，余杭剪纸艺人结合塘栖古镇文化创作出的作品就以其独特的水乡文化内涵和景区魅力，受到专家一致好评。三是古今文化交融。民间剪纸艺术凝聚了中华民族几千年的民族精神和历史文化，具有较高的民俗文化价值。每一位从事民间文化传承的人，都有肩负着传承和创新中华文明的责任和使命，应该身体力行，在民间剪纸传承中保持一份清醒地对自身文化的深深理解和自豪，古为今用，从而使"中国剪纸"在世界非物质文化遗产保护与发展的大舞台上焕发独特的魅力。

（四）文旅交融，建立剪纸艺术发展的良性循环

"文旅融合"是这个时代的大趋势，遵循文化传承与旅游发展的规律，使两者有机融合，文化才有活力、旅游才有灵气，剪纸艺术同样如此。一是建立剪纸文化生态保护村。文化生态环境是指某一文化的生存背景和生存状态。过去一些老艺人会专门剪一些用于红白事的剪纸作品，这些作品具有一定的艺术性，很受村民欢迎。然而，在当下的现代社会，随着科技的进步，原有的文化生态环境被改变，传统民俗文化生活逐渐被现代都市生活所淹没。对余杭剪纸实施保护，不能仅仅停留于片面地对具体文化事件本身的保护，还要保护与之唇齿相依的整体文化生态环境，用整体、系统的方法将余杭剪纸保护纳入整个文化生态体系中考察，使之回到原有的文化生态环境中发展。所以，应建立剪纸文化生态保护村不失为一个好的方法。建立剪纸文化生态村，抓好典型，抓好特色，抓好规模，使之成为特色旅游村，实现传承民间剪纸与当地发展旅游业的双赢。二是激活剪纸民俗。民间剪纸艺术，发源于乡村，盛行于乡村。现在农村富裕了，经济条件好了，只要有带头人把传统的剪纸民俗恢复起来，周围群众就会跟上来，形成风气，形成文化自觉。一人带动一村，一村带动一城，形成规模效应。以民俗活动促进旅游发展，发展激活需求，需求形成市场，市场促进发展，从而建立剪纸艺术发展的良性循环空间。

总之，为了更好地保护、传承和发展余杭的剪纸艺术，把剪纸产业做大，不仅需要社会各方面的共同努力，而且需要不断加大宣传力度，让更多的人了解这门艺术，参与到创造中去，扩大社会影响力。同时，应制定保护规划，完善保护制度，制订详细、操作性强的抢救保护方案，只有这样才能使剪纸艺术这项民间文化得到系统、全面的保护、传承和发展。

参考文献

［1］刘健，曲圣举.《小康之家》——剪纸创作助力"脱贫攻坚"［J］.中国名族博览，2020（13）

［2］张磊.非遗视角下高校满族剪纸教学研究［J］.华东纸业，2021（4）.

［3］雒树刚.文化和旅游融合发展让文化

更富活力旅游更富魅力［J］.社会治理，2019（4）：10-11.

［4］沈强.解析徐州剪纸在文化与守候之间的传承与利用［J］.艺术品鉴，2021（21）.

［5］杨志纯.推动文旅融合发展从理念走向行动［N］.新华日报，2019-01-17（13）.

［6］黄美林.剪纸绘本本土化发展研究［J］.艺术研究，2019（4）.

［7］邹丰阳.古代文献中的剪纸史料探析［J］.文化遗产，2021（3）.

［8］马应应.山东剪纸艺术在新媒体语境下的创新传播研究［J］.长江丛刊，2019（7）：74.

［9］王树村.中国民间剪纸艺术史话［M］.天津：百花文艺出版社，2007：312.

［10］郭梅.中国传统剪纸［M］.北京：人民美术出版社，2006：154.

旅游研究

乡村振兴视域下民族地区乡村治理困境及对策

——以贵州省都匀市潘硐村为例

周增懿　　周　鑫

（广西师范大学，广西　桂林　541001；浙江大学，浙江　杭州　310058）

摘　要： 改革开放以来，我国乡村社会结构和环境发生了翻天覆地的结构性变迁，乡村治理出现了新的态势和问题。培养农村治理精英、建立新型现代乡村共同体、再造新时代的乡村文化，通过乡村治理规范化和日常化，建立确实能为百姓提供服务、办好实事的高效机制，是提高乡村治理有效性的必由之路。中国乡村治理是一个重大而紧迫的现实问题，良好的治理能够产生以下三个效果：其一，能够动员群众，获得民众广泛信任，为构建和谐社会打下基础；其二，能够为乡村社会提供充足的公共产品供给，解决乡村社会面临的公共产品供给不足，稳定乡村社会；其三，建立良好的冲突解决机制，有效消解乡村社会冲突。本文分析了潘硐村乡村治理的成效和面临的困境，并提出乡村治理的对策，对于促进乡村社会和谐稳定，统筹城乡协调发展，进一步推进国家治理现代化具有重大意义。本文着重对潘硐村乡村治理的成效和困境进行总结分析，探索未来中国乡村治理走向，特别是为在建设社会主义新农村进程中理顺国家治权、乡村精英和农民关系的政策提供智力支持。

关键词： 潘硐村；乡村治理；专业合作社；治理模式

收稿日期：2021–04–15

作者简介：周增懿（1996—　　），女，广西师范大学政治与公共管理学院硕士研究生，主要研究方向为社会工作理论与实践。

周鑫（1981—　　），男，浙江大学马克思主义学院博士后，主要研究方向为少数民族法学。

基金项目：本文为中国博士后第 63 批科学基金面上资助项目（项目编号：2018M633635XB）。

Rural Governance in Regions Inhabited by Ethnic Groups under the Strategy of Rural Revitalization–Taking Pandong Village, Duyun, Guizhou for an Example

Zhou Zengyi, Zhou Xin

（Guangxi Normal University, Guilin, Guangxi, 541001,

Zhejiang University, Hangzhou, Zhejiang, 310058）

Abstract: Since the reform and opening up, China's rural social structure and environment have undergone tremendous changes, and new trends and problems have emerged in rural governance. The only way to improve the effectiveness of rural governance is to cultivate rural governance elites, establish a modern rural community, rebuild the rural culture of the new era, and establish an efficient mechanism that can really provide services and do practical things for the people through the standardization of rural governance routines. China's rural governance is a major and urgent practical problem. Good governance can produce the following three effects: first, it can mobilize political support, win people's trust and lay the foundation a harmonious society; Second, it can supply public goods for rural society, against the shortage of public goods and stabilize rural society; Third, establish a good mechanism to effectively resolve rural social conflicts. This paper analyzes the effectiveness and difficulties of rural governance in Pandong Village, and puts forward countermeasures which is of great significance for promoting the harmony and stability of rural society, the coordinated development of urban and rural areas, and further promoting the modernization of national governance. The paper explores the trend of rural governance in China in the future, especially to provide intellectual support for the policy of straightening out the relationship between national governance, rural elites and farmers in the process of building a new socialist countryside.

Key words: Pandong village; rural governance; rural cooperative; governance model

党的十九大报告指出，中国特色社会主义进入新时代，我国社会主要矛盾已经转化为人民日益增长的美好生活需要和不平衡不充分发展之间的矛盾。农业农村发展不充分、城乡经济社会发展不平衡，可以说是我国社会主要矛盾的最重要的表现。党的十九大用"产业兴旺、生态宜居、乡风文明、治理有效、生活富裕"概括了乡村振兴的总要求。这一总要求是贯彻"创新、协调、绿色、开放、共享"理念的必然选择，是"五位一体"总体布局在新时代"三农"工作中的重要体现。乡村振兴战略提出的根本目标和要求就是要实现农业农村的现代化。正如党的十九大指出的建立健全城乡融合发展体制机制和政策体系，加快推进农业农村现代化，乡村振兴战略最重要的也是最符合农民意愿的就是尽快实现生活富裕，在此基础上再满足农民对美好生活的追求。乡村治理作为一种与乡村振兴密切相关的社会运行活动，是国家治理的基石。乡村治理既是实施乡村振兴战略的一项重要目标和内容，又是推动乡村振兴战略的重要保障。改善乡村治理，即乡村治理有效也是国家的基本方略，也是固本安邦之策。

一、贵州省潘硐村乡村治理的现状

潘硐村位于贵州省都匀市归兰水族乡中东部，东临福庄村，南接三都丰乐镇，西连翁高村抵王司镇，全村组级公路全部贯通。全村耕地面积14649亩，其中田884亩，土580亩，不宜利用荒地1260亩，2004年行政村合并后，由17个村民组并为10个村民组，有653户外686人，85%为水族，劳动力1256人，儿童入学率99%。潘硐村拥有阳和大峡谷、猪槽潭、象鼻山、非著名山峰归兰山等景点，有世界活化石——水书，水族文化历史悠久，是一个亟待开发的集旅游和水族文化为一体的胜地。全村境内设中心校一所，卫生院一所，村办公楼120平方米，引资建厂一个，全村主要收入为外出务工和种植、养殖。

（一）基层民主得到不断发展

新型城镇化是以人为核心的，因此潘硐村在乡村治理中加强了基层民主建设，使基层民主得到发展。潘硐村不断建立和完善民主选举、村民议事制度、村民代表会议制度、村务公开制度等，在乡村中还推行"4+2"工作模式，其中"4"是指"四议"，即党支部会提议、"两委"会商议、党员大会审议、村民代表会议或村民会议决议；"2"是指"两公开"，即除了决议公开之外，还实施结果公开。进一步落实和扩大了基层群众、党员、干部在重大决策事项中的知情权、参与权、选择权和监督权，村民的相应权益获得保障，在村民的潜意识里，开始对自己的合法地位进行确认。在以上方面获得认可之后，村民就会加强提升参与公共事务的积极性及热情度，从而有助于为乡村社会的民主奠定厚实的根基。对于村民来说，在参与乡村公共事务管理的过程中，他们的参政能力获得提升，能在政府创设的平台上发表言论，能正常表达自己的意愿及要求，让他们有种当家做主的主人翁感觉，这更加提升了他们的民主意识。广大村民在推行"4+2"工作模式之前，对村干部选择存在一定的偏见，"4+2"工作模式推行之后，村民对村干部的选举是通过民主选举而不是用钱砸出来的有了一定的了解。

（二）农民专业合作社不断增加

潘硐村高度重视农民专业合作社建设工作，把发展农民专业合作社作为发展现代农业、促进农民增收的主要抓手。潘硐村紧紧围绕特色产业发展，引导、鼓励和支持能人大户、农民经纪人积极创办农民专业合作社，通过政策引导、资金扶持等措施不断提高其运作管理水平，让合作社这样的新型农民合作组织成为带动该乡产业增效、农民增收的"基因内核"，订单已经成为合作社壮大经营规模的"加速剂"。截至2018年年底，全村注册登记农民专业合作社932个，种植类460个，畜禽养殖类405个，林果类27个，手工业7个，农机等其他类33个，其中国家级农民专业合作社2个，省级百强社12个，入社率24.7%，带动农户4.6万余户，出资总金额约12.6亿元。农民人均可支配收入增加，尤其是百姓生活水平有了很大提升，各种高档生活消费品已经开始走进百姓家庭，很多中等收入的家庭不满足于在农村建房，而是选择进城购买楼房。

（三）乡村社会管理工作不断推进

近年来，潘硐村不断加强乡村社会管理工作，并把乡村社会管理工作作为推进经济社会又好又快发展的"基础工程"来抓。积极创设大型服务平台，主要为群众提供服务，有效提升办事效率。比如，在社会矛盾化解方面，建立起了县、乡、村三级信访维稳联动机制，各乡镇建立便民服务中心、乡村实行网格化管理，中、小学校招录退伍军人当门卫，做到了责任到人、分片管理、方便群众、限时接访接办，及时把矛盾和纠纷消灭在萌芽状态，化解了因征地、拆迁等影响大局稳定的一大批信访问题。

通过调查得知，从2015年开始，全村范围内先后共投资1亿多元，在这期间共解决了300多件纠纷问题，解决了群众关心的热点、难点问题40余个，办的实事也非常多，共有30余件。

二、潘硐村乡村治理措施存在的不足

（一）乡村治理制度内部结构矛盾凸显

潘硐村乡村治理制度是指村民自治制度。我国《宪法》和《村民自治组织法》中都曾明确规定：乡镇政府与村委会之间是"指导与被指导"的关系。也就是说国家已经将部分自治权下放到乡村。乡镇政府只是位于国家行政权力的末端。村委会则不再隶属于乡镇政府，其中的村委会成员则是村民自治的主体。我国目前乡村治理的格局是"乡政村治"。乡镇政府与村委会是行政指导与协助的关系。但依目前情况来看，在乡镇政府与村委会长期博弈权衡的过程中，这种"指导与被指导"的关系并没有在两者之间形成一种常态。我国的乡村治理制度在内部结构上存在着一定程度的冲突和矛盾。

其一，潘硐村乡镇政府与村委会之间权责关系不明确。在我国政治长河中流传下来的自上而下的"压力型体制"，使得乡镇政府直接干预村委会的政治生活。乡镇政府为了完成上级下达的任务与目标，释放自身的压力，必然以各种方式将责任向下延伸至村委会。第一，乡镇政府通过干预村委会的选举与人事制度安排，提拔自己心中满意的"接班人"与"听令者"。虽说村委会作为乡村自治组织，拥有一定的自治权，但村党支则是直接听命于乡镇政府，这就使得乡镇政府有空间与机会来干预村委会的政治生活，达到对村委会的政治生活加以把控干预的目的。第二，村委会中村干部的工资绩效等资金来源于乡镇政府。而乡镇政府正是抓住这一点来控制村委会的财政情况。第三，乡镇政府也常通过人情利诱等方式渗透村委会的政治生活，以便培植自己所需要的代理人。正是以上种种原因，导致村委会对乡镇政府的乡政附庸关系并没有得到良好的扭转，新型的权责关系没有明确理顺，村民自治变得名存实亡。

其二，村民自治呈现边缘化倾向。村委会在我国并没有被纳入行政层级当中，是代表村民行驶自治权的群众性组织，也就是具有一定的自主性和独立性。在没有适当的指导与管辖之下，往往存在自治权扩大的倾向。过分强调村民自治权力，其行为逐渐脱离村民自治的本质，使得乡镇政府的功能不断萎缩，"乡政"与"村治"渐渐脱节。在取消农业税之后，乡村的财政收入减少，乡村治理资金的短缺以及村干部报酬的减少使得村干部的管理积极性下降，认为干好干坏一个样，村治常处于过分自主化与缺乏组织化的脱缰状态，村干部动力不足导致村民自治愈加流于表面。

（二）乡村治理模式中法治与礼治欠缺融合

首先，礼治在传统的乡村治理中扮演着重要的角色。费孝通先生曾对"礼"进行了概念解读："礼是合式的路子，是经过教化过程而成为主动性的服膺于传统的习惯。"礼治对村民有着潜移默化的教化功能，对维持乡村秩序、处理乡村纠纷也发挥着重要的作用。传统乡村社会既是由血缘关系宗族关系为依托的熟人社会，又是人情关系运作产生的内生权力规范体系为代表的社会。村民们约定俗成的道德规范已经成为他们处理村务、为人处世的基本标准之一。在礼治的模式下，村民们不需要烦琐的程序和理性僵硬的法律条例来解决纠纷、维持秩序。当村民仍生活在礼治的象牙塔中时，法治的浪潮逐渐吹进了传统的乡村社会。随着现代化、工业化的开展，各种新生的外部机制伴随着崭新的价值观念不断地流入乡村社会，强有力地冲击、洗涤着传统乡村治理模式。乡村社会虽然具备传统治理模式的乡土特征，但在现代化国家政权建设影响下，"依法治村"成为必然趋势。乡村治理不再单单依靠传统的礼治，而要以法律为依托、以法律为底线，走上治理现代化的必然之路。

其次，当传统与现代交织融合，带来的不仅是现代化观念与价值体系的构建，更是传统治理体系的瓦解。随着现代化治理更加全面、系统的渗透，乡村社会既保持着礼治模式下的特质，又深受法治的影响，两者的融合就呈现出了一定的难度。在现代化进程加速前进的今天，礼治模式下固定流传下来的伦理规范、道德观念、风俗习惯，对乡村社会的发展依然带来着积极的作用。当前乡村治理可以充分利用本土的特征来积累乡村社会资本，充分发挥这一资本的作用，同时还可以促成乡村治理目标的实现，减少在现代化过程中的内生阻力。法治的深入渗透不仅仅是对乡村社会传统价值观念的冲击，更构建了一个以法律为基础的理性的治理体系。由礼治建立维持秩序的传统社会是一个"熟人"社会，而以法治为治理基础的现代化社会则是以理性为相互间交往原则的"陌生人"社会。在中国现代化的进程中，为了加速完成新农村建设、城乡一体化建设以及乡村振兴战略，所提倡的"理性、公平、正义、法治"对传统乡村社会的"仁、义、礼"的价值理念产生了前所未有的冲击，同时也不断地渗透到乡村社会中日益开放的生产活动、文化活动、思想活动当中。法治的推行让传统的人情社会、"熟人"社会转变为"陌生人"社会。

最后，在当代中国的乡村社会中，礼治仍然占据着主导地位，法治虽然逐步深入其中，但两者尚未完全融合，村民尚未完全接受法治所带来的价值观念与建构的治理体系。村民们更乐于奉行原始的便捷的治理模式，而怯步于接受崭新的理性的法治模式，这成为当前中国乡村治理现代化的困境之一。

（三）乡村治理主体单一僵化

我们所提倡的治理是指"一个上下互动的管理过程，它主要通过多元、合作、协商伙伴关系，确立共同的目标等方式实施对公共事务的管理，其实质在于对市场原则、公共利益的认同和遵循之上的合作。它所仰赖的管理机制不只是单纯的政府权威，而更多的是政府网络的权威。"在迈向乡村治理现代化的进程中，传统的乡村治理模式陷入了治理主体单一的困境。自1987年村委会成为村一级的组织行使自治权后，中国的乡村社会就进入了村民自治的时代。村委会历来是乡村治理的主体，负责乡村的政治、经济、文化以及一切公共事务的处理与运行。但随着治理现代化进程的加快，单一的治理主体已经不能满足多元化的治理要求。

1.通过乡村治理现代化自上而下的因素来看

近些年在中央提出关于实施乡村振兴战略，加快实现现代化转型的期望中，对乡村发展提出了更为具体的要求。例如，要按照产业兴旺、生态宜居、乡风文明、治理有效、生活富裕的总要求，建立健全城乡融合发展体制机制和政策体系，加快推进农业农村现代化。这一系列的发展任务单靠村委会这一治理主体或者乡镇政府是难以实现的。加之随着税费改革之后的村干部的懒政、工作积极性降低以及职能的转变，这些都使得乡村难以吸引其之外的社会组织来参与与完善乡村治理工作。随着社会的进步，价值观念的快速传播，理性、开放的文明观念的充斥交融使得人们思想变得多元，乡村社会愈加呈现松散化、个体化的状态。因此在这样的环境下，多元的治理主体之间互动、博弈、合作才能让乡村治理走向现代化的正轨。

2.通过乡村治理现代化自下而上的因素来看

现如今乡村社会的精英与人才处于流失的态势。年轻有为的劳动力与成熟干练的乡村精英均选择了发展差距明显的城市，并且难以回到乡村来再次发展建设故乡。乡村的内生资源不断流失，而本土的乡绅与宗族的某些处事方式已不能适应现代化进程的发展，难以满足乡村治理现代化的要求。因此我们不难看出，现今的乡村治理现代化还处于"能人不在"和"在人不能"的状态。这成为乡村治理现代化进程中的又一大困境。

三、民族地区乡村治理对策建议

（一）健全与完善乡村治理政治制度，扭转治理权分离的局面

制度是保障，乡村治理现代化的发展需要健全的基层治理制度为乡村治理提供制度支撑。党的十八大对乡镇政府体制改革提出了新的要求：要打破传统的权力授予方式，保证乡镇与村级组织的权力授予方式相一致，杜绝欺上瞒下的授权行为。同时要理顺乡镇政府与村级组织的权力关系，扭转以往浑浊紊乱的权力关系，力求在乡村社会中构建一个全新的合作互助的制度模式，为乡村治理提供一个良好的制度环境。十九大再次强调：积极实施乡村振兴战略，建立健全城乡融合发展体制机制和政策体制。

厘清乡镇政府与村级组织的治理事权权责不明、权力界限模糊、功能紊乱、制度的缺失，使得当前乡村治理难以得到有力的政治支持和保障。在压力型体制下，乡村治理关系呈现出畸形的"压力型关系"。乡镇政府对村委会权力的侵蚀、村委会日益边缘化的自治权以及村两委争权的现象，都印证了政治制度法规的滞后是产生问题的根源。当前，压力型体制下，乡镇政府常常将责任下移，村委会在担负乡村治理任务的同时，更要"超额"完成乡镇政府的任务，导致乡村治理关系难以理顺。因此，应当从制度层面根本上解决压力型体制带来的权责问题。

目前，有关乡村治理的政治制度主要是《宪法》《村民委员会组织法》以及党和地方政府的基层管理工作条例。但相关制度规定抽象化、原则化，乡镇政府和村委会在执行过程中也模棱两可。因此，上至国家政府下至地方基层，应当制定关于乡村治理关系具体的法律法规和政治制度。乡镇政府要将权力下放，明确权力界限，清晰权责范围，规定乡镇政府与村组织之间的关系，划分领导权与管理权，厘清乡镇政府与村委会的治理权力范围；乡镇政府要明确自身的指导权，停止对村级组织治理工作的干预，在发展方向和解决村委会难以解决的问题时提供指导和帮助；村级组织要明确自身的自治权和管理权，管理本村的公共事务以及掌握经济发展动态，与乡镇政府保持密切联系，定期向其反映治理工作和村民意见，接受乡镇政府的指导性建议；村党支要明确自身的领导权，村党支是党中央的代表，因而要在政治、思想以及组织方面进行领导，确保发展方向的正确。

（二）推进法治与礼治的共生，实现治理模式的创新

首先，乡村治理现代化要求法治与礼治之间的融合贯通。法治已经成为乡村治理走向现代化不可逆的要求。在乡村社会中，法治与礼治虽然存在着冲突与对立，但两者也存在着共生。两者作为实现乡村治理不同的治理模式，具有相同的目标：即都为了实现乡村社会的良性发展，实现善治的治理目标。两者在功能上各有侧重点，因此两者的融合则可以实现优势互补。礼治是依靠传统道德观念、心理认同以及风俗习惯来实现对乡村社会的治理的，而法治则是依靠国家强制力来保证治

理实施的。传统礼治在强制约束力方面存在短板，而法治则难以被村民自觉接受内化。因此，在治理过程中，要运用传统礼治中的积极部分来弥补法治的缺失，用法治的约束力来规范礼治。发挥两者治理模式结合的最大优势。

其次，礼治能够最大限度地弥补法治带来的短板。礼治在乡村治理的进程中，往往是"柔"的代表，而法治在这一过程中往往是"刚"的代表。柔性的礼治在治理过程中面对复杂烦琐的问题前常常难以达到"快刀斩乱麻"的效果，而刚性的法治在治理过程中面对人情冲突多变的问题前则难以取得"万众一心"的成绩。因而，刚柔结合才是乡村治理的良策。乡村社会虽然地域面积小，但人情关系复杂，发展问题繁多琐碎，法治的刚性特征难以实现深入乡村社会的目标，而礼治则能够很好地实现这一任务。现代化的治理方式必然要求全新的治理模式。法治带来的理性思想与礼治所提倡的道德伦理相结合，不仅能够打开村民参与治理的大门，更能提高乡村治理的效率与节奏。

（三）吸引精英力量，建构多元治理主体新格局

其一，乡村在中国发展历程中所扮演的角色使其缺乏吸引精英回乡的动力。中华人民共和国成立后，乡村一直承担着为工业和社会发展提供原材料与动力的责任。在工业飞速发展的同时，城乡二元结构带来城市与乡村发展差距的增大，乡村红利和自身发展一直处于落后的状态。随着现代化的加深，新文化理念、生活观念以及全新生活方式的冲击，作为受教育水

平较高的精英，他们思维更加敏捷，看待问题更加深刻，更能快速地接受一种高品质的生活，但乡村社会并不能满足他们。回乡返村就意味着承受脏乱差的生活环境、传统的生活方式、闭塞的社交以及选择性外出的交通环境。因此，以当前乡村社会的生活状态难以吸引乡村精英的回流，更难以革新主体治理格局。

其二，要重塑乡村生产与生活面貌吸引精英返乡奉献。与城市相比，乡村社会在硬件设施上存在着相当大的差距。公共设施的匮乏，乡村交通的不便以及基础生活水平的低下与城市现代化、科技化的生活形成了鲜明的对比。吸引精英回乡，就必须整体提升乡村社会的生活品质，缩小与城市的差距，在满足乡村精英"吃饱穿暖"的基础上，再造一个整洁、和谐、现代化的生活环境。

其三，调整人才引进政策，促进返乡就业。如何实现乡村治理的现代化已经成为各界普遍思考的问题。乡村的建设和发展离不开人才，现实情况中，乡村治理水平与治理人才数量成正比发展。吸引人才回流单靠整治乡村社会环境、提升生活品质见效甚微，政策层面的革新则能起到显著的效果。

纵观我国现有的人才引进政策，如大学生村官计划、选调生考试、特岗教师计划以及"三支一扶"项目等，虽然途径类目众多，但成果不尽如人意。人才依旧处于"下不去，用不上，留不住"的状态。因此，要通过调整人才引进政策，拓宽职业发展空间，增加职业发展类目，明晰人才发展方向，完善人才晋升考核机制，加

大相关政策的倾斜力度，提高工资和完善环境等举措来吸引人才回流建设家乡。只有提升建设家乡的吸引力，调整人才引进政策，才能解决乡村社会治理人才短缺的问题。政府不仅要扭转以往苛选人才的现状，更要放宽政策，抓住有热情、有动力、有想法、有能力的现代人才。不拘泥于形式上的人才，更要重视行动上、能力上的人才。不仅仅只需要高学历、高智商的知识分子，更要把握住能力突出的全能型人才。乡村社会是一个复杂的生存环境，由于其闭塞和落后的发展现状，治理起来难度较大，仅靠理论知识难以取得效果，因此，政府要注重在人际交往、问题分析与处理、政策运用等方面具有突出能力的人才，灵活吸引、合理安排，做到不浪费每一位人才。当今社会，大学生选择回乡就业的比例不大，多是考虑到发展前景这一影响因素。乡镇政府应充分利用乡村自身所具有的优势，如生活压力小、经济负担较轻、生活节奏轻快的特点，再放宽人才引进政策，给予人才在回乡就业方面充分的支持，并增加考核奖励机制，分阶段、分种类对优秀人才加以多层面的奖励，让人才在建设家乡的过程中能够充满动力。

综上所述，关于未来中国乡村治理模式最值得也是最受理论界关注的问题有两个方面：一是国家治权在乡村社会发展中扮演的角色。这个问题牵涉国家权能、国家职能、国家权威、中央与地方的关系等，而最为重要的是国家政权在中国乡村治理结构中的权力限度。二是如何构架乡村治理模式。从目前来看，自治是未来乡村社会治理的核心理念无忧毋庸质疑，但是自治局限于行政村或自然村、乡镇社区自治还是以县为自治单位值得讨论，最为关键的问题则是如何使自治有效的发挥乡村治理的效能，或者说如何使国家治权、乡村精英和农民在乡村场域中遵守规则、互惠合作。

参考文献

［1］王春光.中国乡村治理结构的未来发展方向［J］.人民论坛·学术前沿，2015（3）：24-25.

［2］许汉泽.扶贫瞄准困境与乡村治理转型［J］.农村经济，2015（9）：17.

［3］沈费伟，刘祖云.发达国家乡村治理的典型模式与经验借鉴［J］.农业经济问题，2016（9）：26.

［4］唐燕，赵文宁，顾朝林.我国乡村治理体系的形成及其对乡村规划的启示［J］.现代城市研究，2015（4）：33.

［5］廖业扬，李丽萍.整体性治理视域下的乡村治理变革［J］.吉首大学学报（社会科学版），2015（1）：21.

［6］董筱丹.乡村治理与国家安全的相关问题研究——新经济社会学理论视角的结构分析［J］.国家行政学院学报，2015（2）：18.

［7］刘金海.乡村治理模式的发展与创新［J］.中国农村观察，2016（6）：37.

［8］吴家庆.论我国乡村治理结构的现代化［J］.湘潭大学学报（哲学社会科学版），2015（2）：19.

［9］姜玉欣，王忠武.我国乡村治理的趋势、问题及其破解路径［J］.理论学刊，2016（6）：13-14.

新时代背景下体育特色小镇与乡村振兴共生发展机制与路径研究

刘晓虎　童建民

（浙江旅游职业学院，浙江　杭州　311231）

摘　要：运用文献资料、逻辑分析、田野调查等研究方法，以共生理论为视角，从共生单元、共生界面、共生模式、共生环境四个维度出发，研究新时代背景下的体育特色小镇与乡村振兴共生发展的机制，并提出发展路径：促进乡村振兴与体育特色小镇共生发展的能量生成、完善乡村振兴与体育特色小镇共生发展的界面、构建乡村振兴与体育特色小镇共生发展的理想模式、优化乡村振兴与体育特色小镇共生发展的环境。

关键词：新时代；体育特色小镇；乡村振兴；共生发展

Research on the Mechanism and Approach for Symbiotic Development of Sports Town and Rural Revitalization in the New Era

Liu Xiaohu，Tong Jianmin

（Tourism College of Zhejiang，Hangzhou，Zhejiang，311231）

Abstract：Based on symbiosis theory and using the methods of literature review，logical analysis and field in towns andvestigation，the paper studies the mechanism of the symbiotic development of sports villages in the new era from the four dimensions of symbiosis unit，symbiosis interface，symbiosis model and symbiosis environment. It then proposes the

收稿日期：2021-09-17

作者简介：刘晓虎（1991—　），男，江西永新人，浙江旅游职业学院公共教学部教师，讲师，硕士，主要研究方向为运动休闲与体育旅游。

童建民（1965—　），男，浙江旅游职业学院公共教学部主任，教授，主要研究方向为体育旅游。

基金项目：本文为 2021 年度浙江省社科联研究课题资助（项目编号：2021N41）；2020 年杭州市哲学社会科学规划课题资助（项目编号：Z20JC073）。

following approaches for the symbiotic development of rural revitalization and sports-featured towns: promoting the energy generation, perfecting the interface, constructing the ideal model and optimizing the environment.

Key words: new era; sports characteristic town; rural revitalization; symbiotic development

一、前言

习近平总书记在党的十八大上指出，中国特色社会主义进入了新时代。新时代是承上启下、继往开来的时代，是决胜全面建成小康社会的时代。在这个新的时代，乡村振兴是这一时期上至中央下至村镇工作的重中之重。为此，党的十九大将实施乡村振兴战略写入党章，在制度上进行顶层设计，这是我国解决"三农"问题进程中具有里程碑意义。随后，中央政府陆续下发了《中共中央、国务院关于实施乡村振兴战略的意见》《国家乡村振兴战略规划（2018—2022年）》、等众多文件，乡村振兴成为各界研究的焦点。与此同时，于2016年开始风靡全国的体育特色小镇建设和发展也进入了关键阶段。据不完全统计，我国体育特色小镇的建设数量到2019年达到500座，且根据相关部委的规划，近年内全国的数量达到1000座左右，这些小镇的投资金额少则数十亿元，多则上百亿元，可见体育特色小镇被各界寄予了厚望。在这些数量众多的体育特色小镇中，有相当一部分是依赖于自然资源而建设在广阔的乡村的。因此，体育特色小镇的建设与乡村振兴战略的实施便不可避免地发生耦合。但是，体育特色小镇如何在乡村振兴战略实施的背景下实现

高质量发展，乡村如何在体育特色小镇建设的热潮中实现高质量振兴，两者实现共生、共建、共享是学术界需要研究的重要课题，而目前关于两者协同发展的研究较少。因此本研究基于共生理论，探讨新时代背景下的体育特色小镇与乡村振兴共生发展的机制与实践路径具有重要的价值。

二、核心概念的界定

（一）乡村振兴

"三农"问题是我国历届政府工作的重中之重，是直接关系国计民生的根本问题，它能否解决直接关系到我国小康社会能否全面建成以及中华民族伟大复兴的中国梦能否实现的核心问题。因此，以习近平同志为核心的党中央根据当前我国社会主要矛盾的变化，在党的十九大报告上深入阐释了实施乡村振兴战略的重大决策部署，并将其写入党章。在2018年全国两会山东代表团审议时，习近平总书记对乡村振兴的目标、任务和实现路径进行了具体的阐述，主要包含了乡村产业、人才、文化、生态、组织五个方面。2018年9月21日，习近平总书记在中共中央政治局第八次集体学习中进一步对乡村振兴战略的内涵进行了更系统的阐述：乡村振兴战略的总目标是实现农业农村现代化，总方针

是坚持优先发展农业农村，总要求是产业兴旺、生态宜居、乡风文明、治理有效、生活富裕，制度保障是需要建立健全城乡融合发展体制、机制和政策体系。

（二）体育特色小镇

目前关于它的称呼可谓是五花八门，主要有体育小镇、运动休闲小镇、体育旅游小镇、体育特色小镇等，对于其内涵也一直是各界争论的焦点。首先。在学界，沈克印和张磊对其称谓和概念的界定目前认可度较高。其中，沈克印教授以"体育特色小镇"为其命名，认为其是以体育产业为定位，融合文化、健康、生态、科技等不同于产业园区和行政划分的空间区域。而张磊编辑则将其称为运动休闲特色小镇，对其内涵概括为以运动休闲产业为主导特色产业，以旅游、健康、文化、养老等产业相融合的区域空间、健身平台及产业为基地，是运动休闲产业＋关联产业＋支撑平台三者不可缺一的综合体。其次，在政界，即政府部门在其文件中对其称呼和内涵的界定，目前以国家体育总局及江苏省体育局的文件中对其内涵的释义为代表。其中，国家体育总局明确称其为运动休闲特色小镇，并将其内涵定义为具有独特文化内涵且拥有良好体育产业基础的，集运动休闲、文化、健康、养老等多种功能为一体的基地。江苏省体育局在其文件中明确指出体育健康特色小镇的内涵，主题特色为体育健康，体育、健康、旅游、休闲、养老、文化、宜居等多种功能叠加，组合成为多元空间和发展平台。本研究综合国内"政学"两界对体育特色小镇内涵的释义，他们在表述上虽有不同，但大体上核心内容是相近的，可简括为体育特色产业为引领的集运动、文化、休闲、健康、养老等不同方向为一体的平台。在称呼上，由于体育含括了运动休闲、体育旅游等词汇，是其下限词汇，而这一类小镇是以体育为特色，因此本研究从体育的内涵出发，称其为体育特色小镇则较为全面，因而本研究采用体育特色小镇这一称谓。

（三）共生理论

"共生"这一词汇最早是由德国生物学家 Anton Debarry 提出的，它原本是生物学界用于研究不同种属生物之间相互依存、共同进化、相互制衡的重要理论。社会共生理论认为，宇宙万物之间均存在一种共生关系，这种共生关系由共生单元、共生模式、共生界面和共生环境四个部分构成，这四个部分是共生主体之间相互依存、相互作用不可或缺的纽带。体育特色小镇和乡村振兴是新时代社会经济发展的产物，因此两者之间必然存在着共生的关系。

三、新时代背景下体育特色小镇与乡村振兴共生发展的机制

（一）体育特色小镇与乡村振兴协同发展的共生单元

所谓共生单元是指共生主体之间进行能量生产和物质交换的条件，这种物质条件为共生主体之间的共生提供了基础。同时，该理论认为，共生主体之间的共生关系与共生单元数量之间的关系成正相关，即共生关系越紧密，两者之间的共生单元就越多，它们所传递和生产的能量就

越大。体育特色小镇与乡村振兴两者是天然的共生体，这种共生关系是各种共生单元通过物质的转换以及信息的传递发生作用。如图1所示，体育特色小镇与乡村振兴之间通过政府、市场、自然、人力、人文、体育设施以及城镇化建设等共生单元实现共生。政府为体育特色小镇与乡村振兴共生发展发挥了多方位的作用。一方面，中央政府为两者制定指导性的发展纲领，另一方面，地方政府为其共生发展制定具体的实施政策，如《中共中央、国务院关于实施乡村振兴战略的意见》《国家乡村振兴战略规划（2018—2022年）》《关于推动运动休闲特色小镇建设工作的通知》等，这些政策文件在针对一方发展的同时也对另一方起到促进作用，如乡村振兴的实施，改善了乡村的环境，完善了乡村的交通设施等，为建设在乡村的体育特色小镇起到积极作用。如位于金华柯城区的灵鹫山国家森林体育特色小镇联合位于杭州千岛湖的石林小镇建设了总长100公里的森林营道，这一项目既改善了两镇之间乡村的交通环境，又为两个小镇的发展奠定了基础。人力资源是乡村振兴战略的实施以及体育特色小镇能否实现高质量发展的关键问题。由于目前国内城乡二元结构问题还比较突出，大量人才资源向城市聚集，导致乡村人才空心化问题严重。但是，随着乡村振兴战略的实施以及体育特色小镇的建设，促进了乡村产业日趋繁荣，乡村经济发展迅速，就业机会增多，使得原本需要进城务工的劳动力实现在家门口就业创业，这为体育特色小镇和乡村振兴共生提供了人力基础。如河北崇礼冰雪体育小镇引进了国家队、省队退役的滑雪运动员以及体育院校冰雪运动专业的大学毕业生，一方面为冰雪小镇的发展提供技术和管理支撑，同时这些高水平运动员还深入小镇所在的地方，指导当地全民健身运动的开展，为乡村的社会治理发挥积极的作用。

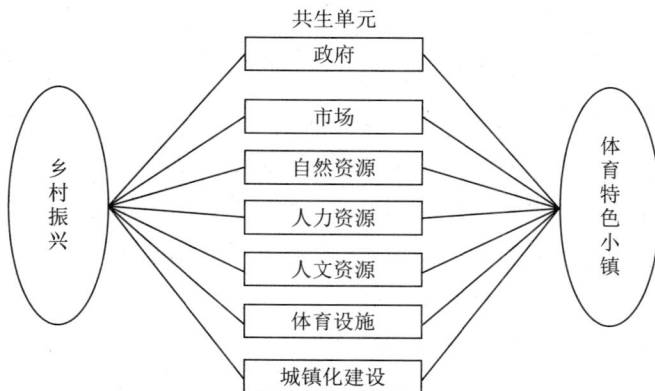

图1　体育特色小镇与乡村振兴共生单元示意

（二）体育特色小镇与乡村振兴协同发展的共生界面

共生界面是指共生单元之间通过信息传输、物质交换、能量传导等介质作用于共生主体。如图2所示，乡村振兴复杂系统和体育特色小镇复杂系统之间通用引导、调整、激励等共同作用于乡村振兴界面和体育特色小镇界面，使两个界面之间相互影响、相互作用，而乡村振兴界面与体育特色小镇界面则通过信息传输、物质交换、能量传导等方式对两个共生主体界面的共生单元之间进行能量交换。首先，产业兴旺是乡村振兴的重点，没有产业的兴旺也就无所谓之乡村之振兴。而体育特色产业链是体育特色小镇得以兴镇的核心，是产生经济效益的源泉，因此乡村的产业能否兴旺与体育特色小镇的特色产业链之间是天然共生界面。如法国沙慕尼小镇在打造体育特色小镇之前原本只是阿尔卑斯山下面一个名不见经传的小山村，正因为猎人杰克·巴尔玛和医生米歇尔·帕卡尔两人于1786年8月登上欧洲海拔高达4810米的勃朗峰，阿尔卑斯登山运动极大地引起了人们的关注，由此拉开了沙慕尼的户外运动与体育特色小镇发展序幕，发展至今已经成为集高山运动体验、体育教育培训、文化艺术娱乐以及体育用品制造等业态为一体的全球知名体育特色小镇。其次，乡风文明是乡村得以振兴的保障，也是乡村治理有效的基础。体育特色小镇在乡村的建设以及发展，为发挥体育的社会治理功能提供了基础和保障：一方面，体育特色小镇大大改善了乡村的体育设施，这些体育设施为乡村居民的体育锻炼提供了良好的平台，进而为改善乡村居民的体质健康发挥了重要作用，为乡村治理发挥了体育的力量；另一方面，随着体育特色小镇的体育赛事及体育活动的构建和运营，势必会吸引大量的健身爱好者到来，这对健康乡风的营造具有重要作用，使乡村居住者受到体育赛事文化和游客的影响，健身意识逐渐改善，进而积极参加体育活动，在一定程度上治理了乡村闲时聚赌的不良村风。最后，生态宜居是乡村得以振兴的关键，而体育特色小镇的绿色效能显著，是绿色经济的新载体，两者构成了绿色发展的共生界面。如泰顺百丈时尚小镇确立了全镇是景区、处处是景点的理念，推进外立面改造工程，实施去疤栽花绿化工程、房屋立体花墙和量化工程美丽庭院建设，让每一条街道、每一处公园广场、每个角落都融合小镇主题特色和文化内涵，这对于改善乡村环境作用显著。同时该小镇依托当地的绿色自然资源，以"竞技训练"和"户外运动"为双轮驱动，建成了飞云湖水上运动训练基地、环湖慢行系统等集竞赛、训练、休闲、观光等于一体的体育特色小镇。

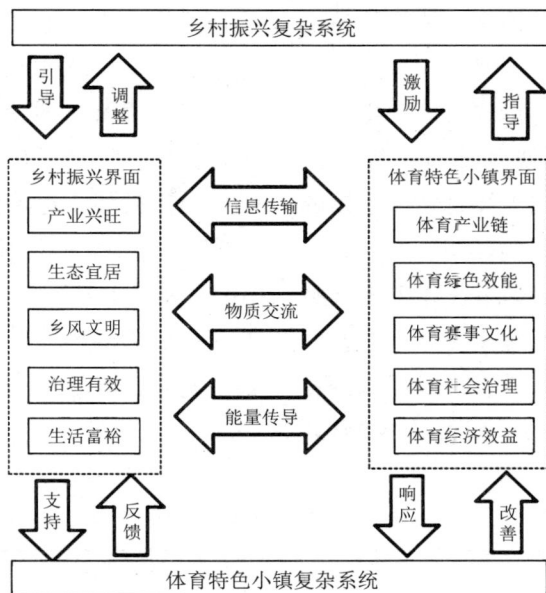

图2 体育特色小镇与乡村振兴共生界面示意

（三）体育特色小镇与乡村振兴协同发展的共生模式

共生理论认为共生模式多样化，按照组织维度可以分为点共生、间歇共生、连续共生相结合的模式，按照行为维度可分为寄生、偏利共生、互惠共生，如表1所示。体育特色小镇与乡村振兴两个共生主体的共生模式会随着时间的不同、共生单元、共生环境的不同而发生改变。首先，建设在乡村或乡村周边的体育特色小镇在初始期，两者的共生模式为点共生或寄生，即体育特色小镇在某一时段或某一方面对乡村振兴发生作用，且依存于乡村振兴，存在双边单向交流机制且共生关系不稳定，反之亦然。如体育特色小镇在建设的初期，由于它的建设是一项复杂的工程，涉及诸多基础设施的建设，因此需要大量的劳动力，这一时期的体育特色小镇

仅在带动乡村的就业等部分内容上助力乡村振兴，而对其他内容则没有明显的影响。与此同时，随着体育特色小镇的建设以及它的运营，乡村振兴与体育特色小镇的共生关系势必会进入另一种发展模式和发展状态，即间歇共生或者偏利共生，如随着体育特色小镇的高质量发展，吸引了大量的游客前来游玩，导致它对空间、设施等的需求增大，承载力与游客量产生了矛盾，使得本地居民的日常生活与外来游客游玩需求的矛盾、服务人员素质与产业发展的矛盾等问题加剧，体育特色小镇与乡村振兴协调发展的关系平衡问题被打破，这两种发展模式存在双边单向交流机制，有利于寄生者而不利于寄主进化，共生关系不稳定。可见，体育特色小镇与乡村共生发展最理想的模式为连续共生与互惠共生模式，这两种发展模式存在多边、

多向交流机制，共生关稳定。体育特色小镇的高质量发展对于促进乡村产业兴旺、生态宜居、乡风文明、治理有效、生活富裕发挥着积极作用，使乡村真正得以振兴，而乡村得以振兴则为体育特色小镇的高质量发展提供了优质的环境、产业、人力等。如淳安县石林小镇近三年多来共吸引 2 亿元社会资本在石林投资兴业，新办了 1 家水厂，成立了 6 家运动俱乐部，建成运营了 20 余个运动项目和 30 余家酒店、民宿，将原来砍毛竹用的村道经过拓宽和安全防护后，就变成了汽车、摩托车往来的山道，废弃的养老院变成了精品酒店，废弃的工厂变成了房车营地……在开发利用中减少破坏，也实现了现有资源的最大化利用。2019 年石林镇人均旅游收入达 16182 元，为 8 个村增加经营性收入 80 余万元，成为国内体育特色小镇与乡村振兴共生发展的典范。

表 1 共生模式及其特征

共生模式	具体类型	作用特征
组织模式	点共生	共生单元在某一时段相互作用；只在某一方面发生作用；共生关系不稳定
	间歇共生	共生单元间隔一定时间发生作用；只在某一方面发生作用；共生关系不稳定
	连续共生	共生单元在某一封闭时间连续互相作用；在多方面发挥作用；共生关稳定
行为模式	寄生	存在双边单向交流机制；有利于寄生者而不利于寄主进化
	偏利共生	存在双边双向交流机制；一方有利而另一方无害
	互惠共生	存在多边多向交流机制；共生主体及其共生单元的进化具有同步性和非同步性

（四）体育特色小镇与乡村振兴协同发展的共生环境

共生环境是指共生主体实现共生发展的外部环境，这个外部环境对于共生单元的构建、共生模式的选择、共生界面的打造以及共生能量的传递有着至关重要的作用，而这个共生环境可分为正向、中性和反作用，它所发挥的作用会随着时间的迁移及共生环境的变化等因素而改变。体育特色小镇与乡村振兴要实现共生互惠发展，不可能脱离外界环境而实现。如图 3 所示，乡村振兴与体育特色小镇两者之间共生能量的传递与生成主要受社会、政策、人文、自然、区位、经济等外部环境的影响，这些外部环境会因时、因地的不同而发挥着不同的作用。一个地区的经济发展水平对乡村振兴与体育特色小镇的共生发展起重要作用，如江浙沪等东部沿海地区由于其具有强劲的经济实力，在乡村振兴与体育特色小镇的建设中能够投入大量的资金，而中西部地区的经济发展水平相对欠发达，财力投入有限，如绍兴柯桥酷玩小镇共投入了 110 余亿元，德清莫干山裸心小镇投入了 50 多亿元。此外，这些地区的政府为了给体育特色小镇的发展营造优美的环境，会对其周边及附近乡村的环境进行整改，如柯桥酷玩小镇所在的柯岩街道投入数十亿元用于整治鉴湖及周边城中村的环境，做强美丽乡村品牌，这是当地的经济为乡村与体育特色小镇实现共生共享发展发挥了正向的作用。然而，外部环境也会对乡村振兴与体育特色小镇共生发展带来消极影响，如政府所制定的政策滞后于乡村振兴与体育特色小镇的发展以及政府角色定位不清晰等。我国体育特色小镇在现阶段的建设和发展中，部分体育特色小镇由于发展理念的模糊，导

致顶层设计严重缺位、产业链态单一和支撑体系薄弱，同时体育特色小镇出现房地产化的倾向、忽视小镇核心文化的打造以及高级体育专业人才紧缺、政府过度干预等窘境，这都直接影响了体育特色小镇自身的发展以及乡村振兴五个发展目标的实现，这就需要政府在不同的发展阶段，对其政策和角色实行动态调整，从而发挥政策和政府这一外部环境的正向作用，为体育特色小镇和乡村振兴的共生发展营造正向的外部环境。

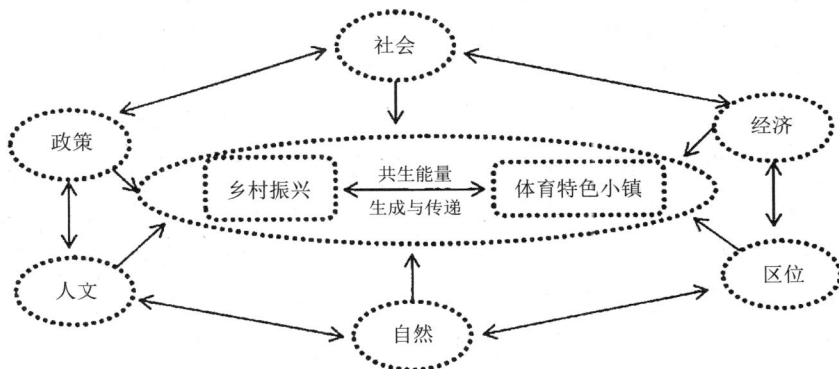

图3　体育特色小镇与乡村振兴共生环境示意

四、新时代背景下体育特色小镇与乡村振兴共生发展的路径

（一）促进乡村振兴与体育特色小镇共生发展的能量生成

乡村振兴与体育特色小镇是天然的共生体，两者之间存在诸多能量生产和物质交换的共生单元，这些能量单元为两者的共生发展提供了丰富的物质条件。因此我们在推动乡村振兴与体育特色小镇各自发挥自身的优势并实现共生的过程中，要使这些共生单元发挥能量，需要提高和优化

各个共生单元的关联度，同时也需拓宽共生单元的数量。第一，政府是体育特色小镇与乡村振兴共生发展得以实现最为关键的共生单元。首先，各级政府应该充分认识到两者共生发展的价值，在政策的制定上做好顶层设计，并配套相关操作性强的配套措施，如浙江省委、省政府于2020年3月26日发布的《关于高质量推进乡村振兴确保农村同步高水平全面建成小康社会的意见》中明确提出，为了繁荣农村文化体育事业，完善农村全民健身服务体

系，鼓励建设国家健身步道，鼓励开展乡村运动会等体育赛事服务，建设提升小康体育村1000个。其次，政府还需要为体育特色小镇与乡村振兴的共生发展提供充足的物力、人力、财力、土地等资源保障，同时在我国城镇化的进程中，政府应该大力改善乡村的交通、体育设施等基础配套服务，大大加强它们共生发展的关联度。第二，自然资源是乡村振兴和体育特色小镇共生发展最为基础的单元，在实施乡村振兴战略与发展体育特色小镇的过程中，自然环境治理的好坏，直接关系到共生发展的成败，因此要积极践行"两山"理论，牢固树立绿色发展的理念，实现经济效益与绿色效益的统一。第三，人文资源是它们共生共享发展具有灵魂作用的单元。首先，乡村文化是城市文化的根柢，内涵丰富，是民族传统文化得以传承和发扬的重要阵地，群众基础深厚，在民族心理和文化传承中有着独特的含义，它能否实现传承和发扬是乡村振兴成功与否的重要评价指标。其次，体育文化是体育特色小镇得以独具一格的重要标志，是体育特色小镇得以高质量发展的灵魂。因此我们在推动乡村振兴与建设体育特色小镇的过程中，可将我国不同地域独特的乡村文化融入到体育特色小镇中，在乡村文化得以继承和发扬的同时铸造体育特色小镇的灵魂，从而实现共生、共融发展。

（二）完善乡村振兴与体育特色小镇共生发展的界面

共生界面是乡村振兴与体育特色小镇进行能量传导的介质，也是两者实现共生共享发展模式的内在动因。上文已述，乡村振兴与体育特色小镇两个共生界面之间通过信息传输、物质交换、能量传导三种传导方式发生作用。但是，要充分发挥三者的作用，共生理论认为要从决策、组织、运行、监督和评价五个维度建立多元化且畅通高效的共生机制。第一，在决策维度上，我国现已发布的政策中对体育特色小镇与乡村振兴协同发展提供了政策保障和实施方案，如国家体育总局发布的《关于推动运动休闲特色小镇建设工作的通知》中明确指出要充分发挥体育在脱贫攻坚中的潜在优势作用，更好地为基层经济社会事业发展服务，成为乡村增收的新门路，使其成为脱贫攻坚的示范。在此基础上还应加强政府在财政、法律等方面有形的手的作用，并积极发挥市场这一无形手的作用。第二，在组织维度上，积极发挥基层民间体育组织的作用，发挥它们在志愿服务、赛事组织上的作用，使其成为乡村振兴与体育特色小镇在全民健身活动实践中的桥梁。第三，在运行维度上，充分利用新媒体高速发展的契机，改变传统的宣传手段，采用抖音、快手等短视频、直播带货等新的宣传方式，创新宣传方式，如国家体育总局和发改委联合发布的《进一步促进体育消费的行动计（2019—2020年）》指出：加强体育文化宣传，支持体育专题片、体育电影等体育文艺创作和传播，鼓励各级各类媒体开辟专题专栏，普及健身知识，营造良好的体育消费氛围。支持发展多媒体广播电视、网络广播电视、手机应用程序（App）等体育传媒新业态，促进消费者利用各类社交平台互动交流，提升消费体验。第四，建立监督和评价机制。乡村振兴战略的实施以及体育特色小镇的建设运营中，势必吸引大量产业的聚集以及游客的流入，这对环境承受力以及游客接待有限的乡村是一个巨大的考验，因此要建立完善的环境监督和评价机制，充分发挥社会各界的力量实施监督，具体分析和评估其共生单元、环境、模式以及界面。

（三）构建乡村振兴与体育特色小镇共生发展的理想模式

体育特色小镇与乡村振兴两者之间存在多种发展模式，而连续共生和互惠共生两种发展模式具有多边、多向交流机制，共生关稳定，因此连续共生模式和互惠共生模式是乡村振兴和体育特色小镇较好的发展路径。前文已述，两者具有较多的共生单元、丰富的共生界面以及优越的共生环境，但是要使两者实现连续共生和互惠共生，则需要用科学的理念作为指导思想，而"五大发展理念"既是新时代我国社会经济发展的指导思想，又是社会经济发展的方法论。第一，"创新"为它们的互惠共生发展提供了不竭动力。经营模式的创新，如赣州大余丫山体育小镇健全景区与村集体、合作社、员工、群众的联结模式，实现利益捆绑一体化，调动多元创业主体能动性，实行"小镇＋党组织＋基地＋旅游合作社＋贫困户"的模式。创新体育特色小镇服务内容，发挥地域人文、自然等资源优势，实现乡村现有资源与体育特色小镇服务内容的深度融合，如大余丫山体育小镇充分发挥其所在区域的资源优势，创新服务内容，成为禅宗文化、播音主持、书画艺术、理学心学、军事体育

的重要基地。另外，可在管理体制、收入分配制度、人才培养体制等进行创新。第二，"绿色"发展是体育特色小镇与乡村振兴实现互惠共生的基本准则和新的路径。首先，坚决贯彻绿水青山就是金山银山的理念，坚持体育特色小镇开发与乡村环境保护协同发展，杜绝先发展再治理以及边发展边治理的传统思想，严守生态红线，坚持走绿色的发展模式；其次，广大乡村拥有优美的自然环境，是人们休闲、娱乐、健身的优良场所，因此建设在乡村的体育特色小镇应充分发挥乡村的自然环境资源，将小镇内的各类服务与生态相结合，将绿色生态转化成绿色经济。第三，"协调"和"开放"构建了体育特色小镇与乡村振兴互惠共生必需的平台和空间。体育特色小镇和乡村振兴是社会经济发展的重要因子，它们的共生发展必然与脱贫攻坚战略、新型城镇化建设、健康中国战略及体育强国战略产生新的共鸣，因此，新时代背景下，坚持"协调"和"开放"的理念至关重要。第四，坚持以人民为中心，让体育特色小镇与乡村振兴共生发展宗旨回归到"共享"上。体育特色小镇与乡村振兴是全面建成小康社会的重要载体，它们的共生发展最终要回归到提高人民生活水平、让人民共享两者共生发展的红利上。

（四）优化乡村振兴与体育特色小镇共生发展的环境

乡村振兴与体育特色小镇共生发展的环境分为正向性、中性和反作用，所以趋利避害原则是我们在推动乡村振兴与体育特色小镇实现互惠、共生发展过程中首要

坚持的，积极营造和优化两者共生发展的正向环境。第一，大力推进全民健身战略的实施，积极引导体育消费。全民健身是党和国家积极推行的重要战略，是为全面建成小康社会以及实现中国梦的重要举措，它的深度实施对于人们健康意识的提高、农村公共体育服务体系的完善有着重要作用，为乡村振兴与体育特色小镇的发展营造了优良的社会环境。如浙江省政府于2020年4月26日发布的《关于促进全民健身和体育消费推动体育产业高质量发展的实施意见》中明确指出，重点发展户外运动产业，围绕马拉松、山地越野、自行车等项目，培育一批运动休闲特色小镇和青少年户外体育活动基地，举办全省体育大会等举措，为浙江省全民健身与促进体育消费营造良好的社会环境。第二，加强体育与旅游知识兼备的人才培养，引导相关人才积极投身于乡村体育振兴与体育特色小镇的互利发展。体育人才紧缺是目前制约乡村振兴与体育特色小镇发展的共性问题，要解决这一问题，需要科学建立体育专业人才的培养机制。目前由于种种原因，国内的体育人才出现数量不足与质量不高的现象，因此政府部门可作为协调方，促进高校与地方关于体育人才培养的联动机制，做到需要多少培养多少，需要什么培养什么，避免体育人才数量不足、过盛以及供需不对口的现象。第三，推动政府部门之间的协作。体育特色小镇与乡村振兴互惠共生是一项复杂的系统工程，涉及诸多部门之间的合作，如项目审批、土地审批、资金筹措等，分别需要发改委、国土、财政等多部门的支持，然而在现实运行过程中，由于这些部门之间存在协作与联动不足的现象，出现土地审批难、资金不足等困境，因此要推动政府部门之间的协作，优化政策环境。第四，加大交通等基础设施的投入，优化区位环境。交通是经济发展的大动脉，对于广大农村地区，特别是农村贫困地区来说，交通不便是制约当地发展的重要因素，没有便捷的交通，要想引进体育特色小镇，发展产业以及吸引游客前来消费、游玩等都将无从谈起。因此，要让便捷的交通成为乡村振兴与体育特色小镇共生共享发展的强有力交通保障，以减少区位环境对两者的影响。

参考文献

［1］把握乡村振兴战略的丰富内涵［N］.人民日报，2019-02-28.

［2］沈克印，董芹芹.体育特色小镇建设的地方探索与培育路径——以浙江省柯桥酷玩小镇为例［J］.武汉体育学院学报，2018，52（9）：25-31.

［3］张雷.运动休闲特色小镇：概念、类型与发展路径［J］.体育科学，2018，38（1）：18-26，41.

［4］国家体育总局办公厅.关于推动运动休闲特色小镇建设工作的通知，2017-05-11.

［5］叶小瑜.江苏运动休闲特色小镇的建设实践、问题与优化治理［J］.南京体育学院学报，2020，19（3）：31-36.

［6］刘红建，孙庆祝，陶荣兵.共生理论视角下我国城乡群众体育的统筹发展［J］.首都体育学院学报，2009，21（5）：538-540，575.

［7］柯宇晨，曾镜霏，陈玉娇.共生理论发展研究与方法论评述［J］.市场论坛，2014（5）：14-16.

［8］马迎志.基于共生理论的我国马拉松赛事与举办城市双向选择研究［J］.体育成人教育学刊，2016，32（6）：59-63.

［9］沙木尼体育小镇：如何从山地运动到度假生活［EB/OL］.https://www.sohu.com/a/343392059_364961.

［10］乔峰.共生理论视角下竞技体育与大众体育协同发展研究［J］.南京体育学院学报（社会科学版），2017，31（1）：79-84.

［11］刘波，刘婷婷，刘晓虎."五大发展理念"视域下的运动休闲特色小镇发展路径研究［J］.大理大学学报，2020，5（6）：61-66.

［12］中共浙江省委，浙江省人民政府.关于高质量推进乡村振兴确保农村同步高水平全面建成小康社会的意见，2020-03-26

［13］国家体育总局，国家发改委.进一步促进体育消费的行动计划（2019—2020年），2019-01-15.

［14］大余丫山小镇：打造运动休闲特色小镇［EB/OL］.https://f.qianzhan.com/tesexiaozhen/detail/190828-19d5a969.html.

［15］刘波，刘婷婷，刘晓虎."五大发展理念"视域下的运动休闲特色小镇发展路径研究［J］.大理大学学报，2020，5（6）：61-66.

运动品质之城形象宣传策略研究

——以杭州亚运官微为例

曾楸桦

（浙江工商大学杭州商学院，浙江　杭州　310030）

摘　要：大型赛事的组织与宣传能够助力运动品质之城的形象塑造与传播。本文对"杭州2022年亚运会"微信公众号进行文本内容分析、扎根质性研究和"投射—感知"形象的"认同—错位"分析。结果表明，杭州市已形成"以城市为根基、以体育为形式、以事件为触点"的文体旅融合创新经验；在"体育亚运"和"城市亚运"方面表现较为不错，"品牌亚运"方面还待加强，官方应积极策划"可参与""可体验""可分享"的文体旅话题及项目，推动"中国风范、浙江特色、杭州韵味、共建共享"的运动品质之城形象深入人心。

关键词：杭州亚运官微；推文；评论；城市形象宣传

Image Promotion Strategies for Sports City Viewed from the Official Wechat Account of Hangzhou Asian Games

Zeng Qiuhua

（Hangzhou College of Commerce，Zhejiang Gongshang University，Hangzhou，Zhejiang，310030）

Abstract：The organization and promotion of large-scale sports events helps shape and spread the image of the city. This article，grounded on qualitative research and "recognition-dislocation" analysis of the "projection-perception" image，analyzes the text of the Wechat official account "Hangzhou 2022 Asian Games". The results show that Hangzhou has gained an innovative experience of cultural，sports and tourism integration that "takes the city as

收稿日期：2021-9-21

作者简介：曾楸桦（1999—　　），男，浙江省商业集团有限公司储备经理，主要研究方向为公共服务品质提升。

the foundation，sports as the form，and events as the touchpoint"；it has performed well in terms of both Sports and City Image，but the Brand Awareness is to be strengthened. The government should proactively conceive plans and projects of cultural and sports tourism，where people can "participate"，"experience" and "share"，so as to promote among the people the image of a sports-quality city with "Chinese style，Zhejiang characteristics，Hangzhou flavor，and co-construction and sharing".

Key words：official Wechat account for Hangzhou 2022 Asian Games；tweet；comment；city image promotion

一、引言

2022 年亚运会是继 G20 峰会之后杭州打造会展之都、赛事之城的又一大盛事。伴随亚运会的临近，官方不遗余力地进行多维度、全方位的宣传，旨在办好一个会、提升一座城，提前为亚运遗产造福群众铺路。图 1 是"杭州 2022 年亚运会"官方微信公众号从发布推文开始到 2020 年年底的 886 篇推文概况。在杭州打造赛事之城、互联网之都的当下，2020 年推文的发布频率和阅读量都较前两年有了大幅度提升，但还需做出有力的举措来增强官微影响力。官方媒体的宣传会改变大众的认知和态度，本文将根据官微推文和公众评论两端进行研究，以期总结杭州的运动品质之城打造经验，并为进一步提升官媒影响力出谋划策。

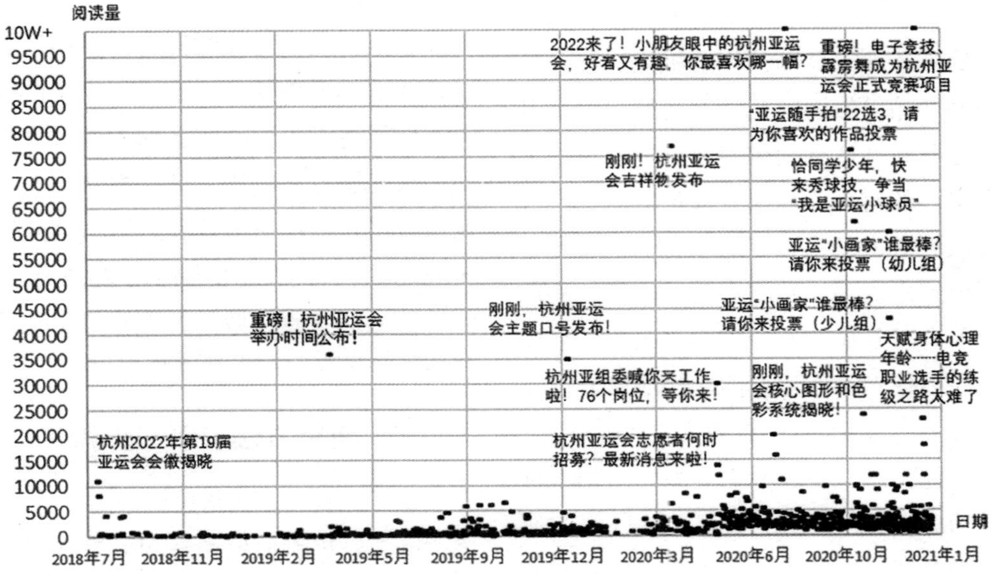

图 1　亚运官微推文发布情况一览

注：因无法获取超过 10 万后的推文阅读量准确数值情况，故纵轴最高点代表阅读量超过 10 万。

二、文献综述

亚运会是亚洲地区的唯一奥林匹克机构理事会，也是一次主体性活动。大型体育赛事与城市形象及品牌存在相互关系。亚运会作为体育盛会将会显著影响地区发展，不仅促进体育事业的发展，而且有助于提升城市品牌，拉动当地旅游、餐饮等产业的快速发展。亚运会后开展体育旅游具有较大优越性与便利性。运动项目是实现亚运会赛事价值的核心要素和主要载体，应强化区域特色以提升亚运会吸引力。2022 年亚运会将是杭州加快城市国际化发展的重要抓手，朱天等从城市的角度对亚运村区域的发展进行推演，提出赛后功能转化、空间布局与发展策略。王源斌提出应当打造文化机场，挖掘体验经济。潘诗帆从健康生活、国际交流、社会思想、志愿服务、社会建设五方面指出杭州亚运会将是一场成功的、能够留下深远影响的、助力社会文化发展的大型体育赛事。易剑东和范英丽认为要把亚运会与本地旅游产品、旅游特色结合起来，借鉴其他国际赛事，达到动机与目标的对位、遗产与实践的对应、理念与宣传的对接。顾晨骏以杭州 2022 年亚运会为例，通过实证分析提炼出头部体育赛事对城市赋能的四大因子，指出城市赋能效应的影响机制。

社会各界对亚运会的关注颇多，但关注点多以"亚运会＋旅游""亚运遗产"为主，包括建立各种数据模型，引用各种实验方法得出相应的结论，但目前的研究结果存在研究范围局限。很多学者对亚运会赛事项目和体育旅游的研究方面很多

是基于以往的案例的，其研究角度较为匮乏。

投射形象是指旅游形象塑造者意图在潜在旅游者心目中树立的形象，这是一种任何人都可获得的有关旅游目的地的观念和印象，由旅游资源、旅游设施、旅游产品组合、旅游基础设施和旅游服务状况等五方面构成。"认知—情感"模型中包含了认知、情感及整体形象三个维度，这三者构成了游客对目的地的感知形象。在感知形象中，旅游者对涉及体验活动的符号感知更好。彭夏岁对目的地"投射—感知"形象进行对比分析，提出要从形象优化、质量提升、产业链结合、新业态培育四个方面着手提高形象质量。黄翠婷和金泉以官方微信公众号为例，指出在官方宣传和游客感知之间存在差异，但游客的情感感知仍以积极情绪为主。马霄霏和吴明远认为供需视角下官方投射形象与游客感知形象存在偏移。

综上，城市对外的投射形象和外界对城市的感知形象糅合而成了一个城市的形象。但学者对于杭州亚运的投射形象和感知形象的研究还较为欠缺。本文选取杭州亚运官微，以投射形象和感知形象分析为研究切入点，对杭州市借助 2022 年亚运会打造运动品质之城形象的杭州经验进行总结，并为其后续发展策略提供思路。

三、研究方法与研究步骤

（一）研究方法与数据来源

本文以投射形象和感知形象研究为切入点，选取"杭州 2022 年亚运会"微信公众号的推文标题和内容作为投射形象评

估数据来源，"杭州 2022 年亚运会"微信公众号的推文评论内容作为感知形象评估数据来源，借助 Rost CM6.0 软件进行文本内容分析，包括高频词汇提取、情感分析等，基于扎根视角对投射形象和感知形象两端进行自由编码、主轴编码和选择编码，并进一步对投射形象和感知形象进行

"认同—错位"分析，以期提取当前杭州亚运宣传经验及不足之处。

（二）研究步骤

本文研究思路及步骤如图 2 所示，亚运投射形象和感知形象的编码及"认同—错位"分析是其中的数据分析重点，研究过程具体如下。

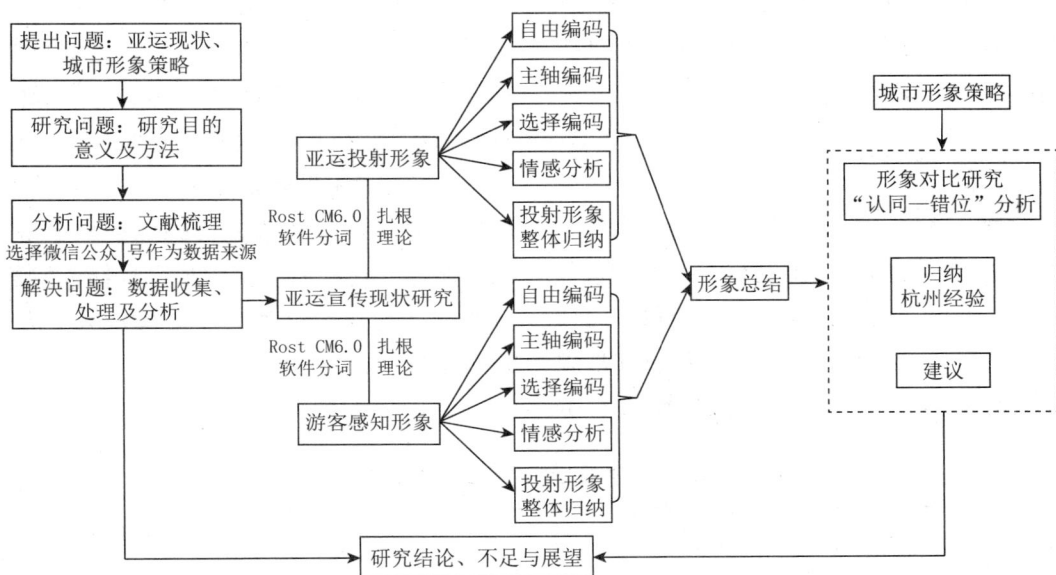

图 2 技术路线

1. 投射形象编码过程

对"杭州 2022 年亚运会"官微推文标题和推文内容进行高频词汇分析，将其中能反映和代表该篇推文的词语作为自由编码节点，如《终结者参加铁人三项？网友用超燃图片致敬电影经典》一文得到的自由节点是铁人三项、网友、图片、电影经典。对自由编码节点进行整理归类，如将杭州、城区、西湖区、温州、浙江等内容归类到地域地点子树节点下。根据编码概念关系，归纳得出更强的概括性类别，即父树节点。例如，将子树节点中"亚

运相关产品""娱乐""活动项目"归类为"旅游特色与旅游氛围"。

2. 感知形象编码过程

对"杭州 2022 年亚运会"官微推文评论内容中能反映和代表评论人员的感知形象的词汇作为自由编码节点，如"杭州的又一重要文化标识，仔细拜读后更加体会到了杭州这座城市对于亚运的期许和憧憬"中提取自由节点杭州、文化标识、亚运。对自由编码节点进行整理归类，如将杭州、中国、浙江、北京、江南等归类到特定地区地点子树节点下。在主轴编码

中，特定地区地点、建筑、历史文化均突出了具有吸引力的有形或无形的人文旅游资源，故其父树节点为人文资源吸引物。

3. 形象"认同—错位"分析

鉴于本文选取的数据体量大，亚运投射形象和感知形象的各类别下具体的节点较多。因此，本文对亚运投射形象和感知形象两种语境下提及频率高、频数多的节点进行对比分析。

四、研究结果

投射形象以亚运宣传中微信公众号所含标题、推文内容为出发点，感知形象则是立足于推文的评论内容、点赞量、阅读量与在看量。本文以投射形象和感知形象为研究渠道，就亚运会宣传现状进行分析，得出如下结果。

（一）投射形象研究

通过对不同的自由节点进行归类整合而得到子树节点，投射形象方面得到的主轴编码有地域地点、"人"、自然景观、建筑、交通、政府服务、宣传纪要、特殊事件、娱乐、活动项目、亚运相关产品、文学作品，共12个类别。延伸出6个概念类别，分别为目的地社会因素、目的地资源因素、基础设施与有关服务、事件吸引物、旅游氛围与旅游特色、传统文化（见表1）。从整体投射形象来看，总体呈现目的地社会因素积极，目的地资源丰富，政府服务便捷，旅游氛围浓厚且特色旅游种类多，与亚运有关的事件具备吸引力，富有文化气息的形象。

表 1　杭州亚运投射形象指标一览

推文自由节点	子树节点	父树节点
杭州、城区、西湖区、城际、中国、城门、浙江、城中、温州、全球等	地域地点	目的地社会因素
主编、团队、主席、主任、组委、主人、院长、主持、铁人、主管、主角、孙杨、团长、参观者、组委会、伙伴、运动员、人员、小朋友、网友等	"人"	
西湖、千岛湖、钱塘江	自然景观	目的地资源因素
场馆、院校、茅家、城堡、高校、亚运村	建筑	
铁路、航空、闻涛路	交通	基础设施与有关服务
政府采购、官方、民政局、团委、城管	政府服务	
一周要闻、亚运会、筹办	宣传纪要	
开幕式、亚运、亚运会、课堂、建设、闭幕式等	特殊事件	事件吸引物
宣传、电影、音乐、绘画等	娱乐	旅游氛围与旅游特色
挑战赛、问答、体育、运动、越野赛、表演赛、足球、马术、游泳、健身、铁人三项等	活动项目	
吉祥物、口号、作品等	亚运相关产品	
法海、白娘子、电影经典、图片等	文学作品	传统文化

（二）感知形象研究

通过对不同的自由节点进行归类整合而得到子树节点，感知形象方面得到的主轴编码有建筑、历史文化、特定地区地点、"人"、自然景观、事件与活动、文体类、亚运产品，共8个类别（见表2）。归纳得出感知形象主要为"目的地社会因素呈积极状态的形象、人文资源吸引物丰富、自然资源吸引物丰富、旅游氛围浓厚与特色旅游种类多、与亚运有关的事件具备吸引力"。从整体感知形象来看，主要集中在"杭州、亚运会、亚运、期待、志愿者、加油"等关键词上，且积极影响远大于消极影响（见图3）。

表2　杭州亚运感知形象指标一览

评论自由节点	子树节点	父树节点
场馆、奥体	建筑	人文资源吸引物
文化、良渚	历史文化	
杭州、中国、浙江、北京、江南、亚洲、家门口、广州、之江等	特定地区地点	
志愿者、小朋友、孩子、运动员	"人"	目的地社会因素
西湖、钱塘江	自然景观	自然资源吸引物
开幕式、亚运会、奥运会、运动会	事件与活动	事件吸引物
作品、体育、排球	文体类	旅游氛围与旅游特色
吉祥物、服务、会徽	亚运产品	

图3　情感分析标签云图

（三）形象对比分析研究

从图4可见，杭州亚运投射形象和感知形象呈大同小异趋势，即主要方面认同但都存在错位因素的现象。官方借助亚运会宣传有意打造一个社会因素呈积极状态、亚运相关事件具备吸引力、政府服务便捷、资源丰富、旅游氛围浓厚且特色旅游种类多、富有文化气息的城市形象，而游客则将其视为社会因素呈积极状态、亚运相关事件具备吸引力、人文资源吸引物丰富、自然资源吸引物丰富、旅游氛围浓厚且特色旅游种类多的城市。由图4中虚线框的内容可以发现，投射形象和感知形象在整体形象的呈现上突出了"类型相同、内容不同"的表现形式。这是由于在"与亚运有关的事件具备吸引力的形象"中，投射形象较感知形象还关注了地方项目建设；在"旅游氛围浓厚、特色旅游种类多的形象"中，感知形象突出"文体类"而投射形象则突出"特殊事件与娱乐"。投射形象对"政府服务便捷的形象"宣传上，游客对相关内容如政府服务、交通等的感知并不明显，在感知形象上也没有体现。

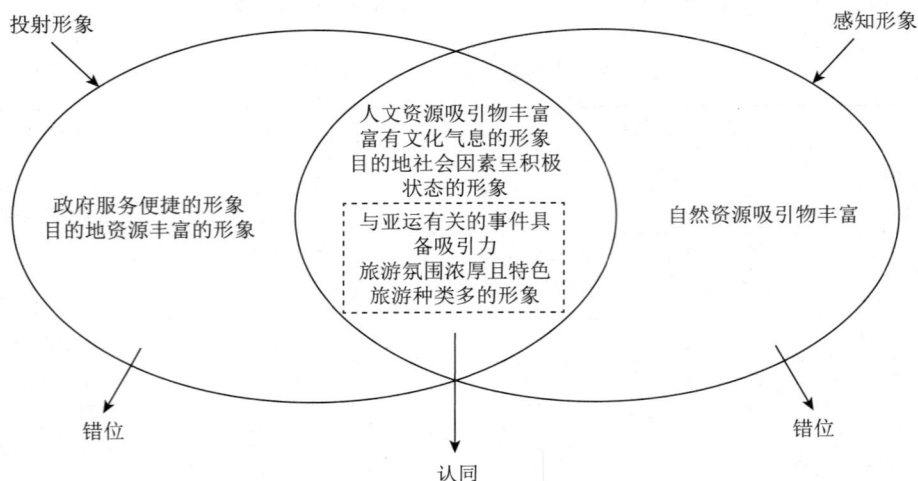

图 4　投射形象与感知形象内容的"认同—错位"表现

五、研究结论与讨论

（一）研究结论

本文基于"杭州 2022 年亚运会"微信公众号推文标题、内容的官方对外投射形象和立足于推文评论内容的游客感知形象，通过对二者进行数据整理、重组编码、情感分析、形象分析等，发现杭州在借助亚运宣传塑造城市形象这一道路上从"文化、体育、旅游"三大基点切入，形成了"以城市为根基，以体育为形式，以事件为触点"的文体旅融合创新"杭州经验"。

投射形象有意传递一个社会因素呈积极状态、亚运相关事件具备吸引力、政府服务便捷、资源丰富、旅游氛围浓厚且特色旅游种类多、富有文化气息的城市形象；感知形象意在描述一个社会因素呈积极状态、亚运相关事件具备吸引力、人文资源吸引物丰富、自然资源吸引物丰富、旅游氛围浓厚且特色旅游种类多的城市；目前两种形象具有共同点，同时存在错位。从城市宣传方面来看，低投入的地点投射形象换取了高回报的地点感知形象，对城市形象的宣传有着激励作用。但从亚运宣传来看，过多地对城市地点进行宣传，易致与亚运相关的产品、现状得不到充分宣传，从而加剧了投射形象和感知形象的局限性。所以，就亚运宣传而言，应适当增加对亚运会本身的宣传，如亚运产品、亚运歌曲征集等。须注重游客感知的反馈，在推文推送时间规划的整体布局下进行细微的调整来契合游客感知形象，积极策划"可参与、可体验、可分享"的文体旅话题及项目。

（二）研究不足与研究展望

本文以"杭州亚运官微宣传现状"为立足点，基于"杭州 2022 年亚运会"微信公众号选取目前已有的 800 多篇推文，客观性较强，但就官方传播内容和用户评论内容来源方面仍存在一定的局限性，亚运官方网站、官方微博、官方视频等都是投射形象的重要传播窗口，而限于网民基数和行为特征，民众对于亚运的形象感知并不会全面反馈在推文评论中，因此更新、扩充数据量或尝试从其他全媒体平台获取资料是对投射形象研究的补充，而增加问卷调查、进行深度访谈等可以帮助更全面地了解感知形象的内容。而且亚运各地方项目陆续建成后，可以进一步研究地方亚运宣传方面的话题。

参考文献

［1］王艳艳，李海燕.亚运会发展瓶颈与模式探讨［J］.当代体育科技，2018，8（29）：185-186.

［2］高金龙.影响深远的体育赛事与城市形象塑造研究［J］.西部皮革，2020，42（4）：90，100.

［3］胡淑芬，许鑫.浙江区域发展差异研究及杭州亚运会影响预判［C］//中国城市规划学会，杭州市人民政府.共享与品质——2018 中国城市规划年会论文集（16 区域规划与城市经济），2018：10.

［4］张钧苗.浅析 2022 年亚运会对杭州经济文化的影响［J］.辽宁体育科技，2017，39（1）：8-10.

［5］孙红伟，吕利珊，张崇英，江月兰.亚运会后广州市体育旅游发展的现状及对策研究［J］当代体育科技，2013，3（4）：75，78.

［6］王芳.项目设置与亚运会可持续发展研究［C］//中国体育科学学会体育社会科学分会.2012 全国体育社会科学年会——转变体育发展方式的探索论文集，2012：3.

［7］李光欣，家三爱，张晓义.亚运会的危机及解决策略研究［J］.南京体育学院学报（社会科学版），2017，31（6）：124-128.

［8］许庆明，郭玉虎，陈国亮.利用亚运会促进杭州城市发展［J］.杭州，2019（41）：42-43.

［9］朱天，赵博，刘瑞刚，逯百慧.2022 年杭州亚运会亚运村区域空间发展策略研究［C］//中国城市规划学会，杭州市人民政府.共享与品质——2018 中国城市规划年会论文集（07 城市设计），2018：15.

［10］王源斌.浅谈如何抓住亚运会契机打造文化机场 挖掘体验经济价值［J］.空运商务，2019（4）：28-32.

［11］潘诗帆.2022 年杭州亚运会的社会遗产展望［J］.当代体育科技，2020，10（10）：207-208.

［12］易剑东，范英丽.动机与目标·遗产与实践·理念与宣传——杭州 2022 亚运会愿景思考［J］.武汉体育学院学报，2019，53（3）：5-8.

［13］顾晨骏.头部体育赛事对城市赋能

模型的影响研究——以杭州 2022 年亚运会 IPA 评估为例［J］.全国流通经济，2020（13）：90-92.

［14］高静，肖江南，章勇刚.国外旅游目的地营销研究综述［J］.旅游学刊，2006（7）：91-96.

［15］王磊，刘洪涛，赵西萍.旅游目的地形象的内涵研究［J］.西安交通大学学报（社会科学版），1999（1）：3-5.

［16］Seyhmus Baloglu, Mangaloglu Mehmet. Tourism destination images of Turkey, Egypt, Greece, and Italy as perceived by US-based tour operators and travel agents［J］. Tourism Management, 2001, 22（1）.

［17］钱磊.符号学理论视角下呼和浩特市旅游目的地形象感知研究［D］.内蒙古大学，2020.

［18］彭夏岁.全域旅游目的地形象"投射—感知"比较实证分析——以厦门市为例［J］.西南师范大学学报（自然科学版），2020，45（9）：78-87.

［19］黄翠婷，金泉.基于微信公众号的滁州市旅游目的地形象研究［J］.哈尔滨学院学报，2020，41（4）：36-40.

［20］马霄霏，吴明远.网络大数据视角下的邮轮旅游投射与感知形象偏移机理研究［J］.电子商务，2020（5）：3-4，14.

夜游经济视域下沪杭两地空间竞合关系研究

叶俏汝　邹　宇

（浙江工商大学杭州商学院，浙江　杭州　310030）

摘　要： 随着市场经济的不断发展、人民的生活水平不断提高，城市化达到了新高度，城市的繁荣发展必然带来城市旅游夜经济的繁荣。本文从两地的空间竞合关系考虑，针对旅游产品类型、旅游形象矩阵和空间分布情况对沪杭两地的夜间旅游进行分析，其间运用了地图制作、扎根理论和地理集中指数等方法，使研究结果更具可信度。研究表明，杭州以演绎类产品为特色，上海以游玩类产品为特色；从旅游形象来看，杭州总体表现为知名度较低的特征，而上海则表现为知名度高、美誉度高的特征；从旅游空间分布情况来看，两地旅游产品分布较分散，且中心城区具备显著优势。基于两地竞合关系的分析结果，可以考虑将两地联合发展，共同打造"长三角一体化"夜间旅游经济体。

关键词： 夜经济；夜间旅游；上海；杭州

Study on the Spatial Competition and Cooperation Relationship between Shanghai and Hangzhou from the Perspective of Night Tour Economy

Ye Qiaoru，Zou Yu

（Hangzhou College of Commerce，Zhejiang Gongshang University，Hangzhou，Zhejiang，310030）

Abstract：With the development of market economy，people's living standards have been improving，and urbanization has reached a new height. The prosperity and development of cities will inevitably bring about the prosperity of urban tourism night economy. Considering

---

收稿日期：2021-09-15

作者简介：叶俏汝（1988—　　），女，浙江工商大学杭州商学院讲师，硕士，主要研究方向为区域发展研究、文化旅游研究。

邹宇（1999—　　），女，浙江工商大学杭州商学院硕士研究生，主要研究方向为文化旅游研究。

the spatial competition and cooperation between the two cities，the paper analyzes the night tourism in Shanghai and Hangzhou according to the types of tourism products，tourism image matrix and spatial distribution，and uses the methods of map making，grounded theory and geographical concentration index to make the research results more credible. The research shows that Hangzhou is characterized by deductive products，while Shanghai by amusement products. From the perspective of tourism image，Hangzhou is characterized by low popularity，while Shanghai by high popularity and reputation；From the perspective of tourism spatial distribution，the distribution of tourism products in the two places is scattered，and the central city has obvious advantages. Based on the research results of the competition and cooperation between the two places. Joint development of the two places is recommended，to jointly build an "integrated" night tourism economy in the Yangtze River Delta.

Key words：night economy；night travel；Shanghai；Hangzhou

一、引言

随着社会发展水平和消费者消费能力的提高，夜间经济逐渐被重视起来。2017年《中国夜经济产业报告》指出，与一般消费者相比，夜经济核心消费者的特点是年轻、自由、收入高、消费多样化，"千禧一代"成为夜经济娱乐消费的主力。夜间旅游作为夜间经济的重要组成部分，空间联合发展和打造特色且具有吸引力产品同等重要。2019 年，国家相继出台《关于进一步激发文化和旅游消费潜力的意见》和《关于加快发展流通促进商业消费的意见》两个政策文件，明确鼓励发展夜间文旅经济，鼓励开展各类夜间文旅活动，带动夜间消费。2020 年，根据各地发布的政策内容，可以判断：发展夜经济成为各地共识，夜间旅游受到高度重视。

然而通过百度指数、360 指数、搜狗指数和微指数对"夜经济""夜间旅游""夜游"等词语的查询，发现因搜索热度过低，很多指数未收录相关词条。仅"夜游"一词都有收录，百度指数搜索热度较低，搜狗指数相对还行，广东、北京、江苏、浙江、上海等地域的热议度相对较高。用户人群主要以 19~24 岁为主，消费行为较关注旅游、美食、娱乐和购物。

夜间经济是当前现代城市经济的重要组成部分，彰显着一座城市的活力、风貌和特色，也满足着市民与游客夜晚的消费需求。对于不同的城市，都有属于自己的地域文化和特色项目，因此，本文从空间竞合关系考虑，通过游客点评和数据分析，对沪杭两地夜游情况进行比较分析，以促进两地合作、加快两地夜间经济发展。

二、研究现状及研究方法

（一）研究现状

中国旅游研究院发布的专项调查显示，92.4%的游客有过夜间旅游的体验，可见夜间旅游是夜间经济的重要组成部分。从所收集的资料可见，打造夜间旅游专项产品可以促进夜间经济的进一步发展；发展夜间旅游能够推动城市发展、延长旅游地的生命周期；打造城市夜间经济需要有政府的牵头引导；旅游地空间竞合关系的影响因素主要是资源品级、品牌效应、市场竞争，且部分学者提出首因效应、类化原则或综合开发程度差异会对旅游地形象遮蔽产生影响（见图1）。

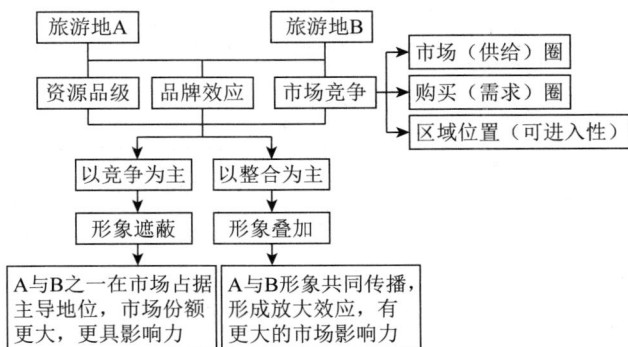

图1 旅游地之间形象遮蔽和形象叠加产生机制分析框架

注：该图引自杨振之等（2003）。

城市夜间旅游作为一个新兴的旅游类型，大多数人只着眼于对城市夜间旅游中的某一地以及某一地的某个方面进行描述分析，并没有将两个城市进行对比研究，在研究上存在缺乏科学的理论依据。笔者认为，由于城市夜间旅游的类型多样、分布不同，故在此可以借鉴城市间夜间旅游的不同处进行研究，相互学习，取长补短，这将成为加快城市夜间旅游研究的一种有效途径。

（二）研究方法

1. 文献研究法

借助知网、超星、ScienceDirect等数据库，收集整理夜间经济、夜间旅游、夜游等多方面的相关文献，通过文献研究的形式，根据实际情况，在总结归纳的基础上不断创新，为后期的研究打下基础。

2. 资料整合法

充分利用互联网资源，通过马蜂窝、携程、微博、小红书等平台，搜集提取游客对当地夜游景点或商场的评价，再用八爪鱼和ROST软件对搜集结果进行归纳总结，得到相关论点来支撑研究结果（见图2）。

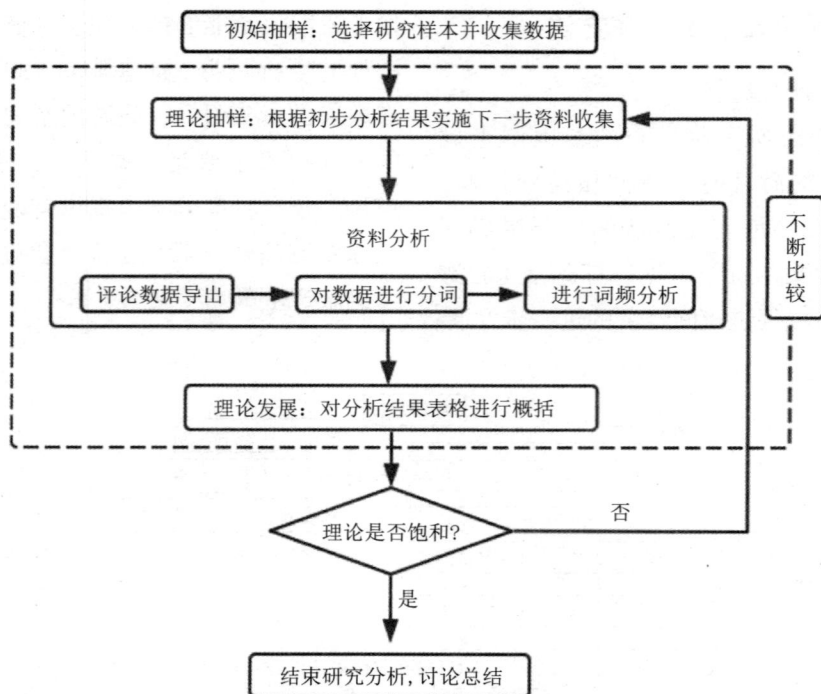

图2　研究技术路线图

三、研究区域介绍及产品概况

（一）区域介绍

上海是中国国家中心城市、沪杭甬大湾区核心城市，是国际经济、金融、贸易、航运、科技创新中心，是首批沿海开放城市，地处长江入海口，是长江经济带的龙头城市；杭州是长江三角洲城市群中心城市之一，环杭州湾大湾区核心城市，长三角宁杭生态经济带节点城市，中国重要的电子商务中心之一。沪杭高铁开通后，从上海到杭州最快只需要45分钟，沪杭两地市民向往已久的"1小时交通圈"变为现实。

（二）区域产品概况

上海和杭州作为中国发展的前沿城市，拥有众多夜间旅游产品。本文选取了两地较有代表性的旅游产品进行产品概况与数据分析，探讨不同类别下两地夜游发展的特征与差异。

表1　沪杭两地旅游产品名称及评论数量

序号	杭州市旅游产品名称	评论数量	评分	上海市旅游产品名称	评论数量	评分
1	西湖名胜风景区	27172 条	4.7	上海迪士尼	167577 条	4.6
2	宋城	15836 条	4.6	东方明珠广播电视塔	99694 条	4.6

续表

序号	杭州市旅游产品名称	评论数量	评分	上海市旅游产品名称	评论数量	评分
3	千岛湖景区	7304 条	4.4	外滩	52512 条	4.8
4	杭州乐园	5004 条	4.6	豫园	17295 条	4.7
5	河坊街	2520 条	4.4	南京路步行街	15394 条	4.7
6	龙门古镇	1441 条	4.2	上海影视乐园夜场	7210 条	4.4
7	断桥残雪	1151 条	4.5	城隍庙	6027 条	4.5
8	湘湖	1004 条	4.6	广富林文化遗址	3417 条	4.6
9	白堤	892 条	4.6	上海新天地	1794 条	4.6
10	南宋御街	803 条	4.4	古猗园	1672 条	4.5
11	钱塘江	553 条	4.5	陆家嘴	1600 条	4.7
12	平湖秋月	462 条	4.5	上海人民广场	1495 条	4.6
13	杭州城隍阁	448 条	4.4	外白渡桥	1441 条	4.6
14	杭州运河夜游	266 条	4.5	静安寺	1201 条	4.5
15	西湖文化广场	251 条	4.6	西云楼	7 条	4.7
16	钱江新城	215 条	4.8			
17	拱宸桥	185 条	4.6			
18	北山街历史文化街区	137 条	4.4			
19	武林广场	15 条	4.4			

四、研究结果及分析

（一）旅游产品类型分析

沪杭作为中国发展的前沿城市，拥有众多夜间旅游产品。从图3中可以看出杭州夜游产品中较受欢迎的是西湖、宋城和千岛湖，产品类型偏向于观光类和演绎类。杭州的《印象·西湖》实景演出以西湖浓厚的历史人文和秀丽的自然风光为创作源泉，深入挖掘杭州的古老民间传说、神话，融入西湖人文历史的代表性元素，深受全国人民的喜爱，很多游客只为观看这一实景演出来到杭州。

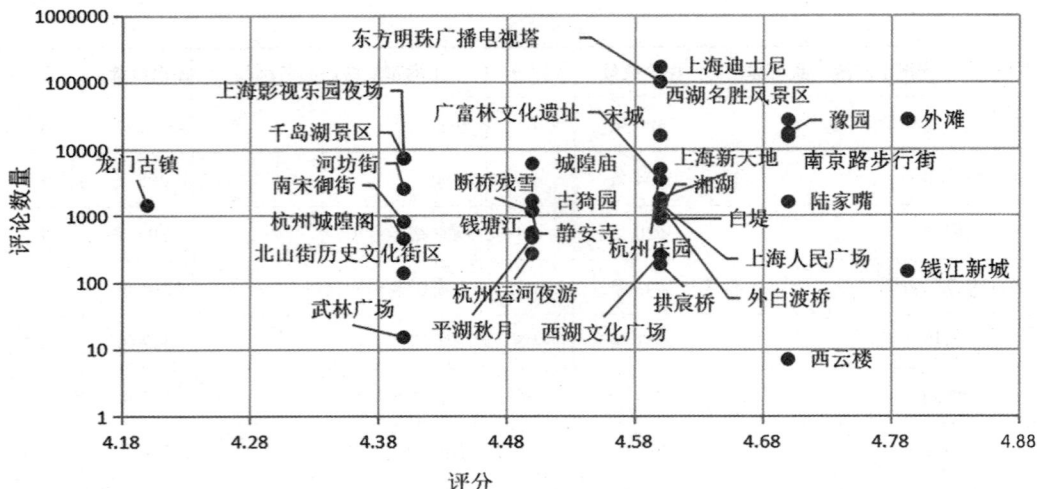

图3 杭州市、上海市夜间游地携程平台数据统计

同比上海，更受欢迎的是迪士尼、东方明珠和外滩，偏向于观光类和游玩类。其中，上海迪士尼对游客更具吸引力，2019年中国主题公园研究院的报告中显示，上海迪士尼的综合评价为75.99分，雄踞同类主题公园的第一。它是中国大陆第一个迪士尼主题公园，将影视中的动画人物从虚拟变成了现实，在色彩、建筑和布局上都尽可能还原，营造区别于现实生活的童话世界，同时在夜晚准备了烟花表演，吸引了大量游客。

（二）旅游形象分析

1. 网络形象矩阵分析

本研究构建了城市网络旅游形象矩阵，分析了杭州市和上海市各区域夜间旅游地网络旅游形象感知与分异的特征。从图4可以看出，杭州知名度最高的区域是西湖区，美誉度最高的是余杭区，在此前的旅游产品采集中，余杭区只有城隍阁这一产品，由此可得城隍阁更符合游客心中的审美；反之，上海知名度最高的是浦东新区，美誉度最高的是黄浦区，浦东新区有迪士尼、东方明珠和陆家嘴这三大产品，从前文的数据中可以得知，迪士尼和东方明珠的评论量位居上海旅游产品前三，因此在很大程度上带动了相关地区的知名度。

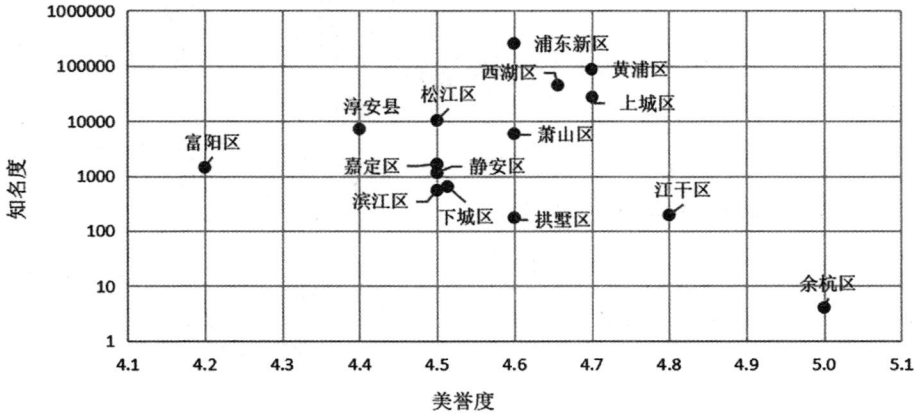

图 4　杭州市、上海市网络旅游形象矩阵

通过图 4 得到的数据，对两地的旅游形象矩阵进行分析，根据分析结果与不同地区的特征，可将它们归纳分为口碑型、明星型、问题型和调整型（见表 2）。

表 2　沪杭两地旅游形象矩阵分析

象限	特征	范围	原因浅析
口碑型	$P_A < m$；$R_A > n$ 知名度低，美誉度突出	拱墅区、江干区、滨江区、下城区、嘉定区、萧山区、余杭区	这些区域的代表性旅游地有钱塘江、钱江新城、武林广场、西湖文化广场等，属于杭州市与上海市的旅游资源和优质旅游景区，具有比较突出的口碑
明星型	$P_A > m$；$R_A > n$ 知名度高，美誉度突出	西湖区、浦东新区、黄浦区、淳安县	西湖区、浦东新区和黄浦区相当于是杭州市和上海市的市中心，拥有丰富的旅游资源且经济发达，再加上政策的支持，使得相关区域旅游网络形象的知名度和美誉度都处于比较突出的水平
问题型	$P_A < m$；$R_A < n$ 知名度低，美誉度不突出	富阳区、上城区、松江区	这几个区域的旅游地都有些偏向历史文化型，相比于自然景观，在美观度上可能会有些落后。同时，这些区域可以加大宣传，提升自己的知名度，打造自己独特的品牌，完成 IP 建设
调整型	$P_A > m$；$R_A < n$ 知名度高，美誉度不突出	静安区	静安寺是汉族地区佛教全国重点寺院之一，吸引了大量的游客前来游玩，但可能由于景区的管理问题以及游客的体验感等问题，使得美誉度并不突出

2. 两地网络评价情况分析

利用扎根理论，在携程平台上沪杭两地夜间旅游产品累计 42 万余条游客评论数据的基础上，用八爪鱼软件将评论数据提取，再利用 ROST 软件进行词频分析。

杭州和上海占比最大的都是它们的自然景观，但是杭州的交通和感知高于上海，上海的建筑和交通又高于杭州，两地都有各自的优势，同时也存在着不足（见表3、表4）。

表 3 杭州市夜游旅游产品认知形象维度一览

序号	种类	词频	比重（%）	维度关键词
1	自然	14094	33.4	景色、景区、景点、钱塘江、苏堤、荷花、自然、岛上、湖区、湖水、环境、湖边、运河、梅峰岛、天堂、断桥、岛屿、白堤、空气、步行街、三潭印月、小岛、公园、喷泉、孤山、湖光山色、下雪
2	感知	7304	17.31	好玩、刺激、有趣、喜欢、开心、震撼、漂亮、方便、热闹、精彩、古色古香、态度、好吃、壮观、舒服
3	活动	6746	15.98	演出、千古情、表演、游玩、门票、排队、旅游、游览、节目、舞台、度假、观潮
4	文化	4753	11.26	特色、历史、小吃、冬天、性价比、故事、服务、传说、南宋、著名、苏杭、免费、美食、特产、白蛇传、爱情、江南、宋朝
5	交通、设施	3787	8.97	步行、酒店、游船、过山车、缆车、骑行、设施、摩天轮
6	建筑	3427	8.12	古镇、广场、雷峰塔、博物馆、建筑、城隍阁、鬼屋、商业街、乐园、码头、市区
7	人物	2083	4.93	游客、白娘子、孩子、导游、人员、演员、孙权、朋友

表 4 上海市夜游旅游产品认知形象维度一览

序号	种类	词频	比重（%）	维度关键词
1	自然	17119	25.21	景色、园林、夜景、景点、美景、风景、景区、黄浦江、公园、荷花、苏州河、豫园、空气、景观、天气
2	文化	13187	19.42	历史、性价比、特色、文化、门票、小吃、金融、人流量、餐厅、现代化、繁华、服务、便宜、著名、繁华、大都市、免费、休闲、东方、年代、繁华、童话、美食、热门、风情
3	活动	12404	18.27	拍照、项目、排队、旅游、游玩、体验、灯光秀、剧组、烟花、购物、电影、表演、打卡、体验、花车（迪士尼）、游览、巡游（迪士尼）、观光、婚纱照、漂流、俯瞰
4	建筑	11815	17.4	建筑、地标、步行街、古建筑、影视基地、遗址、高楼、停车位、商业街、乐园、展览馆、博物馆、大厦、桥梁、城隍庙、民国、电视塔、度假区、城堡
5	感知	8388	12.35	好玩、喜欢、有趣、漂亮、热闹非凡、开心、刺激、壮观、震撼
6	人物	2918	4.29	游客、小朋友、人员、老人、朋友、小矮人（迪士尼）、明星
7	交通、设施	2052	3.02	交通、步行、电车、地铁、酒店、设施、公交车、银行

从研究结果可知，杭州市的夜游产品主要集中于当地的景色，而上海市的夜游产品主要集中于较有特色的游玩项目；两地夜游消费项目大多集中在购物和餐饮上，比较单调，产品同质化严重，特色不突出；两地在晚间体育健身与运动的休闲活动都较少，质量不高；两地的地铁、公交和共享单车都较发达，却没有很好地利用起来，到了傍晚，就会出现道路堵、难打车的情况；另外，自行车、自驾车也出现了行路难、停车难的问题，给游客造成了不好的体验感。

（三）旅游空间分布情况分析

1.地图视觉效果分析

从图5、图6可知，杭州市旅游产品主要分布在西湖区、下城区和上城区，上海市旅游产品主要分布在黄浦区和浦东新区。从共性来看，两地的旅游产品分布范围较广，且中心城区具备显著优势。

图5　杭州市旅游产品分布

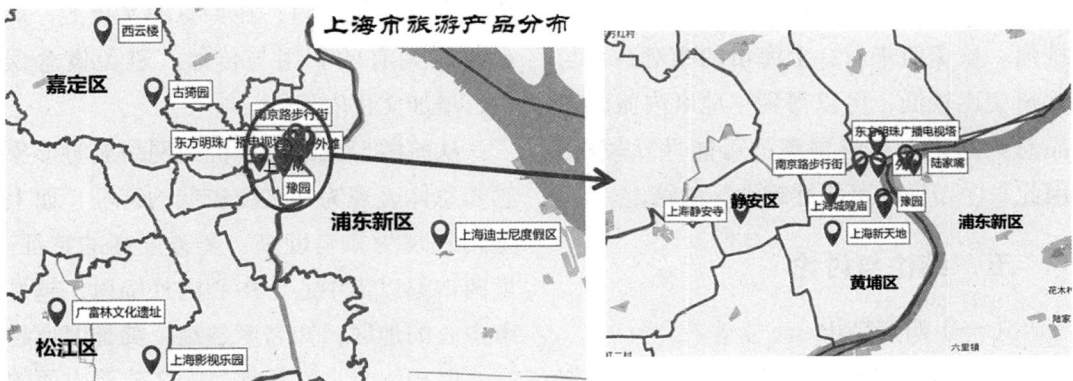

图6　上海市旅游产品分布

2. 地理集中指数分析

为更直观地了解沪杭两地旅游吸引物的空间分布类型，引入地理集中指数 G 度量它们分布的集中程度。地理集中指数是衡量研究对象集中程度的重要指标，其计算公式为：

$$G = 100 \times \sqrt{\sum_{i=1}^{n} (\frac{X_i}{T})^2}$$

公式中：G 为地理集中指数，X_i 为第 i 地区旅游产品数量，T 为旅游产品总数，n 为该市区域的数量。G 值处在 0~100，G 值越接近 100，表示分布越集中；反之，分布越分散。结果如表5所示。

表5　沪杭两地旅游吸引物分布的集中程度

杭州辖区	余杭区	萧山区	下城区	西湖区	上城区	江干区	拱墅区	富阳区	滨江区	淳安县
旅游产品（X_i）	1	2	4	5	2	1	1	1	1	1
占比（X_i/T）	5.26%	10.53%	21.05%	26.33%	10.53%	5.26%	5.26%	5.26%	5.26%	5.26%

上海辖区	松江区	浦东新区	静安区	嘉定区	黄浦区
旅游产品（X_i）	2	3	1	2	7
占比（X_i/T）	13.33%	20.00%	6.67%	13.33%	46.67%

通过代入公式计算，杭州旅游产品地理集中指数 $G=39.03$，上海旅游产品地理集中指数 $G=54.57$。由此可知，杭州和上海的旅游产品在地理空间上并不集中，但是对比之下，上海旅游产品的集中度高于杭州。从 T 值来看，上海市的相对系数与杭州相比较低，可以得到"地区内旅游产品总数越少，广泛覆盖的可能性就较小，因此集中布局的可能性越大"的结论。

五、结论与讨论

（一）研究结论

从产品类型看，杭州以演绎类产品为特色，上海以游玩类产品为特色，两地产品种类都较有多样化、质量较高、包容性强、特征鲜明，但仍有提升的空间。在开放时间上，部分夜间旅游产品可延长营业时间；在独特性上，部分夜间旅游产品应与同类产品避免同质化，打造自身特色，增加创新游玩项目；在特有的文化上，产品要得到有效利用与传播，避免概念误区，增加文化内涵。

从旅游形象来看，杭州网络旅游形象感知总体表现为知名度较低的特征，而上海则表现为知名度高、美誉度高的特征。虽两市都以市中心为中心向外辐射，越是市中心的地区，知名度越高，美誉度也越高，但相比于自然景观，人文建筑方面的旅游形象会呈现较低的美誉度。从评论中可以得出，游客在游玩方面更加在意景区的管理以及服务体验等问题。因此，在今后的发展中，要注重广告宣传，保持旅游地形象的连贯性、新颖性和独特性，以最优的方式呈现旅游产品，推出旅游地优良的整体产品。

从旅游空间分布情况来看，两地旅游产品分布较分散，且中心城区具备显著优势，这在一定程度上说明，人流量和经济可以带动地区的旅游发展。因此，要学会通过"人"引流，如导游、直播等方式，带领游客在夜间街头小巷中挖掘城市美丽的细节；也可通过数据引流，发挥城市大脑的作用，利用大数据以及携程、美团和口碑等平台数据，追溯消费数据，为市场的开拓提供依据。

基于两地对比的情况，可以考虑两地联合打造城市夜间旅游，相互学习，取长补短。上海可深度挖掘当地文化，通过包装排练，打造自己的情景剧或舞台剧，形成地方特色；杭州可参考迪士尼的烟花秀，运用到西湖或者钱塘江岸，通过设计不同的造型，形成杭州的地域文化。杭州的城市大脑，在全国较为著名，两地可进行数据共享，联合发展，打造"长三角一体化"夜间旅游经济体。

（二）研究局限与未来研究方向

本研究还存在一定的局限性：（1）虽做了大量的图表分析和数据研究，但依旧存在研究涉及面不够广、研究层次不够全、体系化还不足等问题。文中数据是基于游客运用携程平台的评论提取，但考虑到部分游客无智能机使用习惯或者不擅长运用此平台分享，会导致研究的结果存在一定的偏差性。（2）部分旅游产品属于当地的街头小巷，网络上对于它的信息并不多或者根本就没有，因此在研究的过程中会有信息不够全面的情况。（3）本文仅考虑了旅游产品对夜间经济的影响情况，但交通、城市"网红"和社会影响力也可能影响着夜间经济的发展。最后，针对本文提出的问题，需要更深入挖掘信息和探索去进行进一步研究。

参考文献

［1］陈佳琪.上海夜间旅游产品的现状及分析［J］.艺术科技，2020，33（1）：7-8.

［2］戴燕子.杭州"夜十景"品牌形象传播策划案［D］.浙江大学，2017.

［3］邹统钎，常梦倩.培育夜间消费文化激发文旅消费潜力［N］.中国旅游报，2019-09-18（003）.

［4］邓勇勇.基于利益诉求目标下的夜间旅游开发研究［J］.旅游纵览（下半月），2014（14）：59-61.

［5］刁盼盼，张卫良，黄宝连，魏燕萍.打造"最忆夜杭州"——繁荣杭州市夜间经济的政策建议［J］.浙江经济，2020（8）：49-51.

［6］刘逸，黄凯旋，保继刚，陈凯琪.近邻旅游目的地空间竞合关系演变的理论修正［J］.旅游科学，2018，32（5）：44-53.

［7］张英.区域旅游形象塑造——如何避开形象遮蔽现象［J］.经济师，2004（7）：113-114.

［8］陶少华.破解西部民族地区旅游地形象遮蔽功能的研究——以渝怀铁路为例［J］.西南民族大学学报（人文社会科学版），2013，34（3）：142-145.

［9］杨振之，陈谨．"形象遮蔽"与"形象叠加"的理论与实证研究［J］．旅游学刊，2003（3）：62-67.

［10］范海霞．活力新窗口 越夜越杭州——提升发展杭州夜间经济的思考［J］．杭州，2020（18）：34-37.

［11］朱源．杭州夜间旅游产品的开发研究［J］．经营管理者，2012（9）：42-43.

［12］刘卉妍，孙厚琴．苏州夜间旅游开发探析［J］．经济师，2009（6）：255-256.

［13］卢冬梅．厦门城市夜间旅游发展研究［D］．福建师范大学，2009.

［14］宋雪茜，赵陈．夜间旅游：城市休闲旅游发展之路［J］．天府新论，2005（1）：188-189.

［15］吕毅．用好机遇擦亮城市金名片呈现人间天堂的独特韵味［N］．杭州日报，2016-03-04.

基于百度指数的景区网络关注度搜索需求及其特征分析

——以琅琊山风景区为例

潘立新　张　建　陶基磊　张　可

（滁州学院地理信息与旅游学院，安徽　滁州　239004）

摘　要： 在百度指数平台搜集关键词为"琅琊山风景区"的用户搜索数据，自定义时间为 2015 年到 2019 年，分析网络用户关注度在搜索琅琊山风景区的时空分布特征、需求偏好、人群类型等。研究表明：该景区网络关注度年时段先减后增，呈现上升趋势；季节变化较明显，2015—2018 年内月时段呈现"四峰型"特征，2019 年呈现"双峰型"特征；"十一"黄金周前后 15 天呈现中间高两边低的特征，周时段表现为假期当天高；空间分布上稳定，关注度主要集中在安徽省内以及周边省份和部分经济发达地区；搜索人群年龄段主要集中在 20~39 岁；搜索需求主要集中在攻略、住宿、门票、美食等。

关键词： 百度指数；网络关注度；琅琊山风景区

收稿日期：2021-09-13

作者简介：潘立新（1966—　），男，滁州学院地理信息与旅游学院教授，硕士生导师，主要研究方向为旅游大数据、区域发展。

张建（1996—　），男，滁州学院地理信息与旅游学院教师，主要研究方向为旅游管理。

陶基磊（1993—　），男，滁州学院地理信息与旅游学院教师，硕士，主要研究方向为智慧旅游、生态旅游。

张可（1996—　），女，滁州学院地理信息与旅游学院教师，硕士，主要研究方向为旅游文化、旅游工程。

基金项目：本文受安徽省哲学社会科学规划项目（项目编号：AHSKY2018D19）、滁州学院科研启动项目（项目编号：2020qd03）、滁州学院质量工程项目（项目编号：2019kcgg117）、滁州市社科联项目资助（项目编号：A2021005）。

Analysis on the Demand and Characteristics of Internet Search of Scenic Spots Based on Baidu Index——Taking Langya Mountain Scenic Area As an Example

Pan Lixin，Zhang Jian，Tao Jilei，Zhang Ke

（College of Geographic Information and Tourism，Chuzhou University，Chuzhou，Anhui，239004）

Abstract：The data of users' search with the keyword "Langya Mountain scenic spot" between 2015 and 2019 were collected from Baidu Index platform. The spatial and temporal distribution，the demand preferences and type of Internet users in the search of Langya Mountain scenic spot were analyzed. Studies show that：the yearly attention to the scenic spot on the internet changes from decrease to increase，showing an upward trend with apparent seasonal variations；the monthly period from 2015 to 2018 takes on the characteristics of "four peaks"，and the year 2019 presents the characteristics of "two peaks"；the 15 days prior to and after the "golden week" of the National Day Holiday shows the characteristics of high in the middle and low at both ends；and the weekly period indicates the characteristics of high on the weekend. The spatial distribution is stable. It is mainly concentrated in Anhui and its surrounding provinces and some economically developed regions. The ages of the search population mainly range from 20 to 39 years old. The search demand is mainly concentrated in know–hows，accommodation，tickets，food，etc.

Key words：Baidu Index；internet attention；Langya Mountain scenic spot

根据中国互联网络信息中心（China Internet Network Information Center）官方的《中国互联网发展报告（2019）》数据公布，中国互联网使用率将近60%，使用互联网和移动客户端的用户已经达到8.29亿，并且比过去一整年多增长5600万用户规模，其中手机客户端的用户人数为8.17亿人群，占总数网民规模的98.6%。互联网有着传播范围广、不受时空限制的优点，伴随着互联网的深入发展，网络上的搜索工具越来越成为众多网民查询获取信息的新渠道。旅游者旅行前很多会通过互联网在一些旅游网站、相关旅游软件以及借助一些旅游书籍了解旅游目的地的基本信息，查询旅游攻略、门票预订以及旅游评价等。这些在信息平台上的数据可以被收集、整理，用来研究旅游景区关注度和游客搜索偏好之间的关系。借助互联网用户信息数据促进旅游业持续有效发展已经得到了众多学者的认可，因此以用户网上搜索信息为数据基础，探究旅游景区网络关注度分布特征，揭示用户的搜索需求，已经成为对旅游景区研究的重要方式。

一、文献回顾

从目前旅游领域的研究成果来看，大多以实际调查和统一数据方法为基础进行实证研究，这些数据的收集和公布往往具有滞后性，难以从干扰和误差的数据中得到准确的预测结果，因为旅游是大众性娱乐活动，百度指数中的搜索数据更能有效地揭示旅游信息网络和旅游客流之间的关系。所以运用百度指数工具探索旅游景区的网络关注度以及搜索需求特征，从不同角度分析景区旅游形象，为旅游大数据的应用提供理论内涵的补充，同时为揭露在线旅游与实体旅游之间的相互联系提供一定程度上的指导和依据。

对国内现阶段关于旅游行业的研究分析发现，在互联网平台上获取的用户行为搜索数据主要应用于客流量预测和旅游目的地等方面。问卷调查、预测模型、互联网搜索引擎等手段已经越来越成为旅游领域在研究分析相关问题上的主要来源，而互联网搜索引擎因为用户人数的迅速扩张，数据准确性也有了相应的提升，被更多研究旅游领域问题的学者作为获取数据的途径。马耀峰等学者借助百度指数平台对网络关注度在旅游景区时空分布特征进行了分析；有学者借助百度指数平台对网络空间关注度在福建永定土楼上的时空演变进行了详细研究；另有学者借助百度指数搜索平台对镇江市的地域网络关注度的

特征进行研究。总体上看，研究内容主要涉及旅游者行为、需求偏好和旅游满意度等方面，研究景区网络关注度较少并且时间段以一年为主，时间跨度较短。

二、研究设计

（一）研究区概况

琅琊山位于安徽省滁州古城西南约5公里，现滁州市的西南郊，紧靠滁州市区。风景区距离合肥市120公里，南京市59公里，地理位置优越。琅琊山风景区占地240平方公里，是皖东最大的旅游胜地，被誉为皖东第一名胜，森林覆盖率达到90%，为国家森林公园。另有称号为国家4A级旅游景区、全国重点文物保护单位、中国24大文化名山之一、安徽省五大风景区之一。一直是人们观光游览、休闲度假的理想地方，优美的自然风光与丰富的历史人文景观的完美结合让琅琊山风景区充满魅力，被许多旅游者所青睐和向往。

（二）研究方法与数据来源

百度是目前世界上应用范围最广的中文互联网信息搜索引擎，在中国拥有大量的网上用户，其网上用户几乎覆盖中国总量的95%，每天响应用户搜索请求将近100亿次，是一个以收集统计海量用户行为数据为基础的信息平台。百度指数拥有功能模块如趋势研究、需求图谱、人群属性功能等，可以用来观测某个关键词在一段时间内的"用户关注度"特征和需求，其中的数据和功能可以被用来分析旅游景区客源地的分布、市场人群类型、需求偏好等，这些数据理论对景区未来的持续健

康发展具有重要的参考意义。"用户关注度"具体是以输入关键词，以海量用户在百度平台上搜索的行为数据为信息库，经过百度信息平台科学统计分析关键词在一定时期的加权得到的。

琅琊山是国家4A级旅游景区，也是安徽网络关注的重点景区，借助百度指数平台，客观统计分析安徽琅琊山景区用户网络关注度在时间、地域、搜索需求和人群属性上分布的特征，以"琅琊山风景区"为搜索关键词，自定义时间为2015—2019年，获取用户在百度指数平台上留下的行为数据，以此作为数据基础。

三、琅琊山风景区网络关注度时空特征分析

（一）网络关注度时间分布特征分析

1. 网络关注度的年时段特征

借助百度指数平台，自定义时间段2015—2019年，获取五年内用户对"琅琊

山风景区"的信息数据，统计整合得到网络关注度年时段趋势图。图1表明：五年内琅琊山风景区整体搜索量在2015—2017年小幅度上升了16%，2017—2019年的搜索量先降低后继而大幅度增加，最终呈现上升的趋势，搜索指数均值保持在230~310，数据范围表示搜索频率较不稳定。2019年琅琊山风景区同比往年用户网络关注度达到了最高，每日搜索均值达到了307，相比较2018年网络关注度增加了22%左右。除了互联网的普及率越来越高和旅游信息平台服务快速发展的原因以外，和琅琊山风景区在2019年先后开展地方特色等系列大型活动，围绕争创5A级景区这个目标，在央视、国家级刊物、《中国旅游报》、各大知名网站做一系列宣传也有密切相关的联系，使得景区品牌在网络用户心中形成了一定的知名度和关注度。

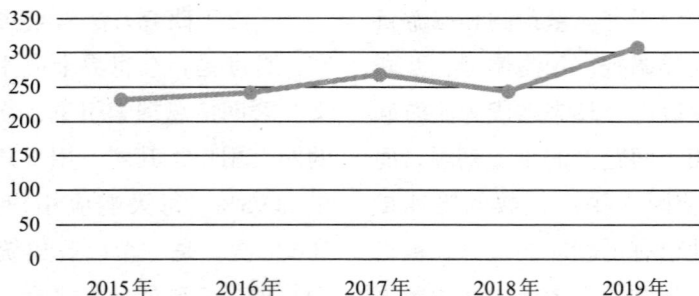

图1　2015—2019年安徽琅琊山风景区网络关注度年时段趋势

2. 网络关注度的月时段特征

在百度指数平台上以"琅琊山风景区"为关键词获取2015—2019年每月的搜索指数均值，将数据统计整理到 Excel 软件

里，得到对琅琊山风景区用户网络关注度的月时段趋势图。如图2所示，对2015—2019年琅琊山风景区月时段网络关注度进行统计分析发现，高峰期集中在2、4、8、

10 月，低谷期主要集中在 6、7、12 月，其余为平静月，季节性差异较为显著。之所以形成这种特殊的网络关注度分布状况，第一是受假期影响，高峰期月内有元宵节、情人节、清明节、"十一"黄金周等节假日，对景区信息搜索关注度有较大的提高。

第二是受季节因素的制约。琅琊山风景区是集自然和人文景观于一体，以游览观光为主要方式的休闲景区，春季、秋季气候温和清爽，人体在外部环境下的整体感受较好，景观具有季节性特色。

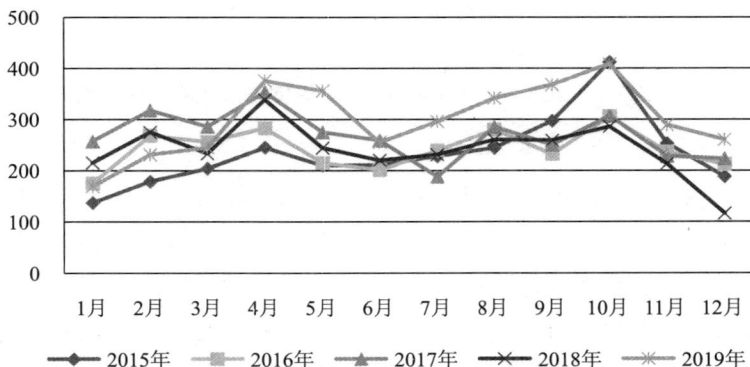

图 2 安徽琅琊山风景区 2015—2019 年的月平均网络关注度时段趋势

3. 网络关注度的周时段特征分析

借助百度指数平台，自定义时间段 2015—2019 年，获取对"琅琊山风景区"搜索中周一到周日的信息数据，统计整合求均值得到琅琊山风景区周时段网络关注度趋势图。图 3 表明：2015—2019 年五年中景区网络关注度周时段分布趋势总体相同，两边偏高、中间较低，呈现一个矮山谷状的数据曲线。详细表现在周一、周二琅琊山风景区的搜索指数开始有下降的趋势，周三、周四网络关注度较低，到周四搜索指数停止下降开始回升，周五、周六搜索指数逐渐上升，直至达到最高。这

些分布特征表明游客大多在临行当天或者提前一天进行对出游景区的相关信息进行查询了解，决定是否游玩和对旅游目的地的筛选和选择，改变了以往提前几天做相关攻略的旅游行为。因为互联网的普及、移动客户端的发展、信息传递更新速度的快速化和交通工具的快捷化等大大节省了游客的出行时间。另外，琅琊山风景区的平时游客量主要集中在景区所在城市和周边城市，空间距离比较近，可以在当天查看景区天气状况、交通情况、人流量等信息后再做出旅游出行目的地的选择。

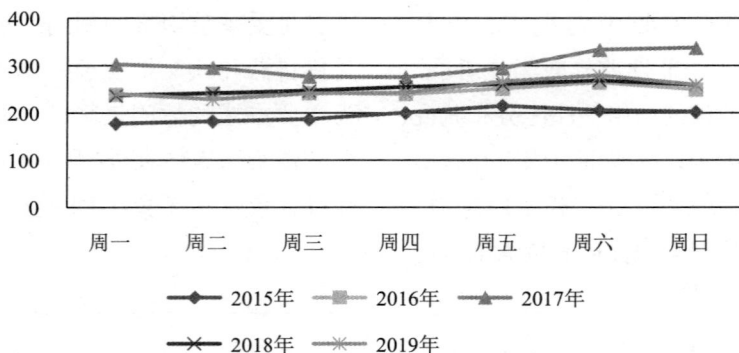

图3　2015—2019 年安徽琅琊山风景区网络关注度周时段趋势

4. 网络关注度的假期分布特征：以"十一"黄金周为例

借助百度指数平台获取在 2015—2019 年五年里的 9 月 23 日到 10 月 7 日中间 15 天的信息数据，统计整合得到"十一"假期前后网络关注度分布图。图 4 总体表明：在 2015—2019 五年的"十一"节假日前后，琅琊山风景区每年搜索指数分布趋势呈现"凸"字形的特征。

在"十一"长假前两天左右，网络关注度逐步提升，表明部分用户开始利用移动端了解旅游目的地相关信息，进行旅游目的地的筛选。并且长假期间，从 10 月 1 日到 10 月 4 日，琅琊山风景区一直受到较高频率的关注度，表明此时的旅游市场需求旺盛，大量用户在随时随地利用互联网平台来收集景区的攻略、天气状况、交通状况、食宿条件、游玩评价和体验等信息来进行旅游目的地的决策选择。在 10 月 5 日到 10 月 7 日假期中间阶段，琅琊山风景区网络关注度呈现明显的下滑趋势，在一定程度上表明此时游客的旅游需求下降，大部分用户已经结束了旅游行程的安排。

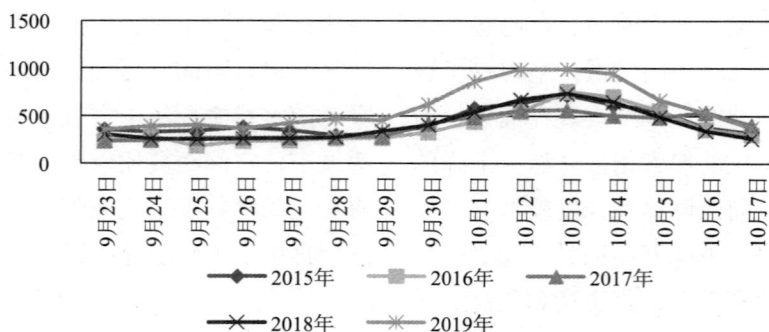

图4　2015—2019 年安徽琅琊山风景区网络关注度"十一"前后趋势

（二）网络关注度空间分布特征分析

（1）借助百度指数平台上2015—2019年五年中每一年对"琅琊山风景区"关键词访问人群属性信息进行收集，统计出景区网络关注度空间分布排名如表1和表2所示。

从空间分布表中可以看出，2015—2019年五年琅琊山风景区网络关注度空间分布总体变化不大，相对稳定集中，排名前7的省份最近两年在搜索量排名上有略微变化，其中上海、浙江省景区搜索量排名上升，四川省、河北省搜索量排名下降幅度较大，并且湖北省搜索量超过四川省，首次进入前十景区搜索量。景区区域网络关注度分布基本无变化，城市网络关注度有较大的变化，到2019年新增加了青岛和六安这两个城市作为新兴城市市场，成都市和蚌埠市网络关注度排名下降较多并且掉出了城市搜索排名前十。从"琅琊山风景区"的地域网络关注度分布情况来看，省份以安徽省对景区的网络关注度最高，城市以合肥、滁州、六安市等为主，这些城市距离景区空间距离较近，其中合肥为省会城市，居民收入水平较高，旅游需求较为旺盛。而滁州和六安市距离景区较近，旅游成本相对较低吸引了许多旅游人群。靠近景区的省份如江苏、山东、河南等对"琅琊山风景区"搜索的网络关注度较为稳定，这类省份具有人口众多、经济较为发达、旅游消费潜力高、出游风尚浓烈、临近安徽交通便利等优势。网络关注度省份排名新增湖北省代替四川省为新兴市场，成为琅琊山风景区旅游发展中的潜在市场。青岛、六安作为城市新兴市场，关注度也有了一定幅度的增长，这相对表明景区旅游市场范围不断扩大，影响力显著增加。表明琅琊山风景区在周边地区有了一定的品牌知名度，已经成为越来越多人的休闲度假出行的旅游目的地。

表1　2015—2016年琅琊山风景区网络关注度空间分布排名

排名	2015年			2016年		
	省市	区域	城市	省市	区域	城市
1	安徽	华东	合肥	安徽	华东	合肥
2	江苏	华北	南京	江苏	华北	南京
3	上海	华中	滁州	四川	华中	滁州
4	山东	西南	上海	上海	西南	上海
5	河南	华南	苏州	山东	华南	成都
6	浙江	西北	北京	广东	东北	北京
7	北京	东北	成都	北京	西北	苏州
8	四川		扬州	河南		蚌埠

续表

排名	2015 年			2016 年		
	省市	区域	城市	省市	区域	城市
9	广东		蚌埠	河北		无锡
10	河北		郑州	浙江		扬州

表 2　2017—2019 年琅琊山风景区网络关注度空间分布排名

排名	2017 年			2018 年			2019 年		
	省市	区域	城市	省市	区域	城市	省市	区域	城市
1	安徽	华东	南京	安徽	华东	南京	安徽	华东	南京
2	江苏	华北	合肥	江苏	华北	合肥	江苏	华北	合肥
3	山东	华中	滁州	上海	华中	滁州	山东	华中	扬州
4	河南	华南	上海	河北	华南	上海	上海	华南	上海
5	上海	西南	北京	山东	西南	苏州	北京	西南	苏州
6	河北	东北	苏州	河南	东北	北京	浙江	东北	北京
7	北京	西北	郑州	北京	西北	杭州	河南	西北	青岛
8	浙江		杭州	浙江		郑州	河北		杭州
9	广东		扬州	广东		青岛	广东		六安
10	四川		成都	四川		扬州	湖北		郑州

（2）利用百度指数平台，以"琅琊山风景区"为关键词，自定义时间段为2015年1月1日到2019年12月31日，借助功能模块中的人群属性功能，以五年为整体时间单位，从区域、省份、城市三方面分析旅游景区客源市场的分布规律以及特征。

首先，从琅琊山风景区区域网络关注度分布上来看，统计整理数据表明：旅游景区客源市场主要集中在华东和华北地区，其中华东地区搜索指数占景区总体搜索指数的比例超过一半，华北地区搜索指数占景区总体搜索指数比例较小，其他区域如华中、东北、华南、西南、西北搜索指数基本常年较低，占景区总体搜索指数极小的比例。景区整体网络搜索指数在区域分布上以华东地区为主要分布区域，其次是华北地区，呈现中心向四周辐射的分布规律特征。华东地区是琅琊山风景区所在区域，是景区的主要客源所在地，表明旅游目的地和旅游客源地存在一定程度的重合现象。华北地区经济发展较好，交通便捷，人口众多，旅游风尚浓烈，距离景区所在地区域较近，出行成本较低，为景区客源地重要的组成部分。华中、东北、华南、西南地区距离景区所在地较远，出行成本相对较高，宣传力度也不大，市场知名度不高，景区品牌文化和辐射在该类地区的影响力较弱，且该地区存在众多相同类型的景区，可游玩替代性较高，所以琅琊山风景区对该市场的吸引力较弱，总体来说占客源市场极低的比例。

其次，从琅琊山风景区省份网络关注度分布上看，统计整理数据表明：旅游景区客源市场安徽省第一，江苏省为第二，其他省市排名从高到低为上海市、山东省、河南省、河北省、北京市、浙江省、广东省、四川省。

最后，从琅琊山风景区城市网络关注度分布上看，统计整理数据表明：城市网络关注度呈现聚集的趋势，主要客源城市为合肥市、滁州市、南京市。合肥作为景区所在地省份的省会城市，经济发展水平相对较高，人口较为密集；滁州为景区所在地城市，景区实行优惠政策如当地人凭证免费进入等，出行成本较低，让景区成为当地居民休闲度假、旅行放松的不二之选。南京为江苏省省会城市，经济发达，靠近滁州市。其余客源城市为郑州市、北京市、上海市、扬州市、杭州市、苏州市、成都市，这些客源城市主要特征为靠近景区城市、出行花费时间较短、经济发展状况较好并且人民生活水平较高，这让琅琊山风景区成为一部分人在休闲度假时的旅游目的地选择。

（三）网络关注度人群属性特征分析

以在百度指数平台上获取的信息为基础，得到景区网络关注度人群属性信息，统计整合得到景区关注度人群年龄比例分布表。从表3可以看出，搜索人群占比例最高的是20~29岁人群，占34%，接近总人群的1/3，这一人群的主要旅游目的是休闲娱乐，特征是自由个性化，消费观念前卫，热衷于分享体验，喜爱冒险新奇的事物。在假期和空闲的时间暂时脱离紧张的学习环境或者压力较大的工作和生活环境，在旅游过程中忘却压力和烦恼，领略自然风光，调节身心健康。该主要人群关注景观和服务的特色，注重旅游过程中的体验感，但是经济实力相对欠缺。占比例第二的是30~39岁的人群，这一人群的主要特征是消费潜力较高，在工作和生活中压力较大，乐于在旅游过程放松身心，感受难得的休闲时光，并且往往结伴出游，注重和家人朋友的情感交流与共同体验，但是闲暇时间较少，旅游时间不充裕。这两类人群可以作为琅琊山风景区主要客源人群，作为推广旅游活动和进行旅游宣传推广的重点。

表3 2015—2019 年琅琊山风景区搜索人群平均年龄分布

年龄段	比例
19 岁以下	10%
20~29 岁	34%
30~39 岁	30%
40~49 岁	19%
50 岁及以上	7%

（四）网络关注度人群检索需求分析

旅游用户最关心的需求和信息在一定程度上可以通过搜索行为数据来体现，对统计的数据信息进行分类，按三项指标进行划分，分别是来源相关词、去向相关词、搜索指数。前面的来源相关词和去向相关词代表的含义是在搜索过程中统计的景区中心词前后的用户信息，而搜索指数代表的相关词是所有相关指数中出现高频率的词语。在百度指数平台上对关键词"琅琊山风景区"相关词进行分类统计，获得 2015 年 1 月 1 日到 2019 年 12 月 31 日用户相关词分类统计表，如表 4 所示。

结果表明，用户在搜索关键词"琅琊山风景区"中，旅游、攻略、住宿、门票、美食、滁州等分类词是在搜索数据中统计出来的用户对景区及其周边配套服务的需求。这些需求体现了用户对景区的关注度仍然在旅游目的地、旅游行程、各种旅游要素等方面。通过对搜索人群需求检索分析，切实把握旅游者的偏好，作为景区制定旅游规划发展的参考，可以更好地满足旅游人群市场的需求，提高游客景区游玩的满意度，促进形成景区独有的品牌知名度和影响力。

表4 2015 年 1 月 1 日至 2019 年 12 月 31 日琅琊山风景区相关词分类统计

相关度排名	来源检索词	去向相关词	搜索指数
1	琅琊山风景区旅游	琅琊山旅游攻略	旅游
2	琅琊山风景区攻略	旅游	住宿
3	滁州琅琊山风景区	攻略	攻略
4	住宿		门票
5	安徽滁州		滁州
6	安徽美食		琅琊山风景区住宿

四、结语

通过对琅琊山风景区网络关注度的分析，用户在搜索关键词"琅琊山风景区"中，旅游、攻略、住宿、门票、美食、滁州分类词是在搜索数据中统计出来的用户对景区及其周边配套服务的需求，琅琊山风景区需要在游客关注度较高的方面下功夫，改善风景区的旅游设施、生活服务条件、旅游环境品质，提升形象，重新打造的琅琊山新形态，这将为滁州市旅游业快速发展起到火车头的作用，也将为琅琊山风景区的更新与发展提供一个新的思路。

参考文献

［1］中国互联网络信息中心发布第43次《中国互联网络发展状况统计报告》［J］.国家图书馆学刊，2019，28（2）：13.

［2］李世霞，田至美.基于百度指数的旅游目的地网络关注度影响因素分析——以青岛为例［J］.首都师范大学学报（自然科学版），2014，35（1）：56-59.

［3］余佳华，孙贤斌，倪建华.基于百度指数的景区网络关注度及搜索需求特征研究——以安徽万佛湖风景区为例［J］.洛阳师范学院学报，2017，36（6）：17-22.

［4］张晓梅，程绍文，刘晓蕾，王琦，李照红.古城旅游地网络关注度时空特征及其影响因素——以平遥古城为例［J］.经济地理，2016，36（7）：196-202，207.

［5］户文月.基于百度指数旅游景区假期网络关注度特征研究——以浙江省5A级旅游景区为例［J］.旅游论坛，2015，8（4）：85-91.

［6］黄先开，张丽峰，丁于思.百度指数与旅游景区游客量的关系及预测研究——以北京故宫为例［J］.旅游学刊，2013，28（11）：93-100.

［7］邹永广，林炜铃，郑向敏.旅游安全网络关注度时空特征及其影响因素［J］.旅游学刊，2015，30（2）：101-109.

［8］周晓丽，李振亭.基于百度指数的搜索引擎中旅游搜索行为研究——以西安典型旅游景区为例［J］.天津商业大学学报，2016，36（3）：11-16.

［9］张丽峰，丁于思.北京5A级旅游景区网络关注度分布特征研究［J］.资源开发与市场，2014，30（11）：1382-1384，1370.

［10］龙茂兴，孙根年，马丽君，王洁洁.区域旅游网络关注度与客流量时空动态比较分析——以四川为例［J］.地域研究与开发，2011，30（3）：93-97..

［11］林志慧，马耀峰，刘宪锋，高楠.旅游景区网络关注度时空分布特征分析［J］.资源科学，2012，34（12）：2427-2433.

［12］刘月红，黄远水.福建永定土楼网络空间关注度的时空演变——基于百度指数的分析［J］.乐山师范学院学报，2014，29（1）：62-68.

［13］张力.基于百度指数分析的地域网络关注度研究——以镇江为例［J］.图书情报研究，2012，5（1）：40-47，14.

［14］Wei Xu，Zhen-Wen Han，Jian Ma. A neural netwok based approach to detect influenza epidemics using search engine query data［P］. Machine Learning and Cybernetics（ICMLC），2010 International Conference on，2010.

［15］Y Fondeur，F Karamé. Can Google

data help predict French youth unemployment [J]. Economic Modelling, 2013: 30.

［16］Geoffrey Peter Smith. Google Internet search activity and volatility prediction in the market for foreign currency [J]. Finance Research Letters, 2012, 9（2）.

［17］潘丽丽, 户文月. 基于百度指数旅游景区假期网络关注度特征研究——以西湖风景区为例 [J]. 北京第二外国语学院学报, 2015, 37（9）: 67-74, 17.

［18］石张宇, 房丽. 安徽省旅游景区网络关注度时空特征研究 [J]. 安庆师范学院学报（自然科学版）, 2016, 22（4）: 106-111.

［19］戈丽. 基于百度指数的上海4A、5A级景区旅游偏好时空特征研究 [D]. 上海师范大学, 2018.

［20］曾铭. 基于百度指数的A级景区网络关注度时空特征研究——以湖南省景区为例 [J]. 绿色科技, 2017（11）: 248-250.

文旅融合研究

群众文化活动与旅游事业融合发展策略研究

颜苗娟　　汪仕龙

（浙江省文化馆，浙江　杭州　310005；浙江艺术职业学院，浙江　杭州　310053）

摘　要： 当前，虽然游客对外出游玩的文化品质、参与性文化活动的需求强烈，但是群众文化活动与旅游事业的融合度还不高，游客缺少跨区域参与群众文化活动的产品及服务。因此，探索群众文化活动与旅游融合发展，开拓基于群众文化活动的特色文旅新空间，有助于推动群众文化与旅游高质量融合发展。本文结合群众文化与旅游的特点，对群众文化活动与旅游融合发展现状、新时代群众文化发展战略取向进行调研和分析，力求为群众文化活动与旅游进行深度融合发展提供参考。

关键词： 群众文化；旅游；融合；策略

Research on the Integrated Development Strategy of Mass Cultural Activities and Tourism

Yan Miaojuan　　Wang Shilong

（Zhejiang Provincial Cultural Center，Hangzhou，Zhejiang，310005；
Zhejiang Vocational Academy of Art，Hangzhou，Zhejiang，310053）

Abstract： At present，although tourists have a strong demand for cultural quality of outings and participation in cultural activities，the degree of integration between mass cultural activities and tourism is not high，and there is a shortage of products and services for tourists to participate in mass cultural activities across regions. Therefore，exploring the integrated development of mass cultural activities and tourism and opening up a new space of characteristic cultural tourism based on mass cultural activities will help to promote the high-

收稿日期：2021-09-11

作者简介：颜苗娟（1980—　），女，浙江省文化馆理论创作指导中心馆员，主要研究方向为公共文化服务理论研究。
汪仕龙（1980—　），男，浙江艺术职业学院办公室副主任，副研究员，主要研究方向为基层公共文化服务、艺术管理。

quality integrated development of mass culture and tourism. Combined with the characteristics of mass culture and tourism，this paper investigates and analyzes the current situation of the integration development of mass cultural activities and tourism，and the strategic orientation of mass cultural development in the new era，so as to provide reference for the in-depth integration development of mass cultural activities and tourism.

Key words：mass culture；tourism；integration；strategy

近年来，随着社会经济的快速发展，人民生活水平也大幅提升，越来越多的人可以利用闲暇时光走出家门外出旅游，领略祖国的大好河山，感受各地的风土人情。然而，随着外出旅游的人越来越多，知名景区总是人满为患。如何在实践中探索群众文化活动与旅游融合发展，为游客开辟出在自然山水和文物古迹之外参与并分享本地文化生活的广阔空间，推动文旅高质量发展，是当前广大群文工作者面临的新课题。

一、群众文化活动与旅游融合发展的意义

群众文化活动是面向社会大众的文化活动，群众文化的性质决定了其服务对象必须是全体人民，不能有地域之别、门户之见。将群众文化活动资源融入旅游发展中，可以使更多群体享受到文化实惠，在一定程度上也将提高文化馆服务效能，促进群众文化事业的繁荣发展。

（一）丰富旅游文化内涵

景区文化建设是促进旅游事业发展的一项重要措施，为了方便游客了解景区历史文化、民风民俗，互动性强、文化内涵丰富的群众文化活动，无疑是旅游宣传的首选形式。将群众文化活动资源融入旅游发展中，让游客在领略祖国大好河山的同时还能感受到当地的风土人情，不仅能够丰富景区的人文内涵，而且能使更多群体享受到文化的实惠。如当前各地文旅部门开展的"文化惠民活动进景区"、庙会、节日庆典等活动，不仅引来大量游客驻足观看，而且常常吸引游客参与其中，有效提升了当地的旅游品质和群众的满意度、美誉度，可谓是一举多得。

（二）挖掘旅游景区宝藏

开展采风活动是群文创作的基础，为了创作出群众喜爱的文艺作品，各级文化馆（站）每年都会深入街区、乡村、景区开展大量的文艺采风活动，大量不为人知的自然风光、风土人情被发掘出来，以音乐、舞蹈、摄影、美术、雕塑、文学等文艺作品的形式直观地呈现在人们的眼前，激发起人们游玩的兴趣。很多风景名胜区借文艺作品显得更加璀璨夺目，一些新开发的旅游景区也因文艺作品的传播而声名远扬。群众文化活动为旅游景区挖掘出了大量的宝藏，打开了旅游财富之门，也为群众文化活动开展提供了经费保障。

（三）促进群众文化传播

旅游与文化是双向互动的。群众文化活动在推动旅游事业发展的同时，旅游也

积极作用于群众文化的发展。在几乎人人拥有手机的时代，旅客在旅途中看到的、听到的、体验到的各种风土人情，可以通过移动网络快速传播出去，有效提升了群众文化的传播力度。同时，旅游还有助于调动社会力量的广泛参与，促进民间手工艺品、民间音乐、民间舞蹈等的生产和传播，拓宽其产业化发展之路，为群众文化事业发展、民间民俗文化传承提供更加广阔的平台和更加多样的载体。

（四）助推全民艺术普及

丰富的旅游资源本身也是群众文艺创作的素材，这些旅游资源除了吸引普通游客的关注与欣赏外，也吸引着广大群众文艺工作者、群众文艺骨干、群众文艺爱好者的关注和创作呈现。旅游途中的文艺创作，以文艺创作为目的的旅游，不仅丰富了群众文化生活，在秀美山水中锻炼身体、陶冶情操，而且提升了人们的审美水平，可以说旅游事业的发展为群众文艺人才队伍提供了源源不断的新生力量。同时，各种各样的旅游节庆活动，不仅让旅客领略到了当地的风土人情，而且吸引了众多的本地群众参与欣赏，有效提升了群众的艺术修养和审美素质。

（五）开拓文旅新空间

随着"全域旅游"的深入推进，各地涌现出一大批新型公共文化空间，这些新空间在群众文化活动的加持下，逐渐成为人们新的旅游休闲打卡地。如"美好生活"上海公共文化空间创新大赛与小红书、B 站、携程合作，邀请网络大 V、UP 主和市民实地参访，把小众目的地推向大众的视野。"空间打卡游"经大赛广泛传播推荐，成为城市微游中的全新玩法，越来越受到市民关注。

二、当前群众文化活动与旅游融合发展实践

用旅游的方式传播文化，让文化看得见、摸得着，品得出味道，是文旅融合的初衷。近年来，随着"全域旅游"的深入推进，各地文旅部门就群文活动与旅游融合发展进行了积极探索，形成了几种模式。

（一）依托特色文化资源的体验游

旅游体验活动是一种在特定时间里以某一特定主题为内容，在特定地点或同一区域内定期举办的能吸引区域内外大量游客的各种节日庆典和文化活动。该模式是主要依托地域资源优势以及文化特色，深入挖掘当地的特色文化，结合品牌活动、节庆活动、民俗活动等开展的旅游体验活动。火把节是凉山彝族传统，当地通过火把节这一独具魅力的民族文化品牌，加强旅游和文化的深度融合，让"火把"与"文化"牵手，充分展示凉山独具魅力的民族文化风情和美丽的高原生态，促进凉山民族文化旅游品牌的打造和产业发展[①]。

（二）依托"文化惠民"活动的观光游

文化惠民是党和政府"执政为民"理念在文化上的具体反映。该模式依托文化惠民活动，组织相关文化单位，以文艺演出、广场舞、红色文艺轻骑兵路演、"快闪"、展览展示、文创展销等为主要形式，

---

① 火把为媒 助力脱贫攻坚 四川凉山彝族传统火把节签约项目 19 个 吸金 1134.98 亿元。

把文化活动送进旅游景区，免费惠及广大游客，将文艺演出融入景区欢乐的氛围中，实现了文化和旅游的深度融合。如丽水各级文化部门针对当地多年举办乡村春晚的实际，将乡村春晚与乡村旅游开发紧密结合，借助文化和旅游部全国公共文化发展中心百姓大舞台向全国开展网络吆喝推介活动，吸引更多的游客到丽水乡村旅游，成了当地文旅融合的生动样本[①]。

（三）依托文旅新空间的休闲游

随着文旅融合的深入推进，一些地方积极优化公共文化场所布局，结合当地群众文化特点，把相关群众文化活动提升为特色品牌，因地制宜创设主客共享的新空间。很多城市的广场、公园、城市绿道、健身步道、社区活动中心、乡村文化礼堂等既是群众文体活动区域，也是游客体验当地群众生活、体验当地文化生态的重要场所。如成都市文化馆组织和推动的"街头艺术表演"突破以往阵地式的服务模式，由自守"一亩三分地"的固定场所走向大街小巷，将更多城市公共空间变为公共文化服务阵地，既为政府引导时尚文化发展探索了路径、积累了经验，也满足了群众的多元文化需求，还为游客体验成都文化营造了浓厚的人文环境，成为城市的文旅生活新方式。[②]

三、当前群众文化活动与旅游融合发展存在的问题

从各地实践存在的问题来看，当前群众文化活动和旅游的双向融合理念还不

① 乡村振兴的文化密码——2018丽水乡村春晚综述。
② 成都街头艺术表演项目一周年观察。

强，群众文化活动和旅游融合还缺乏系统科学的顶层设计，融合的边界还有待进一步厘清，还存在群众文化活动"旅游化"的倾向。

（一）缺乏系统科学的顶层设计

目前，公共文化服务与旅游融合发展，中央层面还没有明确的政策指导。群众文化活动与旅游公共服务哪些能融、哪些不能融，还没有明确的规定。在实践中，由于缺乏相关的标准和制度，许多从业人员本着"多一事不如少一事"的原则，秉持传统工作思维，对群众文化活动与旅游融合发展重视不够，有的甚至未把群众文化活动与旅游融合发展纳入工作范畴。群众文化活动与旅游融合发展还只停留在个别案例的层面，与"能融尽融""以文促旅、以旅彰文"的目标还有较大的差距。

（二）融合的边界有待进一步厘清

群众文化活动的公益性质决定了它与旅游的融合范围只能是旅游事业，至于旅游产业那是市场解决的事情。伴随着大众旅游时代的到来，旅游越来越成为公民的基本权利。虽然《中华人民共和国旅游法》第三条提出国家发展旅游事业，完善旅游公共服务。但在各地的实践中，还是常常将公共服务的旅游事业和市场化的旅游产业混为一谈。在 GDP 的指挥棒下，在政绩观的引领下，文化主管部门的目光往往更多停留在产业融合发展上，群众文化活动往往成了旅游产业服务的角色。

（三）双向融合的自觉性还有待进一步加强

从当前各地实践来看，群众文化活动

与旅游融合发展,更多的是迫于文化和旅游行政主管部门的工作任务安排,活动也多从文化为旅游助力的角度来开展,这也导致各地在实践中出现了一些不和谐的画面:一些地方把群众文化活动和旅游简单捆绑在一起,让文化馆(站)工作人员双休日送演出到景区,或者在景区当志愿者服务游客,或者在各类旅游活动中开展暖场文艺表演等,这类简单粗暴的融合严重挫伤了文化馆(站)工作人员的积极性和创造性。

四、群众文化活动与旅游融合发展策略

文旅融合不能简单地理解为公共文化设施变为旅游景区、公共文化服务变成游客服务。在"全域旅游"的大背景下,群众文化活动与旅游如何做到在遵循规律、发挥专长的基础上有机结合、相互促进?需要广大从业人员积极转变观念、拓宽思路。

(一)群众文化活动与旅游融合应遵循的原则

1.公益性原则

作为政府设立的公益性文化事业机构,文化馆(站)在向公众提供文化产品和文化服务时,公共性、社会效益是首要考虑的因素。由于旅游是一个市场化程度很高、主体以企业为主的行业,追求经济效益是其本能反应。因此,在群众文化活动与旅游融合发展过程中,公益性依然是首要原则。只有坚持公益性原则,文旅融合才能在正确的方向上前进。

2.创新性原则

随着互联网技术的快速发展,各行各业都搭上了互联网的快车,文化、旅游行业与互联网的联系也日益紧密。面对日益活跃的互联网文旅消费现象,群众文化活动也需要与时俱进,积极创新活动方式,群众在哪里,活动就跟到哪里。通过开展丰富的线上线下文旅活动,丰富文化传播方式,连接上老百姓的生活,提高群众对文化活动的黏合度。

3.互补共赢原则

文化和旅游有着天然的联系,文化为景区内的古迹注入"灵魂",使其不仅仅是独立的建筑;通过旅游,景区的风土人情得到了广泛的输出传播。文化和旅游的有机融合让人们在旅游中认识、了解文化,在文化的赋能中重新理解、定义旅游。对群众文化活动和旅游的融合来说,只有实行互补共赢原则,取长补短,统筹推进,才能实现双赢,最终实现"以文促旅,以旅彰文"的目标。

(二)群众文化活动与旅游融合发展的思路

在文化和旅游融合发展的大背景下,文化馆(站)应不断更新服务理念、创新服务机制,拓展服务内容,明确整合方式,把文化馆(站)的公共文化服务和旅游文化传播相结合,通过文化提升旅游的品质,通过旅游使文化得到更加广泛的传播,实现公共文化的优质资源和服务随着旅游产业的网络惠及更多的群众,满足广大人民群众对美好生活的新需求、新期盼、新向往。

1. 更新发展理念，开辟文旅新空间

为更好地适应文旅融合发展新趋势，群众文化从业人员需要不断自我"加码"，拓展工作思路，创新思维方式，强化融合发展理念，走出传统阵地服务的局限，积极探索与旅游事业的合作共赢，把更多的群众文化资源转化为旅游产品，用文化为旅游赋能，推动旅游特色化、品质化发展；同时充分利用旅游业传播范围广、流量高的特点，拓展群众文化活动与社会公众的接触面，扩大活动覆盖面。可以通过在景区设立文化驿站、分馆、开展有地域特色的群文活动等形式，把文化馆（站）的优质文化艺术资源和服务更加直观地展示在市民和游客面前，为全民艺术普及开辟新的空间。

2. 创新运行机制，提升服务效能

群众文化的高质量发展，离不开运行机制的创新。随着社会经济的快速发展，人们对文化生活的需求越来越多元，也越来越个性化。在文旅融合的背景下，文化馆（站）需要不断创新运行机制，从单纯利用馆舍设施开展线下群众文化活动向利用"互联网＋"开展线上线下相结合的活动转变，可以运用 App、抖音、微信群、钉钉直播等网络新平台，开展艺术慕课、直播教学、网络春晚等线上群文活动，在提高艺术普及覆盖面、让更多的群众共享文化发展成果的同时，吸引外地游客在网上体验当地的乡土文化，并将线上体验转化为对线下旅游目的地的民俗文化、节庆文化的参与体验，推动旅游新业态发展。

3. 拓展服务内容，增加活动黏合度

移动互联网的快速普及，微博、微信、抖音、快手等社交软件的广泛使用，改变了人们的生活方式。借助移动互联网平台，涌现出了网红打卡地、网红展、直播带货等互联网现象，网红直播带货甚至成为互联网最热的现象，成为全民关注的焦点。这些互联网现象之所以能引起广大网民的关注，一方面在于传播方式新颖，另一方面则是内容贴合主流人群的消费需求。因此，文化馆（站）要快速适应文旅融合背景下所扮演的角色，在开展群众文化活动过程中有效地融入旅游业中的管理、营销和人际交往技巧，与市场同类产品服务保持基本同步，使活动内容能够精准对接群众的需求，这样才能迅速引起群众的共鸣，增加群众对文化活动的黏合度。

4. 明确融合方式，提升融合精准度

群众文化活动本身不是旅游项目，在与旅游融合发展过程中，宜采取间接融合为主、直接融合为辅的方式，"宜融则融，能融尽融"。在实践中，对主要依托当地特色文化资源开展的各类节庆体验游可以采取直接融合的方式，依托旅游载体，将群众文化活动作为旅游活动主体。如浙江各地将"文化礼堂"建设与节庆旅游、乡村旅游、全域旅游等相融合，通过举办乡村春晚、"三月三"民俗活动、文化和自然遗产日活动等各类文化节庆活动，以旅游的形式让文化活了起来，实现了社会效益和经济效益的有机统一。而对大多数群众文化活动来说，宜采取间接融合的方式，通过开展群众文化活动为城市营造浓厚的文化氛围，提升城市文化品位，间接实现服务全域旅游的目的。如成都市文化馆组织和推动的"街头艺术表演"，深圳的"街头艺术四季FUN"，哈尔滨的"街头文艺"等，这些群众文化活动在营造城市氛围、活跃文化生活、宣传城市形象等方面形成了一道风景线①。

四、结语

群众文化活动和旅游事业融合发展目前还处于起步阶段。在实践中要坚持从问题出发，打破各种壁垒，先行试点、积累经验、稳步推进，要充分调动从业人员参与的积极性、主动性，系统推进群众文化活动和旅游事业深度融合发展。

参考文献

［1］秦毅.开拓群文旅游新空间［N］.中国文化报，2019-08-16.

［2］付远书.成都街头艺术表演项目一周年观察［N］.中国文化报，2019-05-29.

［3］毕绪龙.公共文化服务和旅游融合发展的实践探索和路径思考［J］.文化艺术研究2020，13（4）.

［4］李国新，李阳.文化和旅游公共服务融合发展的思考［J］.图书馆杂志，2019（10）.

［5］火把为媒　助力脱贫攻坚　四川凉山彝族传统火把节签约项目19个　吸金1134.98亿元［N］.西南商报，2018-08-07.

---

① 公共文化服务和旅游融合发展的实践探索和路径思考。

城市文化氛围满意度对游客行为意向的影响研究

仝洁洁

（浙江旅游职业学院，浙江　杭州　311231）

摘　要： 随着文旅融合和全域旅游的发展，城市文化氛围对旅游者产生了特殊感召力。城市文化氛围构造是城市文化建设中关键的研究。为研究文化体验、价值感知和城市文化氛围满意度的关系，以及其对游客行为意向的影响机制，本文基于期望不一致理论框架，利用杭州市900份游客调研数据，通过SmartPLS 3.0软件进行建模，从游客感知的视角出发，研究观测变量对构念的影响效应。结果表明：城市在完善旅游公共服务设施的同时，还需要营造城市文化氛围；在游客行为意向方面，城市文化氛围满意度会直接影响游客行为意向，文化体验和文化感知价值需要通过文化氛围满意度间接影响游客行为意向。本研究丰富了目的地文化氛围研究体系，城市文化氛围的营造对于激发游客兴趣、加深旅游记忆和提高城市旅游吸引力具有重要现实意义。

关键词： 文化体验；价值感知；全域旅游；城市文化氛围；期望不一致理论

Research on the Influence of Satisfaction with Urban Cultural Atmosphere on Tourists' Behavior Intention

Tong Jiejie

（Tourism College of Zhejiang，Hangzhou，Zhejiang，311231）

Abstract：With the integration of culture and tourism and the development of all-for-one tourism，urban cultural atmosphere has a special appeal to tourists. The construction of urban cultural atmosphere is a key research in urban cultural construction. In order to study the relationship between cultural experience，value perception and satisfaction of urban

收稿日期：2021-9-16

作者简介：仝洁洁（1990—　），女，浙江旅游职业学院酒店管理学院教师，讲师，主要研究方向为旅游行为学、计量经济学。

基金项目：本文受浙江省教育厅科研项目（项目编号：Y201839190）、杭州文化氛围满意度及影响因素实证研究资助。

cultural atmosphere, as well as its influence mechanism on tourists' behavior intention, based on Expectancy-Disconfirmation Paradigm, this research uses 900 tourist survey data of Hangzhou by modeling through Smart pls 3.0 software, and studies the effect of observation variables on the structure from the perspective of tourists' perception. The results show that: cities need to create urban cultural atmosphere while improving tourism public service facilities; in terms of tourists' behavioral intention, the satisfaction of urban cultural atmosphere will directly affect tourists' behavioral intention, and cultural experience and cultural-perceived value affect tourists' behavioral intention indirectly through cultural atmosphere satisfaction. This study enriches the research system of destination cultural atmosphere, and the construction of urban cultural atmosphere is of great practical significance to stimulate tourists' interest, deepen tourism memory and improve the attraction of urban tourism.

Key words: cultural experience; value perception; all-for-one tourism; urban cultural atmosphere; Expectancy-Disconfirmation Paradigm

一、引言

在"旅游+文化"的发展背景下，城市文化繁荣兴盛，旅游方式发生转变，从观光游转变为深度体验游模式，游客可达空间扩展，大区域的文化氛围成为游客忠诚度和推荐度的重要影响因子。城市文化产业和旅游产业有机结合的发展过程中，游客对旅游目的地文化及其所营造的文化氛围具有高需求，城市建设文化氛围构造的研究成为城市文化建设中十分关键的研究。探究目的地文化氛围对游客忠诚的影响规律，是提升城市持续竞争力的核心（Lee & Cunningham），涵养城市文化氛围成为城市亟须研究的问题，也是全域旅游打造所需。各级政府和旅游目的地运营管理层关心重视其核心吸引力，看重文化氛围对游客的影响力和感召力。文化诞生于场所的概念，文化是城市的灵魂，在城

市建设过程中与文化内涵的融合程度，将直接影响城市发展的生命力。文化氛围是区域文化的表征，文化需要氛围，氛围源于营销学，具有很强的文化属性（Kotler, 1973）。城市文化建立的核心在于氛围的营造，文化氛围依赖现实环境，抽象但可感知，它不具体却又让人能够立即感受得到、体验得到，并可以形成印象和记忆，是城市形象提升的内在要求。

国内外学者对于文化氛围的研究涉及图书馆文化场所企业、酒店、特色名城或小镇等领域，但从实证角度研究旅游目的地文化氛围的学术成果匮乏，无论是文化氛围的测量指标，还是文化氛围满意度对游客行为意向的影响，都少有学者做过深入的探究。文化氛围是影响旅游地发展的因子，对于激发兴趣、增强旅游体验、加深记忆具有深远影响。本文旨在探究游客

感知到的文化氛围的影响因素研究和文化氛围满意度对其行为意向的影响研究。杭州作为全域旅游创新示范城市，是实证案例地的首选，基于此，本研究围绕杭州游客对杭州市文化氛围满意度的感知状况，通过建模定量研究文化氛围对来杭游客行为意向的影响，进而揭示行为意向的影响机制。

二、文献综述与理论模型

文化氛围是以现实的自然景物为载体，以当地民风、民俗等文化元素为基础，融入区域居民的审美情趣而营造的特殊文化气息（彭惠群，1997），即特定的人文环境熏陶而成（沙莲香，2004），小到景区（叶仰蓬，2003），大到城市的文化都会折射在旅游氛围上（陈岩英，谢朝武，1991），进而形成可感知的高识别度的文化氛围（Oliver，2014）。文化氛围的创造至关重要，视觉和感知触发有助于引导动态环境下人们之间的情感和交流意愿，将城市营造成文化社区，吸引客人和居民在此逗留休闲，为公共场所的游客创造交流环境的氛围，且能够增强游客之间的互动效果，这就是城市文化氛围（cultural atmosphere of the city），氛围塑造有助于提升体验感，城市建设需要思考如何融合并创造良性的文化氛围。

（一）文化氛围理论体系

文化氛围依托事象，是围绕客观旅游环境形成的"场"。许春晓和朱湘平（2016）基于旅游地层面，将文化氛围界定为"基于旅游地文化，依托旅游地物化与意识形态的东西而形成的能为游客所感知的特色环境"。城市文化氛围通常包含"城市的自然环境、建筑风格、便民设施、社会治安、制度秩序、人民群众以及法律、制度、居民行为方式、城市精神等一系列因素"（侯广宇，于铁夫，2016）。田苗（2008）认为城市若不能同时满足游客精神文化需求，便缺失了一定价值，城市在游客心目中扮演着情感驿站的身份。于力群和侯鑫（2019）认为城市文化氛围的营造是评估城市综合实力的关键因素，并构建了城市文化氛围评价指标体系，研究发现上海、杭州、广州三大城市的城市文化氛围综合分数最靠前。许春晓和万搏微（2017）以凤凰古城游客为研究对象，实证物质文化氛围对游客忠诚具有间接的正向影响，精神文化氛围对游客忠诚有直接和间接双重的正向影响，基于此，本文从物质文化氛围、精神文化氛围、制度文化氛围三大维度构建了文化氛围理论体系（见图1）。

图 1　文化氛围理论体系

（二）研究假设和理论模型

1. 文化氛围和文化体验

文化氛围的研究源于文化旅游领域，在研究欧洲文化旅游的生产与消费时，发现游客对文化氛围体验存在高文化含量的要求，文化氛围高的目的地更易吸引游客消费。旅游体验是文化的差异体验感知，是被意识所构造的，文化氛围可感知但无形，是实现满意体验进而产生忠诚的重要因子（Pullman，2004）。"满意是纯粹的体验"，即一种心理状态，具有综合性的特点，只能来自与目的地的相互作用，文化氛围高的目的地，有助于形成游客满意，进而影响游客行为意向。许春晓等（2016）认为文化氛围的营造可以影响游客态度，实现游客拥护。游客对杭州市的文化氛围满意度会直接影响游客的忠诚度，影响到游客是否会再次来杭州旅游，影响到推荐度。基于此，本文提出如下假设。

H1：文化体验对文化氛围满意度有显著正向影响；

H2：文化体验对行为意向有显著正向影响；

H3：文化氛围满意度对游客的行为意向有显著正向影响。

2. 感知价值

感知价值是人们所得到和所想要得到的产品价值，是消费者对感知收益和成本比率的评价，对其的测量和分析有助于更好地分析和理解游客的消费行为，是战略思维的必要组成部分。国外学者 Parasuraman 和 Grewal（2000）通过研究感知质量—感知价值—忠诚度的研究方案，认为感知价值会影响到游客决策、满意度以及游客重购行为。Lee 等（2007）研究得知感知价值对游客满意度有显著影响。Hutchinson（2009）通过对高尔夫游客的实证，发现感知价值对旅游目的地满意度和忠诚度有直接影响。马凌和保继刚（2012）在傣族泼水节期间，对旅游体验的感知价值进行了探究和验证，发现氛围是内在的多层构念，包含对社会环境的认知。综上，本研究提出如下假设。

H4：感知价值对文化氛围满意度有显著正向影响；

H5：感知价值对旅游者的行为意向有显著正向影响。

文章提出 5 个基础研究假设，基于期望不一致理论（Expectancy Disconfirmation Paradigm，EDP）框架，构建了"文化体验、文化感知价值—文化氛围满意度—行为意向"的模型，在研究行为意向时，期望不一致理论是被引用最频繁的理论之一，可知会出现三种结果：①当实际经历和期望一致时，顾客达到满意；②当高于期望时，顾客非常满意；③当低于期望时，顾客不满意。支撑如图 2 所示的理论模型。

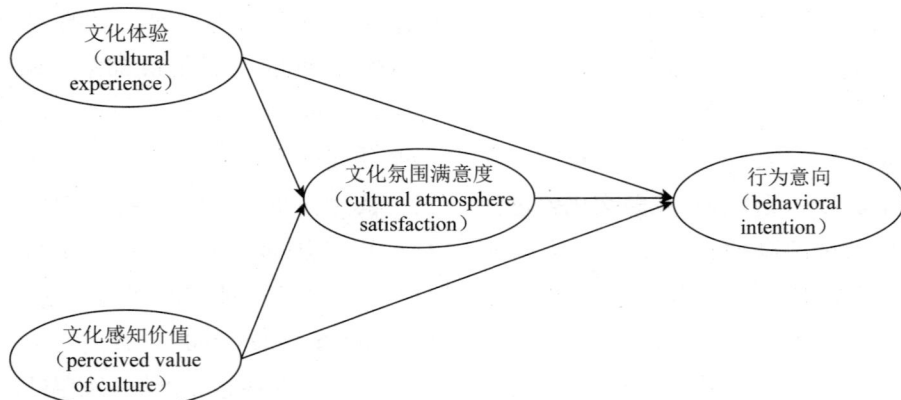

图2 旅游"文化体验、文化感知价值—文化氛围满意度—行为意向"的概念模型

三、研究设计

（一）研究案例地

杭州市是文化气息浓郁的城市，也是全域旅游创新示范城市，整个城市就是一个大的风景区。游客可以欣赏到风景，还可以参与到市民的日常生活，沉浸于杭州元素的在地文化，实现了居民和游客共享，形成主客共融的氛围，是典型的案例地。文化是城市的灵魂，反映当地居民的生活状态和基本素养，具有巨大的吸引力。美丽的城市都有一个共同点，就是无处不在的文化氛围，像城市阳台上的风景线、美术馆博物馆等，这也是全域旅游的核心吸引力。本调研从游客视角切入，专家讨论后选取杭州市各大景区附近，对游客开展问卷调研和实地访谈。

（二）研究测量

本文基于中国知网的文献分析，总结出尽可能多的影响因子，并通过专家座谈，针对问卷设计的内容、架构进行深入的探讨和研究，并结合案例地实际调研情况进行完善，最终形成初稿。选定合理区域后进行了预调研，在预调研数据的基础上，通过 SPSS23.0 软件对数据进行了信度检验和效度检验，然后进一步调整问项。

（三）数据收集与分析

调查主要在景区附近进行，因为这些地方游客比较集中。发放问卷的同时对每个参与问卷调查的游客赠予礼物以示感谢。除了收集纸质问卷外，还应用了平板设备收集数据，这种技术减少了印刷材料的使用，有利于数据的记录和存储。最终发出调研问卷 900 份，有效问卷 812 份，有效问卷率 90.2%。通过 SPSS23.0 分析，调查多唯变量的 Cronbach's α 系数为 0.845，高于 0.7 的有效标准，问卷设计的内部一致性较好。KMO 值为 0.924，测量数据效度较高。样本来源于 25 个省市，其中以浙江、广东、江苏、山东、河南 5 个省市的游客为主，与实际客源现状一致。女性占比 44.5%，男性游客占比 55.5%，性别分布合理；样本游客年龄在 18~35 岁（75.8%），其次是 36~45 岁（11.8%）。

四、实证方法及模型评价

（一）实证方法

利用 SPSS23.0 开展正态性检验，Kolmogorov–Smirnov 的数据结果表明变量的显著性概率（Sig.）数据都是 0.000，满足正态分布要求，可以建模。为进一步研究文化体验、文化感知价值、文化氛围满意度对游客行为意向影响的关系，将通过 SmartPLS 3.0 软件进行结构方程模型实证研究，基于游客认知假设路径，分析讨论文化氛围、感知价值、文化体验和行为意向的影响机制。文化氛围满意度均值如表1所示。

（二）测量模型评价

测量模型的评价包含信度检验和效度检验。Cronbach's α 值最小为 0.70，高于模型所需 0.6 的门槛值，构念测量的组合信度区间为 0.70~0.96，符合 0.7 的门槛值，说明理论模型中构念测量项具有较好的内部一致性。

表 1　文化氛围满意度均值

观测变量 Variables	均值 Mean	标准化因子载荷 Standardised estimate	AVE	组合信度 CR
物质文化氛围			0.63	0.70
A1 建筑风格	3.69	0.81		
A2 景观小品	3.88	0.66		
A3 环境	4.46	0.58		
A4 宣传	3.80	0.62		
A5 基础设施	4.07	0.68		
A6 文化主题音乐	3.48	0.67		
精神文化氛围			0.58	0.96
B1 杭州人际关系	3.89	0.75		
B2 杭州文化呈现	3.90	0.72		
B3 文化的传承	3.92	0.84		
B4 民风	3.81	0.91		
B5 杭州居民热情好客	3.87	0.90		
制度文化氛围			0.45	0.85
C1 经营规范	3.68	0.82		
C2 治安	4.06	0.75		
C3 旅游服务规范	3.85	0.68		

通过游客对各个测量项目的打分均值可知，其中环境、基础设施、治安的评分介于满意和非常满意之间，杭州的人际关系、文化呈现、民风等测量指标均介于一般和满意之间，有较大的提升空间，也反映出游客对这方面的重视。可知，在完善杭州的旅游公共服务设施的同时，还需要营造城市文化氛围，同时结合居民来塑造整体的氛围。"以文化人""以文化城"，居民感知着城市文化，又影响着在地文化。随着游客旅游理念的改变，旅游发展模式也需要进一步转变，文化具有浓烈的地域性，挖掘和保护城市文化，可以促进精神文化氛围的营造。从顶层规划植入文化基因，科学合理地利用有限的城市空间和公共文化载体去打造城市文化交流空间，有助于沉浸式城市文化氛围的营造。

效度检验是通过收敛效度（CV）和区别效度（DV）进行衡量。收敛效度衡量通过因子载荷，模型中显变量的因子载荷最小为 0.580，大于 0.5 的门槛值，收敛效度好。构面的区别效度测量构面变量间的不相关程度，检验指标为平均方差提取（AVE）。模型的 AVE 值为 0.45~0.78>0.5 门槛值，且各 AVE 值的平方根（制度文化氛围的 AVE 值为 0.45，接近 0.5 在可接受范围内）均大于相应构念间的相关系数（见表 2），研究构念间的区别效度得到满足。

表 2　构面的区别效度

	文化感知价值	文化体验	物质文化氛围	精神文化氛围	制度文化氛围	行为意向
文化感知价值	**0.89**					
文化体验	0.87	**0.87**				
物质文化氛围	0.46	0.54	**0.63**			
精神文化氛围	0.77	0.81	**0.57**	0.58		
制度文化氛围	0.46	0.81	0.02	**0.55**	0.45	
行为意向	0.01	0.03	0.52	0.07	**0.10**	**0.89**

注：表格对角线上的加粗数字为对应 AVE 值的开平方值

（三）结构模型评价和讨论

模型中的假设可通过路径系数（β）的大小和显著性水平来检验，SmartPLS 3.0 通过 PLS Algorithm 算法来计算建模的路径系数，并通过 Bootstrap 方法检验路径系数是否显著，T 值反映显著性计算结果。实证数据如表 3 和图 3 所示。

表3 结构模型的参数评估

假设	路径关系	路径系数 β	T 值	结论
H1a	文化体验→物质文化氛围	0.61	4.78***	支持
H1b	文化体验→精神文化氛围	0.57	7.05***	支持
H1c	文化体验→制度文化氛围	0.51	5.79***	支持
H2	文化体验→行为意向	−0.05	0.32	拒绝
H3a	物质文化氛围→行为意向	0.31	5.97**	支持
H3b	精神文化氛围→行为意向	0.17	3.26**	支持
H3c	制度文化氛围→行为意向	0.25	1.94*	支持
H4a	文化感知价值→物质文化氛围	−0.07	0.35	拒绝
H4b	文化感知价值→精神文化氛围	0.29	3.17***	支持
H4c	文化感知价值→制度文化氛围	0.36	3.78***	支持
H5	文化感知价值→行为意向	— 0.17	0.56	拒绝

注：*$P<0.1$，**$P<0.05$，***$P<0.01$；对应的 T 临界值分别为 1.65、1.96、2.57。

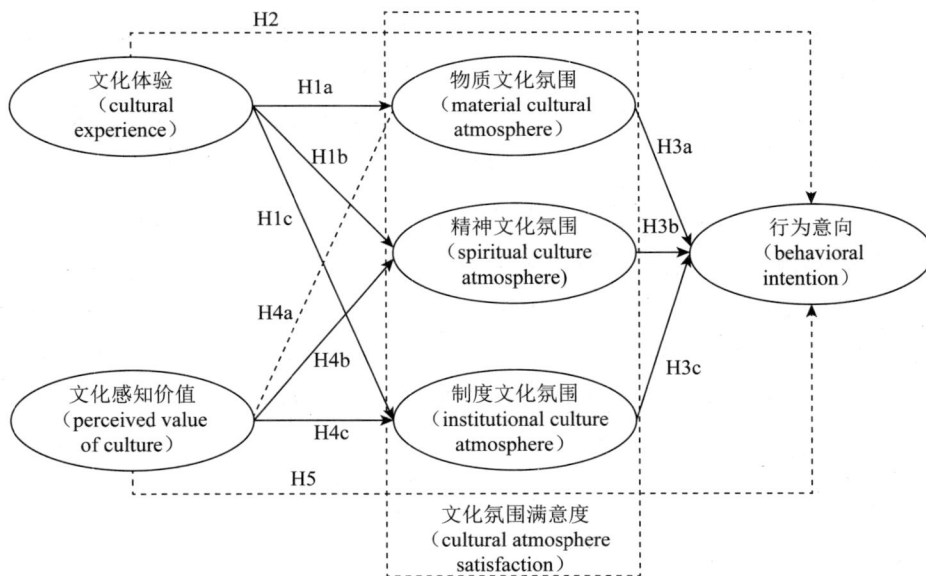

（实线表示路径通过，虚线表示路径未通过）

图3 文化体验、文化感知价值—文化氛围满意度—行为意向路径

文化体验对物质文化氛围有显著的正向影响（$\beta=0.61$，$T=4.78$，$P<0.01$）；文化体验对精神文化氛围有显著正向影响（$\beta=0.57$，$T=7.05$，$P<0.01$）；文化体验对制度文化氛围存在显著正向影响（$\beta=0.51$，$T=5.79$，$P<0.01$）；文化体验对行为意向不存在显著正向影响（$\beta=-0.05$，$T=0.32$）。文化感知价值对物质文化氛围不存在显著正向影响（$\beta=-0.07$，$T=0.35$）；文化感知价值对精神文化氛围有显著正向影响（$\beta=0.29$，$T=3.17$，$P<0.01$）；文化感知价值对制度文化氛围有显著正向影响（$\beta=0.36$，$T=3.78$，$P<0.01$）；文化感知价值对行为意向不存在显著正向影响（$\beta=-0.17$，$T=0.56$）。物质文化氛围对行为意向有显著正向影响（$\beta=0.31$，$T=5.97$，$P<0.01$）；精神文化氛围对行为意向有显著正向影响（$\beta=0.17$，$T=3.26$，$P<0.01$）；制度文化氛围对行为意向有显著正向影响（$\beta=0.25$，$T=1.94$，$P<0.1$）。

本研究中四个内源构念的判别系数 R^2 分别为 0.301、0.682、0.695、0.250，均满足标准，同时说明物质文化氛围、精神文化氛围、制度文化氛围、行为意向的方差可以被解释的比例为 30.1%、68.2%、69.5%、25.0%，高于建模所需的 0.2 的门槛值，具有很好的预测能力。

五、研究结论

城市文化氛围是城市文化建设中的关键研究，通过实证发现：城市在完善旅游公共服务设施的同时，还需要营造城市文化氛围；在游客行为意向方面，城市文化氛围满意度会直接影响游客行为意向，文化体验和文化感知价值需要通过文化氛围满意度间接影响游客行为意向，文化体验和文化感知价值是城市文化氛围的重要影响因素。城市文化氛围的营造，有助于推动城市产业的优化升级，可以促使游客产生黏性，成为忠诚游客，产生推荐欲望。同时，城市建设过程中与文化内涵的完美融合，会直接影响城市的区域竞争力和长久的生命力。文化体验和文化感知价值对行为意向不存在直接显著影响，需要通过文化氛围满意度作为中介变量，间接影响游客的行为意向。这也从侧面反映出，文化体验和文化感知价值是文化氛围满意度的重要的影响因素，城市文化氛围的营造对于城市旅游发展具有重要现实意义。

参考文献

［1］Lee M，Cunningham L F. A cost/benefit approach to understanding service loyalty［J］. Journal of Services Marketing，2001，15（2）：113–130.

［2］王洋.山地旅游：生态与文化引领可持续发展［N］.中国旅游报，2015–11–18.

［3］Kotler P. The Major Tasks of Marketing Management［J］. Journal of Marketing，1973，37（4）：42–49.

［4］苏蓉晖.图书馆文化氛围构建思路解析［J］.图书馆，2007（5）：69–70.

［5］陈佩，石伟.领导风格、工作压力与组织忠诚间的关系研究——以某机场集团公司为例［J］.当代经济管理，2013，36（1）：67–73.

［6］景曦.浅谈酒店文化氛围的建设问题［J］.宁夏大学学报（人文社会科学版），

2008，30（4）：116-119.

［7］郝金连，赵红.基于顾客感知的主题酒店文化氛围营造——以某主题酒店为例［J］.山西大同大学学报（社会科学版），2016，30（4）：95-99.

［8］方法林，宋益丹.旅游特色景观下的江南古镇文化氛围构筑研究［J］.中国商论，2010（20）：178-179.

［9］彭惠群.浅论旅游文化氛围的营造［J］.四川民族学院学报，1997（3）：57-58.

［10］沙莲香.北京人文环境与城市文化氛围［J］.北京社会科学，2004（1）：127-134.

［11］叶仰蓬.景点旅游氛围管理及其对策［J］.乐山师范学院学报，2003，18（1）：111-114.

［12］陈岩英，谢朝武.基于氛围管理的历史文化名城的旅游开发研究［J］.未来与发展，2010，2010（7）：61-64.

［13］陈靓.基于游客感知价值的红色旅游景区氛围研究［D］.湘潭大学，2014.

［14］申明.论大学文化氛围感应与营造［J］.江苏高教，2008（4）：92-95.

［15］许春晓，朱湘平.旅游地文化氛围的内涵及其测定方案［J］.湖南财政经济学院学报，2016，32（1）：133-140.

［16］侯广宇，于铁夫.论城市文化氛围构建与城市文化形象的塑造［J］.现代交际：学术版，2016（22）：64-65.

［17］田苗.营造文化氛围发展旅游文化［J］.学理论，2008（5）：45-46.

［18］于力群，侯鑫.城市文化氛围的量化评价研究——以天津等9个开埠城市为例［C］//活力城乡 美好人居——2019中国城市规划年会论文集（12城乡治理与政策研究），2019.

［19］许春晓，万博微.旅游目的地文化氛围、游客情感与游客忠诚的关系——以凤凰古城为例［J］.湖南财政经济学院学报，2017，33（1）：55-62.

［20］Richards G. Production and consumption of European cultural tourism［J］. Annals of Tourism Research，1996，23（2）：261-283.

［21］Kotler P. The Major Tasks of Marketing Management［J］. Journal of Marketing，1973，37（4）：42-49.

［22］赵刘，程琦，周武忠.现象学视角下旅游体验的本体描述与意向构造［J］.旅游学刊，2013，28（10）：97-106.

［23］Pullman M E，Gross M A. Ability of Experience Design Elements to Elicit Emotions and Loyalty Behaviors［J］. Decision Sciences，2004，35（3）：551-578.

［24］Baker D A，Crompton J L. 2000. Quality，satisfaction and behavioural intentions. Annals of Tourism Research，2000，27（3）：785-804.

［25］许春晓，朱湘平，张欢.红色文化氛围、游客态度与拥护关系研究［J］.旅游科学，2016，30（5）：1-11.

［26］Mcdougall Gordon，Levesque Terrence.Customer satisfaction with service-putting perceived value into the equation［J］. The journal of services marketing，Santa Barbara，2000（14）：392.

［27］王莉，张宏梅，陆林，等.湿地公园游客感知价值研究——以西溪/溱湖为例［J］.旅游学刊，2014，18（2）：87-96.

［28］Woodruff R B. Customer Value：The

next source of competitive advantage [J].
Journal of the Academy of Marketing Seienee,
1997, 25（2）: 139–53.

[29] Parasuraman A, Grewal D. The
impact of technology on the quality–value–loyalty
chain: a research agenda [J]. Journal of the
academy of marketing science, 2000, 28（1）:
168–174.

[30] Lee C, Lee Y, Wicks B E. Seg-
mentation of festival motivation by nationality and
satisfaction [J]. Tourism management, 2004,
25（1）: 61–70.

[31] Hutchinson J, Lai F, Wang Y.
Understanding the relationships of quality,
value, equity, satisfaction, and behavioral
intentions among golf travelers [J]. Tourism
management, 2009, 30（2）: 298–308.

[32] Bitner M J. Evaluating service
encounters: the effects of physical surroundings
and employee responses [J]. Journal of
Marketing, 1990: 69–82.

[33] Oliver, Richard L. A Cognitive
Model of the Antecedents and Consequences of
Satisfaction Decisions [J]. Journal of Marketing
Research, 1980, 17（3）: 460–469.

[34] Bentler P M, Chou C P. Practical
issues in structural modeling [J]. Sociological
Methods & Research, 1987, 16（1）: 78–117.

基于城市大脑的乡村文旅数字化服务营销平台建设研究

韩剑锋　方步青　董　铃

（杭州温润澄澈科技发展有限公司，浙江　杭州　310051；浙江传媒学院，浙江　杭州　310018；杭州电子科技大学，浙江　杭州　310018）

摘　要：本文以杭州乡村文旅为例，分析乡村文旅产业发展存在的挑战，提出通过结合大数据、人工智能、AR、VR、区块链等技术，以乡村文旅产业数字化服务营销平台建设为抓手，促进乡村文旅融合，发展特色文化旅游经济，从而扩大文化消费，振兴乡村经济。本文详细阐述了乡村文旅产业数字化服务营销平台的定位、用户群分析、核心能力，并给出建设思路有关建议。

关键词：乡村振兴；乡村文旅；数字化；城市大脑

Research on the Promotion of Digital Service and Marketing Ability for Rural Cultural and Tourism

Han Jianfeng，Fang buqing，Dong ling

（Hangzhou Wenrunchengche Techonology Company，Hangzhou，Zhejiang，310051）

（Zhejiang Communication College，Hangzhou，Zhejiang，310018）

（Hangzhou Dianzi University，Hangzhou，Zhejiang，310018）

Abstract：Taking Hangzhou rural cultural and tourism as an example，the paper analyzes the challenges in the development of rural cultural and tourism，and puts forward that by combining big data，artificial intelligence，AR，VR，blockchain and other technologies，

收稿日期：2021-03-28

作者简介：韩剑锋（1991—　　），男，杭州温润澄澈科技发展有限公司总经理，主要研究方向为乡村振兴、智慧文旅、城市大脑等领域研究及高校产学研深化融合研究。

方步青（1984—　　），男，浙江传媒学院教师，主要研究方向为城乡可持续发展研究、高等教育产学研等研究。

董铃（1989—　　），女，杭州电子科技大学计划财务处职员，主要研究方向为大数据、高等教育财务管理数字化研究、高等教育产学研研究。

基金项目：本文为教育部人文社会科学研究规划基金（项目编号：21YJA630022）。

and taking the construction of digital service and marketing platform of rural cultural and tourism industry as impetus，we can promote the integration of rural cultural and tourism，develop characteristic cultural and tourism economy，expand cultural consumption，and revitalize rural economy. This paper elaborates the positioning，user group analysis and core competence of the digital service and marketing platform for rural cultural and tourism industry，and gives some suggestions on its construction.

Key words：rural revitalization；rural culture and tourism；digitization；city brain

一、引言

习近平总书记指出，要加快推动乡村振兴，建立健全促进城乡融合发展的体制机制和政策体系，带动乡村产业、人才、文化、生态和组织振兴。2018年2月发布的《中共中央 国务院关于实施乡村振兴战略的意见》指出，实施休闲农业和乡村旅游精品工程，建设一批设施完备、功能多样的休闲观光园区、森林人家、康养基地、乡村民宿、特色小镇。2019年5月份发布的《中共中央 国务院关于建立健全城乡融合发展体制机制和政策体系的意见》提出，建立新产业新业态培育机制，构建农村一二三产业融合发展体系，依托"互联网＋"和"双创"推动农业生产经营模式转变，健全乡村旅游、休闲农业、民宿经济、农耕文化体验、健康养老等新业态培育机制。2019年6月发布的《国务院关于促进乡村产业振兴的指导意见》，从政策层面提出了包含促进乡村特色文化产业发展、优化乡村休闲旅游业、发展多类型融合业态三个方面的任务。发展乡村文化旅游，传承乡村传统工艺，扩大文化消费，是振兴乡村经济的重要抓手，是实现乡村振兴的重要举措。

在乡村产业中，"农文旅"项目已经成为乡村新的经济增长点，浙江省的乡村文旅产业更是全国的领头雁。2020年11月发布的《中国县域旅游竞争力报告2020》，对2019年中国县域旅游发展情况做了全面梳理，公布了"中国县域旅游综合竞争力百强县市"，这些百强县分布在全国21个省份，其中浙江省以25个县市位居全国榜首，引发关注。浙江省在县域旅游资源富集度、旅游经济活跃度、旅游设施便捷度、生态环境优势度、政府推动实效度、旅游品牌美誉度六个方面（34个指标）遥遥领先。浙江省乡村文旅产业政策利好、需求旺盛，但目前存在经营模式单一、产品同质严重、文化挖掘深度不够、服务营销手段欠缺、传播能力弱等问题。在数字经济蓬勃发展的背景下，如何提升乡村文旅产业数字化服务营销能力，助推乡村旅游发展，是探索乡村文旅经济发展新模式的重要课题。

本文以杭州乡村文旅产业为研究对象，分析现状及存在的问题，探讨基于城市大脑的乡村文旅数字化服务营销平台建设。通过建立乡村文旅产业数字化服务营销平台，促进杭州乡村文旅产业发展和生态建设，总结经验并在其他地区进行广泛推广，通过数字乡村文旅建设助力当地经济发展。

二、乡村文旅产业发展现状分析

近年来，杭州乡村文旅产业发展态势良好。以 2019 年为例，杭州市乡村旅游共接待 9803.86 万人次，同比增长 32.71%；经营总收入 827108.66 万元，同比增长 33.72%；乡村旅游点总数为 2294 个，同比增长 4.61%。萧山湘湖、拱墅康桥、余杭径山、桐庐获蒲打造了各具特色的花海，成为假日休闲的网红打卡地；淳安县因杭黄高铁开通，旅游人数持续推高；建德市假日期间推出"多彩建德 17（一起）为祖国喝彩"系列活动，红色新安江水电站、古色梅城古镇、蓝色航空小镇等迎来了旅游客流高峰，吸引了众多市民游客。以创建全域旅游示范县为抓手，加快推进旅游产业转型升级，桐庐县、淳安县、建德市、余杭区、临安区创建为省级全域旅游示范县。截至 2020 年 8 月，文化和旅游部公布了两批全国乡村旅游重点村名单，杭州淳安县下姜村、西湖区上城埭村、建德市新叶村、临安区石门村 4 个村成功入围。2020 年 8 月，杭州市文化广电旅游局和杭州市经济和信息化局共同发布第一批杭州市传统工艺振兴目录，对于贯彻落实中国传统工艺振兴计划和保护乡村传统工艺具有重要意义。

三、乡村文旅产业服务营销能力存在的问题

（一）游客认知度较低

相对于杭州的西湖、西溪湿地、大运河等知名景区，在 2294 个乡村旅游点中，大部分知名度相对不足，推广营销渠道分散甚至缺乏，如何让游客认知和熟悉是需要解决的首要问题。在全面提升乡村文旅产业服务质量和水平基础上，如何充分利用移动互联网思维和手段，发挥游客社交网络优势，以良好的口碑扩大影响，吸引更多的游客前来消费，实现裂变式营销，能够更好地为文旅产业发展服务，从而形成良性循环，是拓宽乡村文旅营销渠道的重要着力点。

（二）产品吸引力不足

当前乡村文旅产品普遍以景区旅游和农家乐为主体，经营模式单一，产品同质严重，缺乏创新，对文化内涵的挖掘不够深入。2019 年杭州乡村旅游经营收入中，以餐饮和住宿为主，其中餐饮收入 417179.11 万元，占比约 50%；住宿收入 217505.23 万元，占比约 26%；而旅游产品收入 129869.34 万元，仅占约 15%。此外，2019 年杭州乡村旅游接待过夜游客人数为 1913.26 万人次，占比约 19.5%；过夜游客平均停留时间为 1.19 天，说明当前乡村旅游对游客的吸引力还有很大提升空间。如何对每个乡村文旅产业进行定性分析，植入特定的文化元素，通过科技手段使目标游客能身临其境地感受乡村文化魅力，从而吸引游客实地体验并消费，是科技支撑乡村文旅产业的另一大挑战。

（三）服务公信力不强

从旅游行业整体发展角度看，乡村文旅发展还处于相对初级阶段。在旅游过程中，游客担心问题之一是遇到宰客欺客行为或购买到假冒伪劣商品（如假冒西湖龙

井茶），从而降低旅游满意度和体验感。如何让游客游得放心、游得舒心，打造服务公信力成为乡村文旅产业可持续发展亟须解决的一个重要问题。

四、基于城市大脑的乡村文旅数字化服务营销平台建设

在文旅融合和全域旅游发展大背景下，杭州依托城市大脑进行文旅系统建设，推出了 10 秒找空房、20 秒景区入园、30 秒入住、数字旅游专列等一系列便民措施，不断提升旅游品质。2019 年，杭州全市文旅部门已完成 92 家景区 20 秒入园，完成 247 家酒店自助升级，开通 35 条数字旅游专线，累计服务游客超过 500 万人次。城市大脑文旅系统建设在为游客提供便利的同时，也非常有必要进一步考虑如何系统性提升杭州乡村文旅产业的数字化营销能力，助推乡村文旅产业整体发展。依托城市大脑，结合大数据、人工智能、AR、VR、区块链等技术，建设杭州乡村文旅产业数字化服务营销平台，可以进一步促进杭州乡村文旅融合，发展特色文化旅游经济，从而扩大文化消费，振兴乡村经济。

（一）数字化服务营销平台建设目标

1. 推动乡村特色传播

不同的乡村有不同的特点，可以是自然生态环境，也可以是人文生态。为促进乡村文旅发展，可以结合乡村自身特点，提炼或挖掘乡村特色，通过平台，以 VR 展示、直播、短视频、特色产品销售等多种形式面向游客宣传或提供服务，提升乡村吸引力。

乡村特色之一是乡村文旅产品，其既可以是当地的特色农产品，也可以是传统民间工艺品，还可以是将文化、艺术、设计、时尚等元素融入乡村这一空间而打造新颖的文创产品，都可以通过平台进行展示、宣传和销售。例如，有的乡村特色在于美食，可以通过平台进行美食制作的创意短视频播放来宣传；有的乡村拥有精美的工艺品，则可以通过平台进行工艺品及制作过程的虚拟展示来激发游客的购买欲望；有的乡村打造富有本土特色的 IP，可以推出文创产品，通过平台进行宣传和销售；有的乡村发展认养农业，可以让游客通过平台提供的远程直播功能观看认养的农作物或动物的生长情况。配合诸如分销、拼团、积分、游戏等营销手段，能够进一步扩大宣传范围和触达人群，并结合短视频、微信、微博等新媒体实现基于社交网络的传播。

2. 加强乡村文化保护

乡村是中华优秀传统文化的发源地，乡村文化是乡村居民在长期从事农业生产和生活的过程中创造和积累的物质与精神成果。但是，目前随着乡村人口老龄化以及年轻人流向城镇趋势，乡村文化包括传统手工艺、民间舞蹈、音乐、戏剧、杂技、神话传说等面临潜在的没有继承人或逐渐消失的困境。

平台通过乡村文化资源的数字化采集，可以有效地保护乡村文化，并通过数字化方式进行宣传，更好地继承和发扬中华传统文化。

3. 提升乡村文旅体验

平台通过线上线下融合，提升游客在

乡村的体验感，主要体现在：一是体验入口多。在线上，以电脑端、移动端为主要媒介，平台可以为游客提供跨越时空的体验。在线下，除移动端外，还可以在乡村部署智能标识牌，在文化站、群艺馆、文化礼堂等部署互动屏，为游客提供乡村视频介绍、基于 GIS 地图的导游导览、虚拟讲解、虚拟展示、AR 游戏等服务。二是体验沉浸感强。基于多源文旅数据融合、动态虚拟增强展示、多模态交互、智能导览等技术，为游客提供身临其境的文旅体验。例如，通过计算机模拟不同季节、不同天气下的乡村风光变化，让游客在最短时间内领略乡村最美的景色，也可以弥补部分游客在游玩时由于季节、天气受限所带来的遗憾。三是体验智慧化。平台可覆盖多个文化旅游乡村及特色小镇，针对乡村和小镇特点，结合游

客画像分析，能实现面向游客的精准推荐，既能解决游客选择困难症问题，又能提高游客从线上了解到实地体验的转化率。

4.促进乡村经济发展

随着乡村居民信息化水平提升，平台作为数字化工具提供电子商城服务，可以为农民、创客和文旅企业进行文旅产品展示和销售提供窗口，同时也是承载创意农业、认养农业、乡村民宿、乡村养老产业发展的孵化器，能够有效推动乡村经济发展，还能吸引农民工、高校毕业生、退役军人、科技人员等回流或下乡创业，为乡村振兴提供原动力。

（二）数字化服务营销平台设计框架

平台核心设计框架可以概括为："一脑智慧驱动、一码精准标识、一屏全局洞察、两端便捷服务"，见图1。

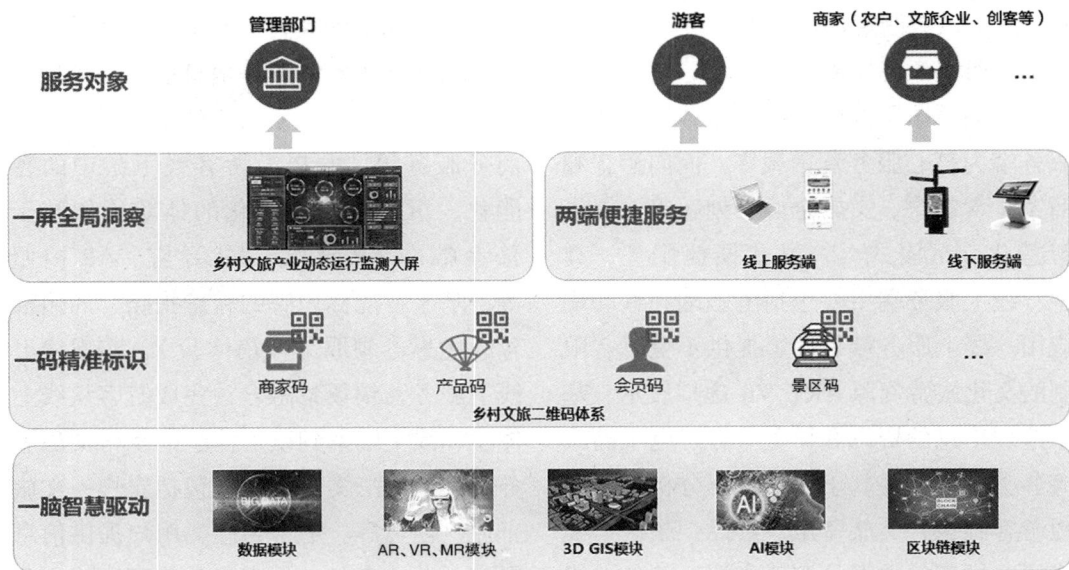

图1　乡村文旅产业数字化服务营销平台核心架构及能力

1. 一脑智慧驱动

依托杭州城市大脑，完成海量乡村文旅数据治理，支撑乡村景点、传统工艺振兴（如蚕丝织造技艺、铜雕技艺、制扇技艺等）等 AR、VR 动画制作，实现乡村文旅领域的用户画像、精准推荐、智能客服等数据应用分析，实现基于区块链的商家信用、特色产品溯源、积分联盟等乡村文旅泛信任体系打造。

2. 一码精准标识

一码精准标识指一个乡村文旅二维码体系，实现各类实体的唯一有效标识，包括商家码、产品码、会员码、景区码等，方便实体识别、溯源、传播等操作。

3. 一屏全局洞察

一屏全局洞察指一个乡村文旅产业动态运行监测大屏，面向管理部门，根据访问权限，提供指定区域的乡村文旅产业运行监测，实时了解乡村文旅产业发展现状，并为政策制定提供有力的决策支撑。

4. 两端便捷服务

两端便捷服务即以线上服务端和线下服务端为核心服务营销载体，面向游客和商家（含农户、文旅企业、创客等）提供智慧化、沉浸式、一站式便捷服务。其中，线上服务端主要包括电脑端和移动端应用。线上服务端为游客提供不受时空限制的文化旅游资源 AR、VR 虚拟展示、基于地理信息的资讯和导览服务、电子商城等各类服务，并基于用户数据分析挖掘实现游客画像、文旅资讯、产品、景区、线路精准推荐等数据的深度应用。此外，线上服务端为商家提供电子商城入驻及线上展示销售窗口，实现乡村文旅产品、创客文创产品、特色农产品等线上展示和销售。线下服务端以智能标识牌为核心载体，基于城市大脑和二维码体系，依托乡村文旅基础数据库、文旅产品库、AR/VR资源库等，实现文化旅游乡村标识牌的智能化。智能标识牌可部署在文化旅游乡村主要游览区域、重要步行路口、广场等位置。线下服务端还可以包括互动屏，可部署在文化站、群艺馆、文化礼堂等地方。

（三）数字化服务营销平台用户群体分析

平台用户群主要有四类：第一类是管理部门，包括市、区县文旅管理部门，文化旅游乡村建设运营管理部门等。管理部门通过该平台实现乡村文旅主题库建设，对乡村文旅产业发展动态进行监测，对平台运营效果进行评估等，并以此制定和调整乡村文旅发展策略。第二类是游客。平台为游客提供线上信息服务（如基于电脑端或移动端的乡村文旅资讯、产品、工艺、景区和体验资源等信息展示，支持图文、视频、虚拟展示等多种方式）、电子商务服务等，并提升游客线下游中的智能化、沉浸式、精准化的体验（如基于移动端的 AR 导览、AR 寻宝、AR 拍照等，基于智能标识牌的智慧指路、周边推荐、优惠券领取等营销体验），实现线上线下服务营销场景融合，完成游客从线上体验、线上购票到线下体验的乡村文旅服务闭环。第三类是商家，包括农户、文旅企业、创客等。平台为此类用户提供信息展示、电子商务、创客服务等窗口，实现特色农产品、乡村文旅产品、文创产品等线上展示和销售，支持直播、限时购、拼组团、优惠券、积分抵扣、期卡等多种营销手段。第四类是第三方企业，如OTA、第三方电子商城、导航软件、短视频平台等。平台可将资源向第三方企业开放，进一步扩大平台影响力，提升资源利用率，挖掘资源商业价值，推动乡村文旅生态建设。

五、结论及展望

通过乡村文旅产业数字化服务营销平台建设，可以有效盘活优质乡村自然资源，激活乡村价值洼地，帮助农民致富增收，传承乡村优秀文化和工艺，实现生态效益、社会效益与经济效益三方共赢。

未来乡村文旅产业数字化服务营销平台可以采取统筹规划、分步试点的方式进行建设和推广：第一阶段，在杭州市选择1~2个区县作为平台试点，进行功能迭代完善，总结成功经验，创建应用样板。第二阶段，在试点基础上，进行全市推广，成立乡村旅游联盟，丰富服务营销应用场景。第三阶段，在浙江省、长三角、杭州对口帮扶地区推广，持续提升平台效果，可以把乡村文旅产业数字化服务营销平台打造成杭州文旅的又一张金名片。

参考文献

［1］中共中央 国务院关于实施乡村振兴战略的意见［EB/OL］. http://www.gov.cn/zhengce/2018-02/04/content_5263807.htm.

［2］中共中央 国务院关于建立健全城乡融合发展体制机制和政策体系的意见［EB/OL］. http://www.gov.cn/zhengce/2019-05/05/content_5388880.htm.

［3］国务院关于促进乡村产业振兴的指导意见［EB/OL］. http://www.gov.cn/zhengce/content/2019-06/28/content_5404170.htm.

［4］杭州文化广电旅游局.杭州文化广电旅游概览，2019：66-68.

［5］2019年杭州市旅游经济运行分析［EB/OL］. http://wgly.hangzhou.gov.cn/art/2020/1/27/art_1692888_53983354.html.

［6］文化和旅游部公布首批全国乡村旅游重点村名单［EB/OL］.http://www.gov.cn/xinwen/2019-07/28/content_5416016.htm.

［7］文化和旅游部 国家发展改革委关于公布第二批全国乡村旅游重点村名单的通知［EB/OL］. http://www.gov.cn/zhengce/zhengceku/2020-09/04/content_5540367.htm.

［8］杭州市文化广电旅游局 杭州市经济和信息化局关于第一批杭州市传统工艺振兴目录的公示［EB/OL］. http://wgly.hangzhou.gov.cn/art/2020/8/18/art_1229278327_2540459.html.

［9］李翔，宗祖盼.数字文化产业：一种乡村经济振兴的产业模式与路径［J］.深圳大学学报：人文社会科学版，2020，37（2）：74-81.

教育研究

习近平青年修德观基本特征四重维度研究

马庆楠

（浙江旅游职业学院，浙江　杭州　311231）

摘　要： 习近平青年修德观是习近平新时代中国特色社会主义思想的重要内容之一，有着丰富的理论内涵和深刻的现实意义。它的提出既突出了青年的历史地位和时代责任，又揭示了新时代对于青年的新要求和新期望，具有有序的传承性、鲜明的针对性、目标的指向性、外化的实践性四个方面的基本特征，体现了中国共产党对青年一代的关注、关心、关爱和重视。习近平青年修德观是一个处在不断发展和完善中、逻辑性极强的理论体系。

关键词： 习近平；青年；修德观；基本特征

A Four–Dimensional Study on the Basic Characteristics of Xi Jinping's View on Youth Moral Cultivation

Ma Qingnan

（Tourism College of Zhejiang，Hangzhou，Zhejiang，311231）

Abstract： As one of the important contents of Xi Jinping Thought on Socialism with Chinese Characteristics for a New Era，Xi Jinping's view on youth moral cultivation has rich theoretical connotation and profound practical significance. It highlights the historical position and the era responsibility of the youth and reveals the new requirements and expectations of them in the new era. It has four basic characteristics of orderly inheritance，distinct pertinence，clear objectives and externalized practicality，which reflect the Party's concern，care and love for and attention to the youth. Xi Jinping's view on youth moral cultivation is a highly logical theoretical system in the process of continuous development

收稿日期：2021–09–04

作者简介：马庆楠（1989—　），女，浙江旅游职业学院工商管理学院教师，讲师，硕士，主要研究方向为大学生思想政治教育研究。

and improvement.

Key words：Xi Jinping；youth；view on moral cultivation；basic characteristic

习近平青年修德观是中国共产党关于"青年思想"的重要组成部分，体现了党中央对青年的关注、关心、关爱和重视，具有以下基本特征：在其历史沿革上，以中华优秀文化为根基，继承党的青年思想，具有历史的承继性；在其现实意义上，以探究中国青年现状为抓手，引领良好社会风尚，具有鲜明的针对性；在其现实保障上，以增强实践能力为要求，统筹多德共修保障，具有外化的实践性；在其价值诉求上，以实现伟大梦想为目标，植根中国当代实际，具有明确的指向性。研究和概括习近平青年修德观的基本特征，有利于充分了解习近平青年修德观理论生成的基本逻辑和历史脉络，为其内容的丰富发展和实践的深入进行提供强有力的方法论支撑。

一、有序的传承性：以中华优秀文化为传承，继承中国共产党的青年思想

我国既有绵延不绝的中华优秀传统文化，又有在革命、建设和改革过程中孕育及形成的革命文化与社会主义先进文化。习近平青年修德观是习近平在中华民族优秀传统文化以及中国共产党关于青年思想的引领下，提出的关于民族的、时代的、科学的、创新的"青年修德观"，不仅有着深厚的历史底蕴，而且实现了理论和实践双重发展，具有有序传承性的特征，具体体现在以下两点。

（一）传承中华民族优秀传统文化

青年如何培育和践行社会主义核心价值观是习近平青年修德观重要内容，而将中国优秀传统文化融入其中成为"习近平青年修德观"历史承继性的主要特征之一。2014 年习近平在同北京大学师生座谈时要求广大青年自觉践行社会主义核心价值观，并结合中华传统文化阐述了以下几个问题：

1. 什么是社会主义核心价值观

习近平借用《礼记·大学》的"八条目"，即格物、致知、诚意、正心、修身、齐家、治国、平天下，提出格物致知、诚意正心、修身是个人层面的要求，齐家是社会层面的要求，治国平天下是国家层面的要求。我们提出的社会主义核心价值观，把涉及国家、社会、公民的价值要求融为一体。社会主义核心价值观的框架是基于中国传统文化搭建的，其基本内涵形成也从中华优秀传统文化中汲取了养分。例如，"天人合一""和而不同"等思想影响了"和谐"内涵确立；"大道之行也，天下为公""天下兴亡，匹夫有责"等思想影响了"爱国"内涵的确立；"老吾老以及人之老，幼吾幼以及人之幼""不患寡而患不均"影响了"平等"概念的确立等。

2. 青年为什么要养成社会主义核心价值观

习近平借用《刘子·崇学》中的名

言"凿井者，起于三寸之坎，以就万仞之深"，表达了青年为什么要有社会主义核心价值观，他明确指出青年的价值取向决定了未来整个社会的价值取向，而青年又处在价值观形成和确立的时期，抓好这一时期的价值观养成十分重要。青年是社会主义事业的建设者和接班人，培养青年养成社会主义核心价值观才能始终保证社会主义旗帜"不变色"，才能保证未来整个社会的价值取向"不变质"，从而担当起民族伟大复兴的历史重任。

3. 如何培育青年养成社会主义核心价值观

习近平借用《礼记·中庸》中的格言："博学之，审问之，慎思之，明辨之，笃行之"的智慧，对青年养成和践行社会主义核心价值观提出了勤学、修德、明辨、笃实的四点要求：要求青年能够"勤学"以育德，下得苦功夫，求得真学问；"修德"以立德，加强道德修养，注重道德实践；"明辨"以养德，善于明辨是非，善于决断选择；"笃实"以固德，扎扎实实干事，踏踏实实做人。努力把核心价值观的要求变成日常的行为准则，进而形成自觉奉行的信念理念。

（二）继承中国共产党的青年思想

习近平青年修德观的有序传承性还体现在其对中国共产党人青年思想的继承上，同时又不断赋予中国共产党的青年思想以新时代的内涵。将中国共产党的青年思想融入中国当代青年的理想信念教育之中是"习近平青年修德观"历史承继性的又一个主要特征。

1. 中国共产党是由一批有志的青年所创立的

"五四运动"之后，一大批有志青年怀揣着救国之志在中国传播马克思主义，青年马克思主义者成为旧中国社会新崛起的势力，在马克思主义理论的指导下，创立了一系列社会主义性质的青年团组织。建党初期，党与团是分不开的，青年团组织的成立推动了中国共产党的成立。1921年7月，毛泽东、董必武、何叔衡等13位党员代表全国50多名党员在嘉兴南湖的"红船"上召开了中国共产党第一次全国代表大会，宣告了中国共产党的成立。这一年毛泽东28岁，这也是13位代表的平均年龄，最年轻的刘仁静才19岁，带领全国人民彻底改变中国面貌的中国共产党就是由这样一群青年人所创立的。

2. 中国共产党创始人特别重视青年人的成长

1915年，中国共产党的创始人陈独秀在上海创办《新青年》杂志，并以《敬告青年》作为本刊物的发刊词。1917年，陈独秀在北京大学成立《新青年》编辑部，以《新青年》为主要阵地，发表了一系列鼓舞青年、教育青年、引领青年的文章，《新青年》关注青年问题、解决青年的疑惑，成为青年成长成才的重要精神源地。中国共产党另一位创始人李大钊勉励青年："为世界进文明，为人类造幸福，以青春之我，创建青春之家庭，青春之国家，青春之民族，青春之人类，青春之地球，青春之宇宙，资以乐其无涯之生。"青年是民族、国家未来的担纲者，是世界文明秩序的守护者。对青年的重视、关心是中国共产党一以贯之的思想原则。

3. 中国共产党的历届领导人都重视青年的培养

毛泽东指出："世界是你们的，也是我们的，但是归根结底是你们的。你们青年人朝气蓬勃，正在兴旺时期，好像早晨八九点钟的太阳。希望寄托在你们身上。"邓小平认为："青年是我们的未来，我们的一切事业的继承者。"江泽民提出："我们的事业任重道远，希望寄托在青年人身上。赢得青年，才能赢得未来。"胡锦涛强调："一个有远见的民族，总是把关注的目光投向青年；一个有远见的政党，总是把青年看作是推动历史发展和社会进步的重要力量。"继承党的历届领导集体的青年思想，习近平在数次不同场合的讲话中提到"青年、国家、民族"的关系，并在十九大报告中对这一关系做了系统概括："青年兴则国家兴，青年强则国家强。青年一代有理想、有本领、有担当，国家就有前途，民族就有希望。"

二、鲜明的针对性：以青年现实问题为导向，引领良好的社会风尚

习近平青年修德观是在新时代大背景下针对青年这个特殊群体新特征、新问题的理论创新，它基本遵循了发现问题、分析问题和解决问题的致思理路，以青年中存在的多元价值观问题为导向，具有鲜明的针对性的特征。

（一）中国当代青年价值观现状

中国当代青年的主流价值观是积极健康向上的，青年一代是可爱、可信、可贵和可为的。但是在全球化、多元化的国际背景下以及在中国全面深化改革开放的国内环境下，青年的价值观必然受到来自国际和国内良莠不齐的观念的冲击。

一方面随着我国改革开放进程的加快，在与西方交流不断深化的进程中，西方的意识形态、思想文化价值观也随之输入到我国，使得我国青年一代越来越具有全球性的开放眼光。但是由于青年的不成熟性特征也必然会导致部分青年在面对其他国家（特别是西方发达国家）丰富多彩、良莠不齐的价值观时，难以辨别是非地予以全盘吸收，使得青年多元价值观中"糟粕"和"精华"并存，甚至有的青年剔除"精华"吸收"糟粕"。正如习近平所说："当前，世界范围内各种思潮交流交融交锋，国内各种矛盾和热点问题叠加出现，境内外敌对势力对我国实施西化、分化战略一刻也没有放松，这些都对青年的世界观、人生观、价值观产生着潜移默化的影响。"

另一方面随着我国社会转型期不断深入，冲破固化的利益藩篱，重新整合社会现有的资源的需求也导致国内各种矛盾日渐凸显和频发。在这样环境中，部分青年学生在融入社会的过程中频繁受挫，加之对我国深化改革过程中难免会出现的这样或那样的问题无法辩证地予以审视，从而导致当代青年思想之中形成的既定价值观与社会整体价值观相冲突、相对立，从而产生了对未来的担忧、对社会现实的不满，很容易产生理想信念模糊、价值观念扭曲、政治信仰缺失和责任意识淡薄等思想，从而影响着青年正确价值观和人生观的养成，不仅不能成为社会的贡献者，相反，可能

成为社会新的不稳定的因素。

（二）当代青年价值观问题的解决路径

重视青年成长、成才，必须以中国当代青年的现实问题为导向，准确把握青年普遍存在或者可能存在的一系列思想问题，用正确的方法解决青年存在的问题。习近平的青年修德观鲜明针对性主要体现在以下几点：

1. 针对青年理想信念逐渐缺失的现状

习近平勉励青年："在你们身上，充分体现了当代青年报效祖国的远大志向、朝气蓬勃的精神风貌、自强不息的意志品质、甘于奉献的思想境界，也充分体现了广大青年对中国特色社会主义的坚定信念、对实现中华民族伟大复兴的必胜信心。"要求青年能够坚定中国特色社会主义的理想信念，始终保持自强不息、拼搏奋斗、勇于奉献的人生态度，把自己的青春融入于实现中华民族伟大复兴中国梦的宏伟蓝图之中。

2. 针对青年职业选择迷茫的现象

习近平提出："青年是标志时代的最灵敏的晴雨表，时代的责任赋予青年，时代的光荣属于青年。"青年应抓住时代发展的机遇，根据社会现实需要选择自己的职业，谋划自己的人生。时代的未来属于青年，时代的责任也必须要由青年一代肩负与担当。青年不能够有"一步登天"的冒进思想，也不能够有"一夜暴富"的急躁心态，而是要把自己的人生理想、职业选择与时代结合，脚踏实地、锐意进取、开拓创新，打造属于青年的时代，拥有属于青年的荣光。

3. 针对青年价值选择的困境

习近平用"家国情怀"引导青年把价值选择与国家和民族的命运结合，他在不同场合多次指出"历史和现实都告诉我们，青年一代有理想、有担当，国家就有前途，民族就有希望""国家的前途，民族的命运，人民的幸福，是当代中国青年必须和必将承担的重任""全面建成小康社会，广大青年是生力军和突击队"等。青年在其成长过程中，总会遇到各种价值选择，面对形形色色的价值诱惑，必然产生一系列的价值选择困惑，但只要把自己选择的标准和目标定为有利于社会、民族和国家，就一定能做出正确的价值选择。

三、外化的实践性：以增强实践能力为要求，统筹多德共修的保障

习近平的青年修德观明确提出了青年要修什么样的德基本要求，即青年既要修个人之私德、社会之公德，也要修国家和世界之大德。"大德""公德"和"私德"共同构成青年的道德观，作为一个完整的道德体系一于青年现实实践之中。习近平的青年修德观在系统的总结青年"多德共修"基本内容的基础上，要求青年积极投身于社会实践，在实践中修德、验德、固德和用德，具有外化实践性的特征。

（一）当代中国青年要修什么样的德

人的精神世界博大而复杂，因此人之德也绝不可能是单一的存在，其必然包含着多方面的内容。在宏观层面可以概括为"大德""公德"和"私德"，对于青年的要求是：青年要自觉修个人之私德，也

要修社会之公德，更要修国家、世界之大德。

一方面青年要养"公德"和"私德"。要求青年"从做好小事、管好小节开始起步，'见善则迁，有过则改'，踏踏实实修好公德、私德，学会劳动、学会勤俭，学会感恩、学会助人、学会谦让、学会宽容、学会自省、学会自律"。青年的成长成才不仅仅表现在知识增加和年龄的增长方面，而且表现在青年良好思想品德的铸就方面，青年作为社会最具活力的群体，努力养成良好的道德品格，才能更好地维护社会和谐，具有良好"公德"和"私德"的青年也更容易被社会和其他群体所接受，在实现自己人生价值方面往往能达到事半功倍的效果，良好的"公德"和"私德"是新时代青年必不可少的素质。

另一方面青年要养国家和世界之"大德"。前者要求青年"要立志报效祖国、服务人民，这是大德，养大德者方可成大业"。青年首先要立大德，即忠于祖国、热爱祖国、报效祖国、服务祖国之德。在中国当前的语境之中，社会主义核心价值观就是一种大德。家庭、学校和社会要积极培育青年养成"爱国、敬业、诚信、友善"之大德，内化为自己的精神追求，外化为自己的自觉行动。后者要求青年积极参与到构建人类命运共同体的进程中。习近平特别重视青年在构建人类命运共同体之中的作用，并在多处重大外交场合提及"青年是国家的未来，是世界的未来，也是中俄友好事业的未来""中美友好的根基在民众，希望在青年"等，并明确要求"新时代中国青年，要有家国情怀，也

要有人类关怀，发扬中华文化崇尚的四海一家、天下为公精神，为实现中华民族伟大复兴而奋斗，为推动共建'一带一路'、推动构建人类命运共同体而努力"。各国青年之间的友好交流、共同进步是国家之间友好关系建立的基石、是国家之间共同发展的桥梁。

（二）当代中国青年如何修德

一方面青年要在理论学习中养德。青年要读万卷书、求书本中的真学问。首先，家庭、学校和社会必须注重引导青年多读书、多学习、勤思考；要教会青年学生如何读书、如何学习，读书和学习不要浮于表面，更不要夜郎自大，要求真学问，练真本领。其次，青年要能够把自己的所思、所想、所学真正与国家的实际需求紧密结合，把自己的前途和命运与国家的前途和命运密切结合，"在学习中增长知识、锤炼品格，在工作中增长才干、练就本领，以真才实学服务人民，以创新创造贡献国家"。最后，学真学问不仅要学习本民族的文化和知识，还要努力学习世界性的知识和文化，了解世界文明，取长补短、融会贯通，才能更好发展本民族精神文化。

另一方面青年要在社会实践中育德。青年要行万里路，求生活中的活学问。一要多了解各地区、各民族的风土人情和民俗文化，养成对国家、民族的自豪感，爱国之德才能油然而生。二要把理论知识和社会需要结合，敢于创新创业，在开拓思维和创新实践中更好地实现自我的人生价值，为社会主义现代化建设添砖加瓦。三要积极投身到国家和世界需要的地方去，

在援藏、支边、服务基层以及参加国际志愿者等实践中，不断磨炼自我意志、铸就正确的人生观和世界观。同时青年在有条件的情况下，要多走出国门，走进世界知名学府攻读学位，学习国外先进科学技术和知识文化，积极与他国青年交流互动，共同致力于构建人类命运共同体的伟大征程之中。

四、目标的指向性：以实现伟大梦想为目标，指向民族复兴的使命

习近平明确指出："实现中华民族伟大复兴的中国梦是中国青年运动的时代主题"。这一时代主题的总结是基于对中国古代辉煌与近代落魄之间的比较做出的，是与新时代中国发展实际充分结合所得出的具有理论支撑和现实根基的结论。习近平青年修德观根植于中国当代实际，对当代中国青年提出了目标要求，具有鲜明的目标指向性特征。

（一）当代中国青年为什么要有伟大梦想

1. 伟大梦想是中华儿女共同的愿望

习近平指出："实现中华民族伟大复兴，就是中华民族近代以来最伟大的梦想。这个梦想，凝聚了几代中国人的夙愿，体现了中华民族和中国人民的整体利益，是每一个中华儿女的共同期盼。"中国近代史是中华民族饱受列强凌辱的历史，历史的经验和教训告诉我们"落后就要挨打"，只有强大起来的中国才能屹立于世界民族之林。民族伟大复兴就是要恢复中国古代曾有的辉煌的文化影响力和崇高的世界地位，但强大起来的中国绝不

会对其他国家、民族实施霸权主义，而是"高举和平、发展、合作、共赢的旗帜，恪守维护世界和平……推动建设相互尊重、公平正义、合作共赢的新型国际关系。"

2. 伟大梦想是中国青年的历史使命

习近平指出："实现中华民族伟大复兴的中国梦，广大青年生逢其时，也重任在肩。广大青年既是追梦者，也是圆梦人。追梦需要激情和理想，圆梦需要奋斗和奉献。广大青年应该在奋斗中释放青春激情、追逐青春理想，以青春之我、奋斗之我，为民族复兴铺路架桥，为祖国建设添砖加瓦。"当代青年的前途和命运与国家的未来紧密相连，作为民族伟大复兴的最主要的参与者，必须把自己的青春梦想融入到中国梦之中，以中国梦引领自己的青春梦，以青春梦托起伟大的中国梦，不断增强本领、坚定信念、开拓创新，在贡献于为中国梦实现进程中不断实现自我的人生理想和人生价值。

3. 伟大梦想是青年修德的必然要求

青年肩负着建设社会主义现代化强国、实现中华民族伟大复兴的历史使命。而建设社会主义现代化强国，不仅要物质上强，更要精神上强，青年要把正确的道德认知、自觉的道德养成、积极的道德实践紧密结合起来，不断修身立德，打牢道德根基，同时善于从中华民族传统美德中汲取道德滋养，自觉抵制拜金主义、享乐主义、极端个人主义、历史虚无主义等错误思想，追求更有高度、更有境界、更有品位的人生。新时代的青年要在精神上打造自己，才能更好地成为社会主义的建设

者和接班人，更好地践行民族伟大复兴的梦想。

（二）当代中国青年如何践行伟大梦想

1. 正确看待个人与国家之间的关系

青年的人生理想与国家和民族的理想不是统一的。习近平提出："只有把人生理想融入国家和民族的事业中，才能最终成就一番事业。"得其大者可以兼其小，未有学其小而能至其大者也。青年的个人梦想依托于中国梦，中国梦的实现为个人梦想的追逐提供了强大的后盾。当代中国青年只有把个人的理想追求与国家的理想目标相结合，才能在筑梦的过程中不断地释放青春的激情，从而实现自我的人生价值和理想追求。同时，每一个个人梦想的实现也能够为中国梦的最终实现不断添砖加瓦。

2. 正确对待成功与失败之间的关系

习近平告诫青年："青年在成长和奋斗中，会收获成功和喜悦，也会面临困难和压力。要正确对待一时的成败得失，处优而不养尊，受挫而不短志，使顺境逆境都成为人生的财富而不是人生的包袱。"青年要正确地看待人生道路上的成功与失败，始终保持积极向上的态度，把失败当成磨炼自我意志的动力，将成功看成激发自我奋斗的机遇。只有不因暂时的失败而丧失斗志，也不因一时的成功而裹足不前，才能收获一颗又一颗胜利的"果实"，实现自我人生追求的同时也推动了中国梦实现的历史进程。

3. 正确对待小事与大事之间的关系

习近平指出："'天下难事，必作于易；

天下大事，必作于细。'成功的背后，永远是艰辛努力。青年要把艰苦环境作为磨炼自己的机遇，把小事当作大事干，一步一个脚印往前走。"修德绝不是一朝顿悟，而是要在细微处下苦功夫，在现实中不断锤炼。恶德往往就是来源于生活之中的极小的私欲，美德也有可能因一己之私毁之殆尽。修德也不可能一劳永逸，需要我们做好身边的每一件小事，才能积少成多，完成良好德行的塑造，从而为中国梦的实现营造健康的社会环境。

习近平青年修德观是以解决当代青年所出现的价值观问题为根本导向，理论体系有着其坚实的现实根基；充分继承了中华民族优秀传统文化和社会主义先进文化，理论体系具有深厚的历史底蕴；以实现中华民族伟大复兴的中国梦为根本目标，理论体系有着可期的理想追求。同时要求青年积极投身于建设新时代中国特色社会主义以及建构人类命运共同体的伟大实践，在实践中立德修身、明德固本，使习近平的青年修德观具有了外化的实践功能。综上所述，习近平的青年修德观不仅在时间上厘清了中国共产党的"青年思想"，指明了青年未来奋斗的方向和目标，具有较强的历史承继性和未来指向性，而且在空间上注重青年的现实实践，并要求为青年的实践提供有序的、健康的社会环境，具有现实可行性和实现必然性。探究习近平的青年修德观的基本特征，能够在理论上进一步厘清习近平青年修德观的基本内涵，在实践中成为指导青年自觉树立正确的价值观的行动指南。

参考文献

［1］习近平.青年要自觉践行社会主义核心价值观——在北京大学师生座谈会上的讲话［N］.人民日报，2014-05-05.

［2］建国以来毛泽东文稿：第6册［M］.北京：中央文献出版社，1992：650.

［3］邓小平文选：第1卷［M］.北京：人民出版社，1994：278，254.

［4］江泽民文选：第1卷［M］.北京：人民出版社，2006：248，128.

［5］胡锦涛文选：第1卷［M］.北京：人民出版社，2016：327.

［6］习近平.决胜全面建成小康社会 夺取新时代中国特色社会主义伟大胜利［N］.人民日报，2017-10-19.

［7］习近平.在同团中央新一届领导班子集体谈话时的讲话［N］.人民日报，2013-06-21.

［8］习近平.在同各界优秀青年代表座谈时的讲话［N］.人民日报，2013-05-05.

［9］习近平.致全国青联十二届全委会和全国学联二十六大的贺信［N］.人民日报，2015-07-25.

［10］习近平.在知识分子、劳动模范、青年代表座谈会上的讲话［N］.人民日报，2016-04-30.

［11］习近平.顺应时代前进潮流 促进世界和平发展——在莫斯科国际关系学院的演讲［N］.人民日报，2013-03-24.

［12］习近平.努力构建中美新型大国关系［N］.人民日报，2014-07-10.

［13］习近平.在纪念五四运动100周年大会上的讲话［M］.北京：人民出版社，2019.

［14］习近平.考察中国科技大学时与大学生对话［N］.人民日报，2016-04-27.

［15］习近平.紧跟党走在时代前列 走在青年前列 在实现中华民族伟大复兴的征途中续写新光荣［N］.人民日报，2013-06-21.

［16］习近平谈治国理政：第1卷［M］.北京：外文出版社，2018：36.

［17］习近平.勇做走在时代前面的奋进者开拓者奉献者［N］.人民日报，2013-05-05.

［18］习近平.立德树人德法兼修抓好法治人才培养 励志勤学刻苦磨炼促进青年成长进步［N］.人民日报，2017-05-03.

"双高计划"背景下高职教育研究：现状、问题与展望

周伊萌　蒋炯坪

（浙江旅游职业学院，浙江　杭州　311231）

摘　要： 通过对中国知网（CNKI）数据库进行"双高计划"等相关主题检索，借助 CiteSpaceV 软件可视化分析发现："双高计划"背景下高职教育研究趋势显著体现国家政策的导向作用；研究群体合作密度不高；核心成果仍需进一步丰富；热点主题聚焦在产教融合、校企合作、专业群建设、高质量发展、人才培养和国际化等方面。由此，建议在"双高"研究共同体、多学科研究范式及方法、"双高"改革任务领域、高职教育均衡发展等方面推进高职教育研究。

关键词： "双高计划"；高职教育研究；可视化分析；研究展望

Research on Higher Vocational Education in Double High–levels Plan： Status Quo， Problems and Vision

Zhou Yimeng， Jiang Jiongping

（ Tourism College of Zhejiang， Hangzhou， Zhejiang， 311231 ）

Abstract： Through the search of the topic "Double High–levels Plan" in CNKI database and visualized analysis with CiteSpaceV， it is found that the research of Higher Vocational Education in "Double High–levels Plan" significantly reflects the guiding role of national policies；Research groups do not work closely enough；The core achievements need to be further enriched；Research focuses are the integration of industry and education， college-enterprise cooperation， major groups construction， high-quality development， talent training and internationalization. Therefore， it is suggested to promote research on community

收稿日期：2021-9-12

作者简介：周伊萌（1990—　　），女，浙江旅游职业学院酒店管理系教师，硕士，主要研究方向为旅游高职教育。
蒋炯坪（1980—　　），女，浙江旅游职业学院"双高"办公室副主任，助理研究员，硕士，主要研究方向为高职教育研究。

基金项目：浙江旅游职业学院青年科研重点课题（项目编号：2020KYZD01）。

with a shared goal, multidisciplinary research normal form and methods, reform tasks, and the balanced development of higher vocational education.

Key words: double high-levels plan; higher vocational education; visualized analysis; research and vision

2019 年至今，《国家职业教育改革实施方案》颁布以来，国家层面陆续出台数十个体现顶层设计和职教战略部署的政策文件，全新的国家职业教育体系正在逐步形成。在政策引导和需求驱动下，中国特色高水平高等职业学校和专业建设计划（下文简称"双高计划"）迅速成为高职教育研究的热点之一。基于此，本文通过对中国知网（CNKI）数据库中有关"双高计划"的期刊论文数据梳理，整理出"双高计划"背景下高职教育研究的现状与问题，提出研究展望，以期为高职院校的内涵式高质量发展提供研究支撑。

一、应然诉求：新时期高职教育研究服务高职院校发展的使命担当

（一）新世纪初期高职教育的跨越式发展历程简述

高职教育作为一种特色的教育类型，经历了从无到有、从有到优、从优到高的发展历程，为我国的产业经济发展培养了不计其数的高素质技术技能人才，成为中国崛起的重要力量。根据教育部全国教育统计数据，截至 2019 年，全国独立设置的高职院校 1423 所，招生数 483.6 万人，在校生数 1280.7 万人，分别是 2000 年的 3 倍、9 倍、13 倍左右。其间，国家先后出台了四大高职教育专项计划（即"2006 年国家示范高职院校建设计划""2010 年国家骨干高职院校建设计划""2015 年高职教育创新发展行动计划"和"2019 年国家双高计划"），从扶持重点专业到推进整校全面建设，实现了高职教育量到质的飞跃。四大高职教育专项计划对高职院校的办学模式、功能定位和价值取向的变革产生了巨大影响，既是高职教育应对时代变革需求，又是顺应国家经济发展导向的方略体现。由此，"双高计划"应时而生，把高职教育推向了内涵式高质量发展的新高度。

（二）新时代高职教育研究的使命更加凸显

高职教育研究在推动职业教育发展上一直承担着把脉、反思、指导、引领的重要使命。新时期，高职院校内涵建设的关键抓手和突破口是"研究"，从"建设"到"研究"，是高职教育内涵发展范式的转变。同理，在"双高计划"视域下，高职教育研究的重点亦应与高职教育发展同步，聚焦到内涵式发展的高职教育诉求上来。宏观层面上重点关注"双高计划"促进高职教育未来发展的方向、定位、意义、战略选择、建设思路、行动路径、评价体系等方面的研究，中观层面上重点关注"双高计划"提出的"一个加强、四个

打造、五个提升"等十大改革任务的破题思路、建设重点、体系构建、框架整理、可持续发展保障等方面研究，微观层面上重点开展研究如何解决"双高计划"下高职院校办学实践中的某一类课程建设、新形态教材建设、教学资源库建设等教学一线的问题和难点研究。

总的来说，当前我国高职教育已经发展到相当高的水平，如何进一步发展，则需要高职教育界站在新的历史起点上，超越以前的基础性建设思路，以超强的改革勇气、探索精神和创新意识，从政府到地方，从行业企业到高职院校，从教师到学生，重构突破性的发展思路和评价模式，实现"双高计划"直指的"建设中国特色职业教育发展模式"的宏伟目标。

二、现状分析："双高计划"背景下高职教育的研究热点

通过对中国知网（CNKI）数据库现有"双高计划"研究成果的梳理、分析和总结，有助于客观认识"双高计划"背景下高职教育研究的发展现状、特征，明确未来高职教育研究的重点和努力方向。

（一）研究设计

1. 数据来源

本文以"双高计划"或"中国特色高水平高职"为主题，在中国知网（CNKI）进行检索。在人工剔除无关主题的文献后，检索到2018年1月至2021年3月（截止时间2021年3月27日）这一时间段内的有效文献共计719篇，利用CiteSpaceV软件进行后续可视化分析。

2. 研究方法

本文采用可视化分析软件CiteSpaceV，其具体版本为CiteSpace 5.6.R5（64-bit），系统运行环境为Windows10（CN/zh）和Java1.8.0_191-b12（64-bit）。通过合作网络分析法对"双高计划"研究相关的作者及机构的合作关系进行分析，以表明当前"双高计划"研究领域的科学合作的关系、强度以及研究成果质量；通过共词聚类法分析关键词频次，以发掘"双高计划"研究领域的热点和趋势；通过文献综述法对高职教育权威学者的"双高计划"研究成果进行梳理和总结，为后续研究寻找立足点和突破口。

（二）研究结果

1. 研究文献数量分布

2018年我国首次出现有关"双高计划"的学术文献，仅有9篇。2019年发表的有关"双高计划"研究文献攀升至127篇，2020年激增到512篇，2021年截至3月27日，已发表71篇。如图1所示，按发文时间的月度细分，自2019年1月《国家职业教育改革实施方案》明确启动实施"双高计划"以来，有关"双高计划"背景下的职业教育研究论文总体上呈现波浪形趋势。峰值分别出现在2019年6月（9篇），2019年12月（27篇），2020年4月（40篇），2020年6月（67篇），2020年10月（67篇），2020年12月（49篇），2021年2月（37篇）。每一次峰值出现的时间节点都紧跟国家重大决策部署文件颁布的时间，这些都显著体现了国家政策的正向引导作用，反映出"双高计划"的实

施在我国高职教育研究进展方面起到了重　要推动作用。

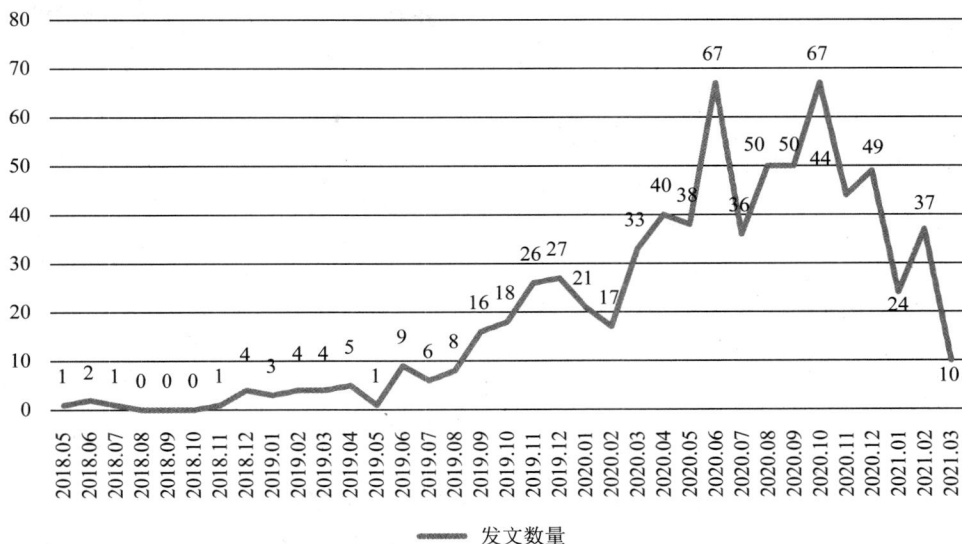

图1　文献数量分布

2. 合作网络视角分析

2018—2021年期间，在CiteSpace中节点类型设置为"作者（Author）"，TopN = 50，阈值（c，cc，ccv）参数分别设置为（2，2，20），（4，3，20），（4，3，20），不采用任何裁剪运算，对发文数量2篇及以上的作者进行分析。发文数量排名前三的作者是周建松（19次），其次是李梦卿（9次）、李鑫和邹吉权（各5次）。从图2可知，作者合作网络中共有143个节点，54条连线，网络密度为0.005，说明文献之间的相互引用较少，研究团队间的互引关系较弱。3人及以上的团体5个，分别是姜大源、石伟平、胡正明、董刚、王振洪，李梦卿、李鑫、陈佩云、邢晓、邹吉权、古光甫、刘斌，陈正江、胡烨丹、王玉龙，李巨银、朱善元、杨海峰，他们大多来自同一院校或为师生关系。由此说明研究"双高计划"的作者跨院校或跨领域合作还未形成常态，合作密度较低。

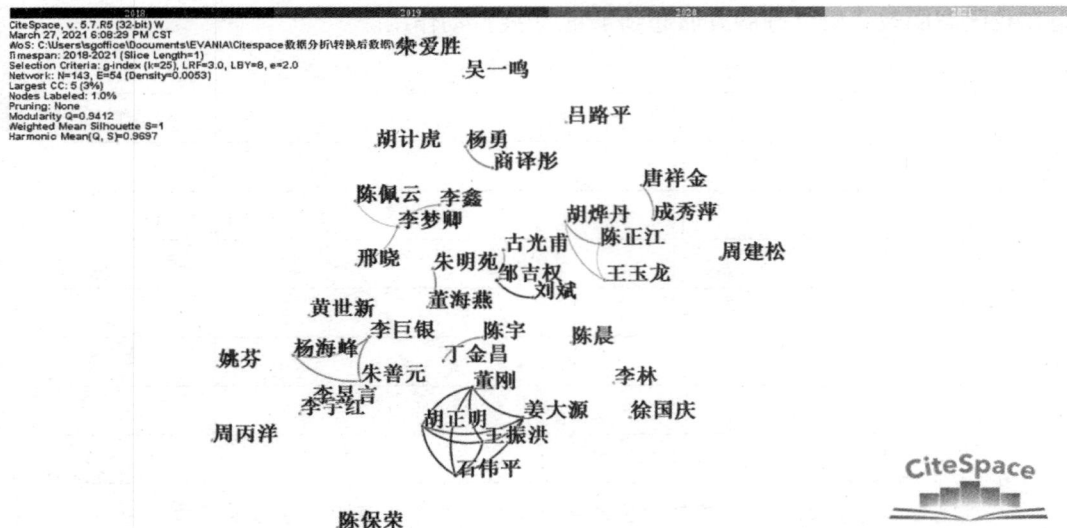

图 2 "双高计划"研究作者合作网络可视化图

将节点类型设置为"机构（Institute）"，其余参数不变，以识别对"双高计划"关注度较高的研究机构。然而，CiteSpace 未能生成有效的机构合作网络图，机构合作网络连线为 0，说明机构之间几乎没有合作。

在"双高计划"发文数量排名前 15 的机构中，入选高水平学校建设单位的高职院校研究表现较为突出，特别是在首轮"双高计划"建设中等级为 A 档、B 档的高水平高职院校研究势头强劲。值得注意的是，我国东南沿海省份，特别是浙江省的高职院校在"双高计划"的研究中走在全国前列，这也与浙江省入选首轮"双高计划"建设名单的院校数量（15 所）排名全国前列相匹配。

3. 高频关键词聚类分析

将节点类型设置成"关键词（Keyword）"，其余参数保持不变，对"双高计划"研究的关键词进行可视化分析。根据图 3，收集数据时以"双高计划"或"中国特色高水平高职"为主题进行检索，聚类标签有 #0 高职院校建设、#1"双高计划"、#2 双高计划、#3 高职教育。围绕 4 个标签出现的关键节点越大，表示研究热度越高。

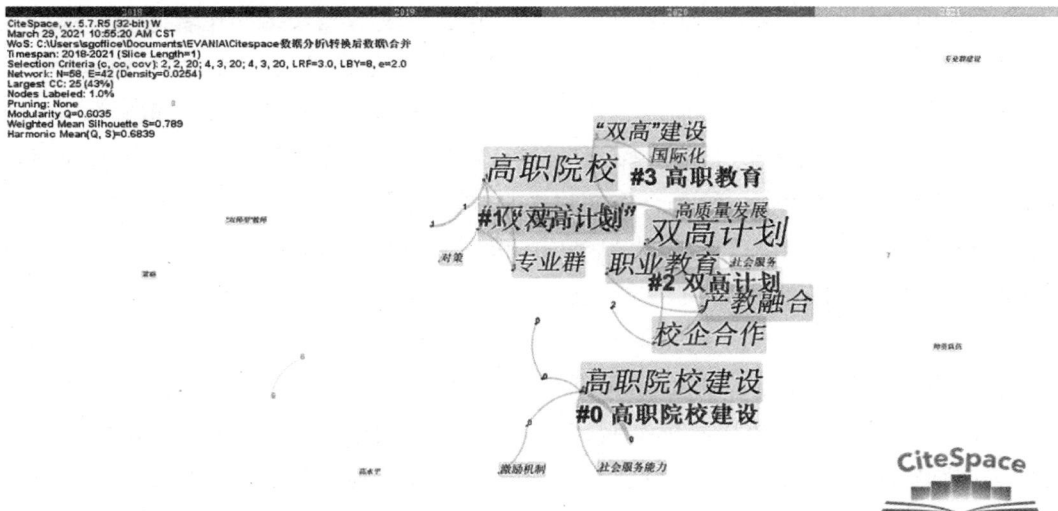

图3 "双高计划"高频关键词聚类网络可视化图

结合表1中被引频次与中心度排名前10的关键词，剔除"双高计划""双高建设""职业教育""中国特色"等作为主题检索用的关键词，综合关键词聚类网络、被引频次和中心度排名，可以看出目前关于"双高计划"的研究热点聚焦于专业群、产教融合、校企合作、人才培养等方面。

表1 被引频次与中心度排名前10的关键词

序号	被引频次	关键词	序号	中心度	关键词
1	247	高职院校	1	0.11	双高计划
2	225	双高计划	2	0.11	高职院校建设
3	171	"双高计划"	3	0.10	高职院校
4	55	"双高"建设	4	0.10	校企合作
5	53	专业群	5	0.09	"双高计划"
6	47	高职教育	6	0.07	高职学校
7	40	产教融合	7	0.06	中国特色
8	35	职业教育	8	0.05	高水平高职院校
9	26	双高建设	9	0.03	产教融合
10	23	人才培养	10	0.03	职业院校

在专业群建设上，国内学者主要关注专业群的内涵要义、组群逻辑和实施路径等中观层面，对落实在微观层面的专业群建设的实证研究目前还处于初步探索阶段。国内学者对产教融合、校企合作面临的现实壁垒和破解途径展开了深入思考，认为"双高计划"的提出为高职院校破解产教融合的现实壁垒提供了政策、机制、投入和组织上的有力保障。从人才培养的角度，国内学者更加重视培养标准制定，更加关注师资结构多元，更加强调技术技能知识的科学分解。

在职业教育高质量发展方面，杨勇等提出四维向度理论，即办学定位有"高度"、专业群建设有"精度"、产教融合有"深度"、人才输出有"认可度"，并进一步指出了高职高质量发展的实施路径。在国际化方面，余姗姗等提出要基于"双高计划"的建设方向，加快完善高职国际化办学的管理体制机制，强化教育资源建设，搭建国际化发展实践平台，坚持本土师资培训与国外师资引进相结合的原则，打造优质的国际化师资队伍等办法。

4.核心作者研究情况

借鉴"高生产能力作者（highly productive authors）"计算公式：$M = 0.749 \times N_{max}$（其中 M 为论文篇数，N_{max} 为统计年限内最高产作者的论文数），在 2018—2021 年发表的有关"双高计划"的研究论文中，发文数量最多的作者是周建松，共19 篇。以此数量为基准，通过核心作者计算公式得出：$M = 3.265$，取整数 3，即认定发文数量在 3 篇及以上的作者为核心作者（见表 2）。周建松、李梦卿、古光甫、李鑫等对"双高计划"背景下职业教育研究的贡献相对较大，发文数量超过4 篇。

周建松在"双高计划"公布实施后发表了一系列论文，包括从宏观层面阐述了以"双高计划"建设的目标导向、价值导向、问题导向、改革导向和发展导向推进高职教育高质量发展，"双高计划"的制度逻辑和内涵；从中观层面提出了关于加强党的建设、人才培养高地、高水平双师队伍和学校治理水平等方面的改革思路。

李梦卿、李鑫、邢晓、陈佩云等人作为一个研究团队，从中观层面分别探讨了"双高计划"背景下高职院校人才培养、教师教学团队、产教融合、现代学徒制等方面的建设内容和路径，为"双高计划"的中观研究提供理论补充和应用对策。

古光甫、邹吉权等人提出了"双高计划"背景下加强师德师风建设、实施教师分类培育、明确人才分类遴选标准、打造人才分类发展平台及强化人才分类考核五项措施，进一步强调了"打造高水平双师队伍"对高职教育高质量发展的重要性。

表 2　"双高计划"研究核心作者

序号	作者	发文量
1	周建松	19
2	李梦卿	9

序号	作者	发文量
3	李鑫	5
4	邹吉权	5
5	古光甫	4
6	董海燕	3
7	商译彤	3
8	丁金昌	3
9	王玉龙	3
10	周丙洋（等16人）	3

以上核心作者的论文多集中在"双高计划"背景下高职教育的十项改革发展任务的中观研究层面。此外，值得特别重视的是，在"双高计划"研究的宏观层面，以下作者的论文被高频引用，体现了其在"双高计划"研究的重要地位。

谢俐在2019年4月发表的高被引、高下载论文《中国特色高职教育发展的方位、方向与方略》至今已被引用80次、被下载1450次，该文为高职教育在"双高计划"实施过程中的提质升级指明了历史坐标、时代使命和发展路径。

吴升刚和郭庆志的《高职专业群建设的基本内涵与重点任务》一文至今被引用70次、被下载1465次，其分析了高职专业群的特点，提出要从教学组织和管理模式两个维度明晰专业群的六项建设任务。

徐国庆在2020年3月发表的论文《"双高计划"高职院校建设应主要面向高职教育发展的重难点》至今被引用9次、被下载941次。他提出我国高职院校应以"双高计划"为契机，突破三个关键性任务，以细化企业教学实施环节为核心推动

校企合作的育人功能落地。

"双高计划"的实施离不开大批优秀学者的贡献与支撑，他们的研究成果不仅推动了"双高计划"背景下高职教育研究的多层次、多维度、多视角突破，而且为高职教育研究积累了更多的理论基础，找到了更多的研究方向。

三、问题挑战："双高计划"要求下高职教育研究的薄弱不足

我国高职教育研究具有显著的政策引领和实践驱动特征。结合上文的研究结果可以发现，在全国"双高计划"建设进入首轮实施阶段之际，学界对其的多元化聚焦研究已形成了一批成果，为高职教育蓬勃发展做出了强有力的贡献。然而，其存在不足也是显而易见，主要有以下三个方面。

（一）高职教育研究的跨界合作有待进一步深化

"双高计划"作为高职教育研究的热点话题，短期内研究论文的数量增长速度飞快，仅北大核心和CSSCI收录的文章

数量就高达 160 篇（截至 2020 年 12 月 31 日）。但也不乏一些同水平重复研究的论文，研究方法单一，创新不足，分析问题隔靴搔痒，点到为止，解决问题成效不佳。研究发现，"双高计划"的高职教育研究人员主要集中在以高职院校为主的高职教育圈内，尤其以入选"双高计划"的高职院校研究人员为主，成员内部合作不多，机构合作匮乏，尤其是行业企业研究成员参与极少。就研究群体的视角、研究人员的覆盖面与"双高计划"在高职教育发展中的地位极不相符，研究人员队伍亟待优化，跨界融合的创新研究亟待加强。

（二）高职教育研究的深耕领域有待进一步挖掘

随着高职教育改革进入深水区，高职教育出现的新情况、新问题也不断增多，高职教育研究已经进入宏观研究与中微观研究并举的阶段。然而，双高计划由于启动实施时间短，整个高职教育界对其的研究多停留在遵循规律、策略谋划、投石问路的探索阶段。当前基于"双高计划"的研究内容选题总体上偏重于整体改进和长远发展的宏观理论研究，偏重于改革发展任务的逻辑理路分析，偏重于价值取向、建设思路、实施逻辑等宏观层面的理论研究，中观和微观层的实践性、可操作性研究偏少。例如，对于产教融合内涵研究十分丰富，但深入到产业学院的具体建设和运作举措上，可直接指导实践的不多；对专业群组群逻辑、功能特点研究比较深入，但涉及"四链合一"（产业链、人才链、教育链、创新链）高端产业和产业高端人才培养的实施路径研究不多；对双师

型教师创新团队建设研究有所涉及，但对学生群体在"双高"建设中的变化，包括未来学习行为习惯、智慧学习环境、学习方式、学习评估等方面，对学生多样化发展的关注不够；对高水平建设的思考较多，但对于建设的绩效评价研究偏少。

（三）高职教育研究的成果转化有待进一步加强

"双高计划"是由政府供给的一项教育制度，天然带有政府主导的政治意蕴。国家遴选机制的设计上，坚持"扶强扶优""持续推进"，坚持"有进有出""优胜劣汰"。在"双高计划"遴选结果尘埃落定后，我们可以发现，遴选的高门槛使得长期发展得比较好的高职院校更容易获得国家扶持。高职教育研究非常灵敏地跟随"双高计划"的热点，迅速转移到这些已经获得国家扶持的高职院校建设上面。专家学者们积极热烈地讨论如何理解"双高计划"、怎么建"双高校"、怎么建专业群、怎么建课程等问题，极少有针对中西部欠发达地区的高职教育，开展有关解决引领示范、转型升级、跟随发展等办学现实问题的研究。我们应避免"双高计划"制度设计的"计划性"和"强制性"带来高职教育研究的"马太效应"，不断拓展研究广度，不断探索高职教育创新研究成果向欠发达地区高职院校转化应用的可能性。

四、未来展望："双高计划"助推高职教育研究发展的新思考

鉴于上文分析，放眼 2035 年"双高计划"建设完成期，乃至未来高职教育发

展，高等教育研究仍需在以下四方面多做探索。

（一）吸纳多领域研究伙伴，构建"双高时代"的高职教育研究共同体

高职教育研究步入"双高时代"后，要维系持续的高质量发展动力，必须建立长期稳定的多领域多行业的研究共同体，这对提升高职教育研究人员的异质性，促进科研反哺教学，传播成熟先进的学术思想，尽快实现国家的"双高计划"建设目标有着举足轻重的作用。

"双高计划"对高职院校师资培养有明确的改革发展任务，着重强调要以产教融合为主线，以"四有"标准打造高水平双师队伍，提升教师教学和科研能力，这为重构高职教育研究团队指明了方向和路径。第一，建立校企命运共同体，与区域龙头企业或合作企业进行紧密型合作，开展高职教师"共育、共训、共评"的双师培育机制，为吸纳行业企业人才进入高职教育研究共同体提供现实路径；第二，做强面向产业的教科研创新平台，组建高规格教育研究机构，引进政府智库专家、高职教育界知名教授、权威学者、业界实战专家、行业紧缺人才，聚焦宏观政策研究、中观决策研究和微观对策研究，为高职教育研究团队成果实现提供平台支撑；第三，探索高素质教科研团队养成机制，根据研究人员个体差异尝试教学、科研、社会服务等方面的个性化培养，形成团队缔结的内生环境与和谐氛围，创新教科研团队评价机制，为高职教育研究团队未来成长提供可持续发展保障。

（二）探索多学科跨界研究范式，拓展"双高标准"的高职教育研究视角

基于高职教育研究的质量诉求，各类研究理论和研究方法特别是跨学科范畴的交叉论证，都必须严谨规范、科学严密，才能得出令人信服的结论，并将研究结论应用到高职教育一线，反哺到学生成才上，实现高职教育研究的终极价值。

"双高计划"是为解决高等职业教育未来发展可能遇见的新问题，由国家自上而下实施的重大职教体系实施方案。因此，我们在开展高职教育研究时，应不拘泥于传统的研究范式，主动借鉴多个学科的理论与方法。例如，可多尝试结构方程模型、社会网络分析、元分析、文献计量等具备科学化、去复杂性、多元化特征的量性统计方法，以扎根理论为主的质性研究路径等。当然，在借鉴过程中，要主动注意使用的适宜性和规范性，切忌为了创新结论而机械地照搬照抄。特别是借鉴国外理论时，缺乏在中国教育情景下的本土化改造，导致研究结果不科学、研究价值不高。

（三）发扬高职教育研究优势，拓展"双高标准"的高职教育研究领域

高职教育研究的研究成果多能立足我国高职院校发展实际和现实诉求，解决不同历史阶段产生的新情况、新问题。面对"双高计划"这一高职发展的新时期，高职教育界更应发扬长期研究积累的优势，遵循职业教育发展规律，拓展研究视域，深入探讨高水平高职院校建设的理论和实践问题。第一，在宏观研究层面，仍需加强"双高计划"建设过程性绩效与总体绩效的关系研究、区别于"示范校、骨干

校、优质校"时代的高职办学水平评价评估体系研究、本科层次高职教育价值体系研究、高职教育资历框架构建等众多可指导 2023 年后第二轮国家"双高计划"实施的研究内容；第二，在中观研究层面，尚需加强"双高计划"十大改革发展任务的创新机制研究、聚焦高职院校办学"标准制度、产教融合、实体平台、品牌特色"难点的破冰研究等研究内容；第三，在微观研究层面，亟须加强从课程内涵建设到专业建设再到专业群建设的实证研究；以课程建设为基础，以核心专业为着力点，以专业群建设为统筹，加强以学生为中心的技术知识再开发的研究，以推进人才培养更加符合新时代产业用人需求。

（四）加快中西部高职院校转型升级步伐，打造"双高模式"的高职教育均衡发展新生态

当前，我国社会主要矛盾已经发生转变，高职教育的主要使命是要尽可能地满足人民群众对高质量高职教育的需求。这意味着"双高计划"的最终目标之一是要建设一个高职教育均衡发展的生态域，这一点可以从"双高计划"的"高水平"要求得以佐证。所谓"高水平"，本质上应该是可复制、可发展、可持续的概念，对东部发达省份高校适用，对中西部欠发达省份意义更为重大。

在全国一盘棋的发展观指导下，"双高计划"首轮建设遴选了 197 所学校，覆盖了 29 个省份，江苏、浙江、山东、广东等省入选数量位于前列，遴选结果体现了扶优扶强和兼顾均衡原则。近年来，中西部地区高职院校发展规模持续扩大，学

校数已从 2010 年的 657 所增长到 2019 年的 803 所，增幅达到 22.22%。然而，中西部高职院校由于地域限制，办学基础、教学资源相对于东部地区较为薄弱，面临诸多问题。为此，进入"双高计划"建设期，高职教育界不仅要加强对"双高计划"实施主体的研究，更要站在全国的高度，及时总结经验，把建设模式、标准、成果等以高职教育研究成果的方式快速推广和应用到中西部欠发达省份，带动更多的欠发达地区高职院校提质扩容、转型升级，最终构建全国高职教育均衡发展的生态位。

参考文献

［1］教育部.2019 年教育统计全国基本情况高等教育学校（机构数）［EB/OL］. http://www.moe.gov.cn/s78/A03/moe_560/jytjsj_2019/qg/202006/t20200611_464789.html.

［2］徐国庆.高水平高职院校的范型及其建设路径［J］.中国高教研究，2018（12）：93-97.

［3］李梦卿，李鑫."双高计划"高职院校深化产教融合的实践壁垒与破解路径［J］.职教论坛，2020（6）：44-50.

［4］杨勇，商译彤."双高计划"下高职教育高质量发展的逻辑、向度与路径［J］.职业技术教育，2020，41（16）：6-11.

［5］余姗姗，何少庆."双高计划"背景下高职院校国际化发展的导向、问题与对策［J］.教育与职业，2020（10）：33-39.

［6］丁学东.文献计量学基础［M］.北京：北京大学出版社，1992：204-209，220-232.

［7］周建松.以"双高计划"引领高职

教育高质量发展的思考［J］.现代教育管理，2019（9）：91-95.

［8］周建松，陈正江.计划引领与项目驱动：我国高职教育发展政策的制度逻辑——基于"示范计划"和"双高计划"的分析［J］.黑龙江高教研究，2019（9）：116-119.

［9］李梦卿，邢晓."双高计划"背景下高等职业教育人才培养方案重构研究［J］.现代教育管理，2020（1）：107-114.

［10］李梦卿，陈佩云."双高计划"背景下"双师型"教师教学创新团队建设研究［J］.教育与职业，2020（8）：79-84.

［11］李鑫，李梦卿."双高计划"背景下高职院校现代学徒制建设的逻辑审视［J］.教育与职业，2020（18）：5-12.

［12］古光甫，邹吉权."双高计划"背景下高职院校教师队伍分类管理培育研究［J］.教育与职业，2020（16）：62-69.

［13］谢俐.中国特色高职教育发展的方位、方向与方略［J］.现代教育管理，2019（4）：1-5.

［14］吴升刚，郭庆志.高职专业群建设的基本内涵与重点任务［J］.现代教育管理理，2019（6）：101-105.

［15］徐国庆."双高计划"高职院校建设应主要面向高职教育发展的重难点［J］.职教发展研究，2020（1）：1-7.

［16］教育部.2019年教育统计各地基本情况高等教育学校（机构数）［EB/OL］.http://www.moe.gov.cn/s78/A03/moe_560/jytjsj_2019/gd/202006/t20200611_464854.html.

［17］兰金林，石伟平.中西部高职院校的转型发展：基于"双高计划"的反思与展望［J］.中国职业技术教育，2020（16）：72-76，83.

高职院校"形势与政策"课程道路自信教育研究

张 虹

（连云港职业技术学院，江苏 连云港 222006）

摘 要： 加强高职学生道路自信教育是新时代形势与政策课的时代责任和历史使命。本文针对形势与政策课道路自信教育存在的突出问题，通过分析其成因，提出要创新道路自信教学模式，规范教学内容，积极开展行之有效的实践教学，加强学生教育考核与评价方法，教法上要突出多层次教学纬度综合运用，加强教师培训和考核，提高教师道路自信素养教育。

关键词： 高职院校；形势与政策课；道路自信；教育

Research on Path Confidence Education of "Situation and Policy" Course in Higher Vocational Colleges

Zhang Hong

（Lianyungang Technical College，Lianyungang，Jiangsu，222006）

Abstract： In the New Era，strengthening path confidence education in Situation and Policy course in higher vocational colleges is the responsibility of times and historical mission. Aiming at the major problems in the path confidence education of the Situation and Policy course，through analysis of the causes，it is necessary for teachers to innovate the path confidence teaching model，standardize the teaching content，carry out effective practical teaching，strengthen student education assessment and evaluation methods，highlight the comprehensive use of multi-level teaching latitudes in teaching methods，strengthen teachers' training and assessment，and improve teachers' path confidence education.

Key words： higher vocational colleges；Situation and Policy course；path confidence；education

收稿日期：2021-9-20

作者简介：张虹（1975— ），女，连云港职业技术学院思想政治理论教师，讲师，主要研究方向为思政理论教学和心理教育研究。

习近平总书记代表党中央提出了坚定"四个自信"的总要求，道路自信排在理论自信、制度自信、文化自信之前，排列第一位，它的重要性不言而喻。不断加强青年学生道路自信，任重道远。新形势下，加强道路自信教育应贯穿融入到形势与政策课全过程中，高职院校形势与政策课是青年学生学习和掌握党和国家的方针、路线、政策、了解认识国内外形势发展变化，提高思想政治觉悟和开阔人生视野的必修课，通过课程教学，更加激发学生爱国主义精神，增强在中国共产党领导下走中国特色社会主义道路的自信心和自豪感，引导广大学生积极投身社会主义建设的伟大事业中。加强道路自信教育也是提升思想政治教育工作的实效性和针对性的重要载体。

一、新时代形势与政策课加强高职学生道路自信教育是时代责任和历史使命

（一）加强道路自信教育是培养新时代社会主义事业接班人和建设者的迫切内在需要

高职形势与政策课开设，主要目的就是加强青年学生理想信念教育，坚定走中国特色社会主义道路和制度的自觉，将个人的理想融入到中国特色社会主义的伟大道路中，才能实现自我价值。

加强高职学生道路自信教育是政治任务，也是时代要求。为了实现中华民族伟大复兴的中国梦，必须要加强道路自信教育，道路是旗帜也是方向，坚定中国特色社会主义道路方向不偏离，是实现两个百

年目标的根本保证，应结合形势与政策课讲授习近平新时代中国特色社会主义新思想，确保坚定道路自信贯穿教学全过程。

（二）加强道路自信教育是高职形势与政策课的重大职责

我国高职院校意识形态教育是马克思主义思想理论的意识形态教育，必须坚持用马克思主义立场、观点、方法教育引导学生，通过把握世情、国情，透过经济社会发展客观现象看到人民生活水平不断提高、国家综合国力不断提升的本质，充分证明中国人民探索未来发展道路正确性和预期性。40多年来，中国特色社会主义发展道路取得辉煌成就，赢得世人普遍的赞誉，但国内外反华乱中势力，始终带着敌意和偏见，对我们发展道路横加指责和发难，意识形态斗争越来越尖锐复杂，加强青年学生爱国主义和社会主义道路自信教育关乎中华民族前途和命运，也是维护国家意识形态安全的必然要求。

形势与政策课是高职院校意识形势教育的重要组成部分，加强道路自信教育，是形势与政策课的职责所在。新时代高职学生成长的文化性和价值性日趋多元，引导培养其道路自信、制度自信是思想政治教育中最重要的工作，这不仅有利于中国特色社会主义建设事业的传承，更有利于民族自信心的养成。青年学生是推动中华民族伟大复兴的中国梦的力量之源，加强形势与政策课道路自信教育，是立德树人要解决的重点工作。

（三）加强道路自信教育是高职形势与政策课教学的重要引领和导向

加强高职学生道路自信教育是立德树

人的根本的政治属性，形势与政策课程是实现此属性的主要实现形式，通过对新时代的形势与政策的客观分析，讲事实、摆道理，改变一些学生在学习形势与政策课程中消极被动的态度，鼓励学生充分了解社情民意，并加以实践检验以适合青年学生的认知方式，坚定走社会主义道路的自觉性，让学生发自内心地体验和感悟。同时，加强道路自信教育，能更好明确高职形势与政策课的教学目标，为制订科学有效的教学计划和教案提供原则与遵循，从而设计出行之有效的教学方法和手段。

二、高职院校"形势与政策"课道路自信教育存在的突出问题以及原因分析

（一）学生课堂学习缺乏自觉性和主动性，学习能动性较差

有些高职院校学生对国家的形势发展动态缺乏学习了解意愿，在课堂学习时，思想认识不清，学习动力不足，由于自身文化素养不高和学习能力不强，对课堂上道路自信教育缺少辩证思维和独立思考的意识，人云亦云。长期以来由于西方敌对势力的破坏渗透，社会多元价值观影响，在自由、民主、人权等所谓普世价值观的包装和有预谋网络舆论引导下，一些学生易受互联网、境外融媒体等所谓自由、民主、人权等自由主义思潮影响、网络虚假信息、错误言论的影响或误导，对中国道路认识不清、理解不够，缺乏自信，没有全面、客观、辩证地比对，不清楚我国社会主义道路所产生的伟大优势和成就，没有掌握社会主义道路的核心精髓是一切为

了人民、一切依靠人民，只是以我国发展中存在一些问题和短板，错误地根据表象得出结论：认为社会主义道路不如资本主义道路，对我国发展道路缺乏自信或持怀疑的态度。同时，由于高职形势与政策课时相对较少，教师课堂教学时数少且内容多，学生往往缺乏课堂体验和感悟，课后又缺失有效自学延伸，造成学习效果不佳。

（二）形势与政策课育人环境固化，教学方式方法缺乏创新

有些高职院校形势与政策课教学模式采用学生大班教室方式，教师宣讲的形式，教学育人环境长期固化，教师对道路自信教育的教学方法单一固定，教学过程缺乏师生互动，也较少采取典型案例化教学方法，这样不能激发学生的学习兴趣。同时，教师不注重教与学的统一，课堂教学对政治、经济、文化、社会、生态等诸方面不能从多维度视角向学生阐述，比较分析其国际、国内、不同区域、多学科、多专业社会发展现实等要素不到位，没有满足学生多元价值需求。课堂教学对学生自身个人发展、就业、住房、收入分配等高度关注的情感需求，教师深入分析较少，造成学生对道路自信产生疑惑。还有当今社会热点以及社会负面问题（如公平正义、贫富差距、司法腐败、环境污染等），教师引导疏解不到位，往往会对教育效果产生消极影响。

（三）形势与政策课教学体系不够完善，师资道路自信教育素养欠缺

有些高职院校形势与政策课教学体系不够完善，没有把"四史"教育有机融入到形势与政策课中，割裂了社会主义道路

的过去、现在和未来的联系，学生道路自信教学出现碎片化的状态。目前，形势与政策课国家没有统编教材，只有教学要点，高职院校存在着各自为政的情况，课程教学流于形式。同时，存在着挪用形势与政策课时间让学生搞其他文体活动的情形，还存在着二、三年级由于学生见习、实习把形势与政策课随意取消的问题，有些学校领导不重视形势与政策课师资队伍建设，让"老弱病残"师资承接形势与政策课教学，教师教学积极性不高，怀疑自己职业的价值，道路自信教育素养达不到教学要求，自身缺乏理论高度，照本宣科，没有理论联系实际，因此，导致教学效果不佳。

三、加强高职院校形势与政策课道路自信教育的实现路径

新时代世界面临百年未有之大变局，国际政治、经济、文化、科技、安全等各方面格局正在发生深刻变化，世界进入动荡变革期，我国外部环境产生新的风险与挑战。然而我国内部环境正在由全面建设小康社会向中国特色社会主义高质量发展阶段迈进，在中国共产党领导下，全国各族人民为实现中华民族伟大复兴的中国梦奋勇前进，我国政局稳定，道路制度优势显著，社会治理能力和治理体系得到增强，经济和社会发展能力韧性十足，有能力面对一切风险与挑战。形势与政策课教学需要对学生厘清这些形势和政局的变化，引导教育学生坚定在中国共产党领导下，走社会主义道路，坚持社会主义制度，自信和骄傲于我国走独立自主、和平

发展，坚持改革开放构建人类命运共同体的中国特色发展道路。在教学中加强学生坚定中国特色社会主义道路自信、制度自信需要拿出具体举措和方法。

（一）创新道路自信教学模式

高职院校形势与政策课教学，可采取学生中班或小班的授课方式，一方面要加强课堂教学管理，另一方面要改进教学的感染力和吸引力，对道路自信教育多采取专题化案例式教学法，循循善诱，加强师生互动，从而不断加强学生学习的自觉性和主动性。加强形势与政策课道路自信教育，要课上和课下相结合，教室里和教室外相结合，突出问题导向，以设问思考、师生互动交流、组织学生社会考察调研实践等多元教学模式，培养学生对社会现象和存在问题的独立判别与思考的能力。

形势与政策课教师讲授要利用信息化技术手段，采取课上课下、线上线下相结合教学方式，构建课前预习、课中设问、课后作业等教学模块，以培养学生辩证思维为目标，做好道路自信专题理论课堂导入，不回避矛盾和思想困惑，直面学生提出的问题，耐心细致地给予认真全面的解答，多深入分析与学生切身发展利益相关的问题。课堂教学时间有限，教师要积极向学生推荐坚定中国特色社会主义道路自信课外拓展延伸文章篇目、中国道路纪录片、主流中国道路政论视频、中国制造业全球第一的信息等，不断增强学生的道路自信。

形势与政策课要拿出一定课时，安排校内外党政领导、专家学者、企业能工巧

匠及先进模范人物等，开设坚定中国特色社会主义道路自信专题讲座，以互动交流为主要形式，学生提问后，讲者结合自己奋斗经历、阅历、心路体验和感受给予学生直接明确的回答，给予学生以启迪。

加强学生社会主义道路自信教育需要学生之间相互交流互鉴，课堂教学中要组织引导学生自主学习，给予一定时间开展分组讨论，激发内心体验和感悟，迸射道路自信思想火花，让学生们产生思想共鸣。

（二）规范道路自信教学内容

形势与政策课程特点是教学内容更新快，这是由课程的时效性决定的。目前形势与政策课教学内容的确定由各高职院校决定，教学内容的边界也没有明确界定。然而形势与政策课教学内容对于中国特色社会主义道路选择、判断和推进等，需要规范稳定内容作为支撑，依据国际国内形势不断发展变化，党和政府制定出台的各项治国理政方针政策，要按照国家教育部颁发的教学要点内容，统一教学口径。高职形势与政策课还要把抗击新冠疫情、脱贫攻坚、社会主义法治建设成果（如《民法典》出台）等新时代丰富鲜活的素材作为道路自信教育的教学内容，教育学生发自内心地感恩中国共产党、感恩社会主义道路。

（三）积极开展行之有效道路自信实践教学

形势与政策课加强道路自信教育，需要积极组织学生开展道路自信专题实践教学，培育学生知行合一。可具体安排学生参加社会主义建设成就展览、参观调研工矿企业、联办单位、新农村建设等，与工农群众相结合、与生产劳动相结合，通过直感视觉感受中国速度、中国力量；同时，引导学生参加青年志愿者，积极参与社会管理与治理工作和文明卫生城市创建，培育热爱人民、帮助人民的情怀，了解社情民意，根植爱祖国、爱社会主义思想根基。

（四）加强道路自信教育考核与评价方法

长期以来，高职院校形势与政策课考核方式和成绩评定没有统一标准和要求，各校在具体教学实践中，对学生成绩考核往往流于形式，有的学校规定学生课程学完后提交一份专题论文或调研报告、心得体会，有的学校在学年结束出一份试卷，一考了之。这样的成绩考核和评定，失去了教学过程考核，导致教学实效性不佳。国家教育部曾下发文件明确规定，高校形势与政策课考核，"重点考核学生对马克思主义中国化最新成果的掌握水平，考核学生对新时代中国特色社会主义实践了解情况"。因此，习近平新时代中国特色社会主义思想是学生应知应会的内容，加强学生道路自信教育的过程考核与评价，应该是形势与政策课成绩的评定标准。成绩考核与评价方法为：注重考查学生课堂互动、提出问题、回答问题的积极状态，考核学生讨论交流、认真思考以及产生的真知灼见，检查学生完成教师布置课后作业、学生参加社会实践表现情况等，形成考核权重，给予学生学期成绩，这样操作能充分调动学生学习积极性和主动性。

（五）教法上要突出多层次教学纬度综合运用

1. 国际视野纬度

形势与政策课教学，要树立培养学生国际视野，采用辩证思维，参考比较以美国为首西方国家和以金砖五国为主体发展中国家等发展道路，侧重向学生讲授世界主要国家的政治、经济、科技、文化、外交各方面体制机制、社会治理体系和能力诸要素真实情况，引导学生从正反两方面了解当今世界经济社会发展真实情况，在借鉴各国先进文化与经验技术的同时，要善于揭批西方资本主义道路的虚伪性和欺骗性。重点比较世界主要发达国家与中国特色之间政体、经体、社体等之间各自优势和短板，对学生提出的问题要及时、有针对性地解疑答惑，通过一件件实例故事和新闻事件，让学生自主得出社会主义道路最适合于中国。通过帮助学生学习分析国际基本形势以及大事、热点问题，把握理解国家出台方针、政策、路线的正确性，充分认识世界的大变局对于中国发展之路机遇和挑战，科学论证出社会稳定是压倒一切的大局。并把中国发展道路放在世界大势格局中加以认识，证明出中国国际地位、中国方案、中国力量的日益凸显，从而增强中国道路自信。

2. 国内视野纬度

形势与政策课教学，要树立培养学生国内视野，从新时代中国真实国情角度出发，突出以习近平新时代中国特色社会主义思想为教育主题，入心入脑，重点讲授中国特色社会主义道路伟大实践取得举世瞩目的巨大成就，重点讲授社会主义道路走入高质量发展的新阶段以及国内经济社会发展面临机遇和挑战，让学生深刻理解：立足国内关键是做好自己的事，政治、经济、文化、社会、生态文明等各方面工作要共同建设、协调推进，通过组织学生具体分析国内发生焦点、热点大事，了解把握国家重大决策、重大会议的精神实质、改革发展具体举措，从而坚定中国道路自信。

国内视野维度还要重点向学生讲解台湾、香港等地区最新的形势与政策，这是中国特色社会主义道路与制度建设的参照物，近年来西方资本主义国家势力推动对中国颜色革命，利用台湾和香港作为跳板，支持"台独""港独"对台湾、香港青年学生破坏"一国两制"进行毒害教唆。通过这些具体典型反面事例，教育青年学生认清西方资本主义所谓标榜的人权、自由、民主的极端虚伪性和双重标准，讲清楚香港之乱来龙去脉，从而证明中国道路的改革、发展、稳定的大局是保障人民基本权利为己任的最好制度安排，不断坚定学生中国道路自信。

3. 区域经济社会发展纬度

形势与政策课教学，要树立培养学生区域经济社会发展视野，加强国情社情教育，中国东西南北区域差异大，各区域经济社会发展不平衡，贫富差距的问题是实现社会主义共同富裕的绊脚石。通过对各区域经济社会发展形势深刻分析和展望，组织学生辩证研读各区域发展形势与任务、优势与短板，从而深刻理解全国一盘棋思想，对于国家西部大开发，东北工业振兴、南水北调、西气东输、长三角一体化等重大战略部署的英明决策给予赞许，体会社会主义道路体制能够集中力量办大事的无比优越性，从而增强道路自信、制度自信。

4. 多学科、多专业纬度

形势与政策课教学要树立培养学生多学科、多专业视野，课程教学融入马克思主义基本原理、马克思主义政治经济学、社会学、世界史、中国史等相关学科知识内容，为学生深入了解社会主义道路建设和体制架构提供学科支撑。高职学生所学专业不同，教师在讲授形势与政策时，针对学生实际需求，要有意增设一些学生所学专业的国内外专业前沿发展形势，融入国家产业政策、产业链开展、知识产权保护等政策法规，引导学生努力学习、投身高科技革命浪潮，把握创业、择业、就业的机遇，把个人的命运与国家的命运紧密相连。

（六）加强教师培训和考核，提高教师道路自信素养教育

高职院校要不断优化形势与政策课教师的配备，拿出具体行动计划和方案，加强教师道路自信的素养教育，通过组织校内外学习、培训和进修，坚定教师的职业自信，巩固教师道路自信。定期组织安排教师集体备课，促进其把党史、新中国史、改革开放史、社会主义发展史"四史"内容，有机融合进形势与政策课中，并建立数据库，强化师生道路自信教与学的有机统一，制定教师教学考核评价体系，淘汰不合格师资，并建立激励机制，促进教师理论联系实际，不断提升自身思想政治素质。

参考文献

［1］中国共产党第十九次全国代表大会文件汇编［M］.北京：人民教育出版社，2017.

［2］江苏省"形势与政策"和"当代世界经济与政治"分教学指导委员会.形势与政策［M］.南京：南京大学出版社，2019：2.

［3］教育部关于加强新时代高校"形势与政策"课建设的若干意见［EB/OL］. http://www.gov.cn/xinwen/2018-04/27/content_5286310.htm.

高职大数据与会计专业改革与实践研究

陈满依

（浙江旅游职业学院，浙江　杭州　311231）

摘　要： 互联网的发展推动了大数据时代的来临，企业经营模式的创新对会计领域提出新的挑战，传统财会人才与适应经济发展需要的管理会计人才的差距越来越明显，企业需要懂业务会管理的具有实践技能的创新型、应用型业财融合多功能人才。在大数据背景下，财税智能化水平不断提升，财会人才向实践型管理会计人才转变势在必行。将创新创业理念融入高职会计实践教学，通过校企合作协同培养学生创新创业精神，借助竞赛平台，激发学生学习现代企业运营流程，学会处理大数据时代企业智能化实践业务活动、控制企业经营风险，既能提升学生的会计职业能力与水平，又能为走入社会、顺利完成财务人员转型奠定基础。

关键词： 创新创业；大数据与会计专业改革；实践研究

Big Data and the Reform and Practice Research of Accounting Major in Higher Vocational Colleges

Chen Manyi

（Tourism College of Zhejiang，Hangzhou，Zhejiang，311231）

Abstract：The development of the Internet has ushered in an era of big data. Innovative mode in enterprise management entails new challenges for accountancy. The disparity between traditional financial & accounting talents and the administrative accounting talents who can meet the requirement of economic development is getting more and more obvious. Enterprises are in need of innovative and applied compound professionals who are both good

收稿日期：2021-08-15

作者简介：陈满依（1974—　　），女，浙江旅游职业学院工商管理学院教师，副教授，硕士，高级会计师，主要研究方向为会计与创新创业。

基金项目：本文为浙江旅游职业学院 2021 年教学改革研究项目资助（项目编号：2021YB08）。

at management and armed with practical skills. In the era of big data，with the continuous increase of intelligence degree in finance and taxation，it is imperative for accounting talents to become practical and administrative. If we integrate the mindset of innovation and entrepreneurship with higher vocational accounting practical teaching，cultivate students' innovative and entrepreneurial spirit through school-enterprise cooperation，take the advantage of contests to inspire students to learn the modern enterprise operation process and how to deal with intelligent practice and control business risk in big data era，not only will the students improve their accounting professional ability and level，but also lay a foundation for them to adapt to the society and succeed in the transformation in their accounting career.

Key words：innovation and entrepreneurship；big data and reform of accounting major；practice research

一、研究背景

改革开放 40 余年带来了中国经济社会的巨大发展，也为我国继续推进中国特色社会主义经济建设提供了宝贵经验：创新是改革开放的生命，创新和创业相连一体、共生共存。2019 年 3 月习近平总书记在两会期间多次强调要营造有利于创新创业的良好发展环境，推进创新型国家建设。当前我国高校创新创业教育的兴起迎合了创新型国家建设的需要，也为提升当代大学生实践能力、促进就业提供了支撑。

自我国大力发展社会主义市场经济以来，以会计专业为核心的财经类人才受到市场的广泛需求，随着大数据与人工智能技术的快速发展，业财一体化程度大幅度提高。企业财务从交易核算、报账业务处理转变为财务决策分析，对信息化管理和创新创业思维和能力的要求越来越高。

为满足我国经济发展需要、培养数据时代专业财经人才，我国高职院校财经大类招生人数占比近五年来保持在 20% 左右，由此可见，大数据时代对会计专业学生进行创新创业教育，对提升我国高职院校整体学生创新创业能力具有重要意义。作为应用型专业，大数据与会计专业学生创新创业能力的培养离不开专业实践能力的提升，而随着我国政府大力推动实体经济的发展，社会对应用型人才的需求也更为强烈，众多企业迫切需要符合企业工作要求的专业人才能够快速走上工作岗位。

二、高职大数据与会计专业实践教学困境

（一）教学环境视角

高职院校大数据与会计专业实践教学活动缺乏良好的实训教学环境，没有足够宽敞的场地支撑，缺乏良好的实训软件，尤其缺乏丰富的信息教学资源以满足数据分析要求。传统的实训教学活动开展过程中一般采取"先理论后实训"

的模式，学生学完理论之后并未理解透彻，或由于理论内容较为抽象，导致在实训环节无法理实一体化处理，无法激发和培养学生创新创业意识和理念。而人才培养方案中虽然也开设了部分能体现"大数据"元素的课程，但仍处于非常浅显和初级的水平，与企业蓬勃发展所需要的能力要求不符。

（二）学生视角

学生学习途径单调，学习资源匮乏，缺乏"活学"精神。学生学习多数依赖教材和教师自身的水平，会计学生习惯于接受灌输式的教授方法，缺乏主动解决问题的精神，对于问题的梳理及职业判断能力较弱，在课堂学习中表现出来的对于决策问题的综合分析能力更为弱势，尤其缺乏团队协作能力和创新思维能力。

而随着财务转型升级，财会领域必然呈现"业财融合"态势，新型财会人员必须趋向"管理"领域，成为管理创新能手，这就要求学生全方位懂得企业经营管理的所有知识内容，然而多数学生缺乏创新精神，职业能力薄弱，而未把自身投入到企业实践中去。

（三）教师视角

未来十年，会计人才转型由"核算型"向"管理型"不可逆转，但大部分会计师生对于专业学习偏向传统教学，从中职阶段开始就是传统的财会教学为主，教学方法和手段单一，方法、手段陈旧，教师教学侧重于课堂讲授会计事后核算与分析，这与会计人才转型的趋势已经不相适应。而教师队伍中真正具备双师素质的教师缺乏，教学资源匮乏、手段工具落后，大部分双师型教师标准定位较低，教师并未真正在企业一线从事过相关专业工作，导致既具备丰富教学经验又具有一定实践能力的专业"双师型"实训教师数量较少，导致课程实训课程教学中学生学习需求难以被满足，创新创造能力的培养也受到了较大影响。

三、创新创业融于会计实践教学改革创新可行性分析

在学校与企业协同创新视角下，高职大数据与会计专业大学生实践教学创新改革，对于提高学生专业综合能力和创新创业实践能力的培养、教师创新创业教学水平、完善高职院校完善创新创业教育体系、加深院校与企业参与程度具有重要的意义，同时可以为高职院校大数据与会计专业优化创新创业教学体系、加强大学生创新意识、培养学生创业能力提供建议，也能够为提升教师创新创业教学水平、高职院校大数据与会计专业实践教学路径开发提供参考。从经济效益角度来看，通过创新实践教学模式，开设"会计工厂"作业模式，从企业实际需求出发，企业同时参与职业院校大数据与会计专业学生培养，能够帮助企业建立有效的人才培养机制、快速招聘到适合企业的会计及相关岗位员工，开展实践教学同时也帮助企业高效完成财会账税处理工作，能够为企业带来较大的经济收益，也为实现我国创新型国家建设做好有力的铺垫。

四、双创引领、校企联动、竞赛驱动的高职会计实践教学实施路径

高职会计实践教学体系创新改革与实践应从培养创新型管理会计人才培养目标改革入手，采用校内课堂教学改革、校企联动创新合作模式及学生参与创新创业实践三位一体改革路径，完成会计实践教学体系的创新改革。

（一）校内课堂教学改革

1. 课内教学改革与创新

（1）教学工具创新：信息化工具引领课堂教学。将信息化工具充分融入会计课堂教学中，更好地实现教、学、赛、训等环节互动，充分使用在线课程、慕课平台、微课平台，利用职教云、正保云课堂等智慧教学平台，学生通过线上线下进行学习和拓展训练，教师通过平台组织课堂活动和考核。充分使用信息化工具手段，增强学生的学习兴趣，提升课程教学效率和效果。

（2）教学模式创新：课程思政贯穿教学课堂。会计课堂结合企业案例，课堂上组织学生进行角色扮演和情景模拟，培养大数据背景下企业会计工作中部门协调、团队合作等素质与能力。通过情景演绎，让实训教学具有延展性，增强职业体验感。教学中构建高职院校大数据与会计专业大学生"一体多翼"的实践教学目标实现过程，如图1所示。通过确定培养目标，建立创新创业教育的学校标准，使吃苦耐劳的创新创业精神始终贯穿课堂，确立知识能力大纲、重构课程体系，进而更新教学内容、改革教学方式，根据教学过程判断标准实现程度，并调整教学大纲和教学计划，最终实现培养目标。

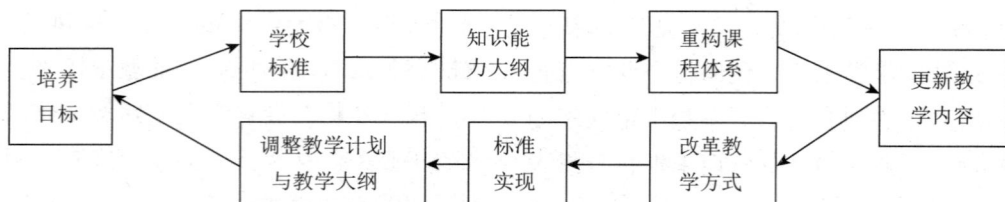

图 1　高职院校大数据与会计专业教学"一体多翼"教学目标实现过程

（3）教学手段创新：智能化教学软件融入课程教学。利用 ERP 沙盘系统为会计课堂实践教学搭建出一个集战略与决策为一体的教学平台：ERP 沙盘、智能化财务软件融入课程教学，信息技术充分和大数据与会计专业结合，模拟企业的采购、研发、生产、销售、计划、财务核算、融资管理等各方面的运作流程，做到财务共享、大数据技术引领专业发展方向。

（4）教学评价创新："1+X"证书助推课堂教学。自教育部"1+X证书"制度试点工作正式启动，会计专业在广泛调研的基础上积极申报"1+X"证书试点院校，通过课证融合，更好地促进专业实践教学，创新学生评价新模式，财务数字化应用证书、财务共享服务职业技能等级证

书、智能财税职业技能等级证书用于评价学生职业技能水平。

2. 企业会计工厂模式实践教学改革

基于创新创业的高职院校会计工厂专业实践教学体系选择以企业为教学实践合作伙伴，如图2所示。构建以"互联网＋技术、会计专业知识、创新创业技能和信息化实践教学平台"四个模块为基础，将大量企业真账搬入校内，以校内集中实训

和岗位实践两种学习方式为抓手，推动高职大数据与会计专业学生在会计专业理论基础、环境熟悉、账务处理、报税纳税、报表编制、管理控制、绩效考核、职业激励以及证书考取等多个渠道知识的提升，最终实现高职大数据与会计专业创新创业机制完善和学生创新创业能力提升的目的。

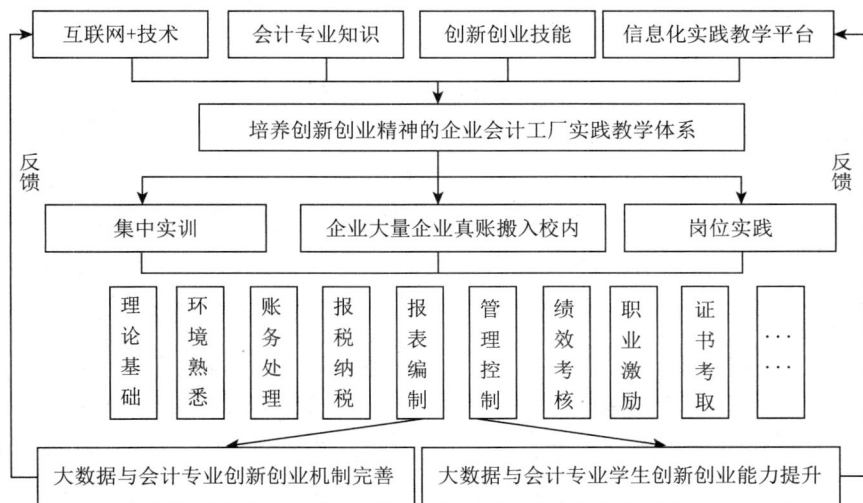

图2　基于创新创业的企业会计工厂专业实践教学体系

（二）校企联动，创新开发合作教学模式

建立校企合作课堂，与正保财务云共享中心产业基地、开元集团、远洲集团、杭州创伟科技园、浙大中控、恒生聚源、宝溪旅游风情小镇、桐庐七彩小镇等公司合作，聘请行业企业导师进校园活动，培养学生创新精神。将企业搬入学校，课外

学生通过实地调研行业企业，深入交流，逐步形成开放式、创造性思维。

1. 与杭州创伟科技园、开元集团、远洲集团各大酒店、浙大中控、宝溪旅游风情小镇等企业建立紧密合作关系

定期结合大数据与会计专业教学要求进行实地采访、交流，深入企业内部，根据课程特点参与企业的生产经营环节，在

企业实践活动中体验数字化智能操作过程，从而深刻理解"大数据"在会计业务的运用。

2. 与正保财务云共享中心合作，将企业搬入校内课堂

正保财务云共享中心产业基地整合了代理记账、财税顾问、教育培训等行业企业业务，面向中小微企业提供财税核算、纳税申报、财务咨询、业财管控、人才推荐等专业服务。产业基地依托基于互联网跨区域协作平台上真实、动态的业务，采用工学结合的培养方式，培养学生的实战能力。将正保云共享产业引入大数据与会计专业教学活动中，让学生参与真实业务，为客户提供专业服务、创造价值，促进职业发展能力。

3. 与恒生聚源公司合作，建设财税大数据工厂实训基地

与杭州恒生聚源公司签订校企合作协议，组织在校学生，结合课堂内各会计课程学习内容，采用弹性制工作时间，根据公司生产需求组织学生完成财务数据采集、生产、整理、分析加工。学生灵活利用时间在网上进行数据生产任务的领取并进行财务报表数据处理，公司根据任务完成工作量结算报酬。在财务实训过程中，将理论知识及时转化为实践技能。财税大数据工厂作业中共计可接纳 500 多人次参与学习研讨和实际操作。学生通过聚源公司各上市公司的财报数据处理和平台流程操作，真正做到理实对接，与财务大数据环境无缝对接，加快专业知识的消化。

（三）专创深度融合，创新创业比赛助推专业实践教学

1. 结合课程，组织学生参与各类创新创业比赛项目及活动

组织学生深入企业、参观交流、观摩路演等活动，以财务会计、管理会计、财务管理等课程为载体，全面组织学生参与各类挑战杯、"互联网+"、乡村振兴创意大赛等院级、市级、省级、国家级创新创业比赛以及其他与课程相关比赛活动，培养学生吃苦耐劳、奋勇拼搏的精神，强化专业综合素质、能力及团队合作精神。

2. 开发或建设创新创业模拟平台

将创新创业教育的内容渗透到专业实践教学中，并根据课程教学目标及内容设置完善的创业创新能力实践平台。平台通过模拟从企业建立到经营的全过程，全方位培养学生的创业创新实践能力。学生在平台上完成创业计划书、创业相关法律知识、公司注册、创业实战（市场调查、STP 分析、SWOT 分析、竞争战略分析、4PS 策略），通过创业模拟平台，学生在实践课程中学会应对企业运营过程中的各种问题，在实践中让学生以创业者的身份制定合理的企业决策。

3. 借助创新创业平台，组织学生自主创业，用创业反哺教育教学工作

在学生中选拔优秀成员组织成立创新创业团队，组织学生充分运用创新创业思维注册成立会计服务公司，利用互联网思维创建专业技术平台，通过企业运营和创新平台的实施运营，实现财会智能化创新，从而反哺课程教学，构成专业与创业教育良性循环。创业团队将会计服务和互

联网结合，利用学生自主研发的专业会计服务平台开展业务。通过将互联网技术融入企业，有重点地拓展各行各业中小企业财税业务，促进产业经济的发展，学生实践中通过创新创业活动促进专业教学的良性发展，从而实现专创深度融合。

参考文献

［1］董世洪，龚山平.社会参与：构建开放性的大学"双创"教育模式［J］.中国高教研究，2010（2）.

［2］贺胜军."互联网＋"背景下高职会计专业创新创业型人才培养模式的探索与实［J］.商业会计，2018（12）.

［3］谭建华.高职院校创新创业教育与专业教育相容探索［J］.教育与职业，2018（12）.

［4］王瑜.高职财会专业学生创新创业能力提升机制对策研究［J］.财会学习，2018（13）.

［5］陈丹霞，等.基于创新创业模式的会计教学改革研究——以商业计划书为例［J］.中国管理信息化，2019（2）.

［6］单祖明，邵敬浩.会计专业学生创新创业教育与专业教育融合的路径探析［J］.职教通讯，2019（4）.

［7］梁卿.高职院校创新创业教育与专业教育融合的有效途径［J］.中国职业技术教育，2019（6）.

［8］黄莉娟，孟晓娜."互联网＋会计工厂"实训平台构建研究［J］.合作经济与科技，2020（21）.

［9］董旖旎，高婷婷.高校创新创业教育"四元协同"机制：理论模型与实践探索［J］.高等职业教育探索，2021（4）.

［10］谢为群，许烁，于丽英.创新创业人才培养质量评价与提升［J］.中国高校科技，2019（11）.

扎根理论视角下研学旅行专业人才核心素养与培育路径研究

池　静

（浙江旅游职业学院，浙江　杭州　311231）

摘　要： 基于政府部门、行业、企业、学界对研学旅行专业人才的认知和多方访谈，以扎根理论视角的质性研究方法得到研学旅行专业人才核心素养要素和维度，梳理归类三个发展层次六要点研学旅行专业人才核心素养结构模型；结合职业教育特点，提出研学旅行专业人才培养目标，构想融入核心素养的"交互融通、模块协同"的专业课程体系架构；基于教学改革，提出建立多元校企联盟式平台产学研价值链、情境化教学任务驱动学习实现阶段性教学目标、课证融通、基于"生涯发展"的集合评价成长性档案等系列培育路径，从而探寻现代职教视阈下研学旅行专业育人模式创新与路径探索。

关键词： 扎根理论；研学旅行；核心素养；培育路径

Research on the Core Quality of and Cultivation Path for Research–Travel Professionals from the Perspective of Grounded Theory

Chi Jing

（Tourism College of Zhejiang，Hangzhou，Zhejiang，311231）

Abstract：Based on the cognition of government departments，industries，enterprises and academic circles interviews，the article takes the approach of qualitative research method from the perspective of grounded theory to obtain the core literacy elements and

收稿日期：2021-9-22

作者简介：池静（1982—　），女，浙江旅游职业学院旅游管理学院教师，硕士，讲师，主要研究方向为研学旅行管理与服务。

基金项目：本文为 2019 年度浙江省十三五教育教学改革项目（项目编号：JG20190744）。

dimensions of the research-travel professionals. It sorts out the structure model of the core literacy of the research-travel professionals and classifies it into three development levels. Taking into consideration the characteristics of vocational education, the paper puts forward the objective of cultivating professionals of research travel, and conceives the professional curriculum architecture of "interactive integration and module collaboration" that integrates the core qualities. On the basis of teaching reform, the paper also proposes to establish a series of cultivation paths, including an industry-university-research value chain on the allied platform of school and enterprises, achieving the phased teaching objective through contextualized task-driven learning, integrating the courses with related certificates, and career-based evaluation of the growth profiles, so as to explore the innovation and path of the education for research-travel professionals in modern vocational colleges.

Key words: grounded theory; research travel; core quality; cultivation path

　　我国自 2013 年在国务院发布的《国民旅游休闲纲要（2013—2020 年）》中提出"逐步推行中小学生研学旅行"的设想以来，在教育部等 11 部门《关于推进中小学生研学旅行的意见》等政策文件的大力推动下，研学旅行被纳入中小学课程体系。在市场的积极响应下，经过几年的发展，研学旅行取得了很大进展。由于中小学生研学旅行是一种有别于传统课程，也有别于传统旅游的新形态活动课程，作为教育旅游在中国情境中的一种形式，它是由教育部门和学校有计划地组织安排，通过集体旅行、集体食宿方式开展的一种研究性学习和旅行活动，具有较为强烈的政策导向性和教育公共性等价值属性。从理论上来说，教育属性是研学旅行的核心本质，学校老师是组织和实施研学旅行的骨干力量。但是研学旅行的理想设计和实施需要多元主体的配合，不仅要有教师与学生，而且要有研学旅行服务机构人员的加入。而现有机构能够对接这种需求的人才相对匮乏。面对强劲的市场需求，2019 年 10 月 18 日，教育部增补研学旅行管理与服务专业进入高职旅游大类专业目录，从 2020 年起执行。由于各部门目前出台的相关文件、标准对研学旅行专业人才的定义并不一样，在实际认定和培养过程中的认知上存在很大差异，需要从理论上去填补这一空白，以指导人才培养的实践。本文聚焦于高等职业教育研学旅行专业人才核心素养结构模型、课程体系构架与培育路径的研究，以期为我国高职研学旅行专业人才培养提供借鉴。

一、文献综述

（一）研学旅行专业人才相关文献综述

研学旅行专业人才是为适应研学旅行这一新生事物的发展而培养的人员，目前国内尚缺乏对其的统一认识。国家旅游局在 2016 年发布的《研学旅行服务规范》中，首次提出了"研学导师"这一概念：研学导师是在研学旅行过程中，具体制定或实施研学旅行教育方案，指导学生开展各类体验活动的专业人员。并规定，研学旅行教育服务应有研学导师主导实施，由导游员和带队老师等共同配合完成。该定义对研学导师的工作内容和主导地位做了明确规定。中国旅行社协会等发布《研学旅行指导师（中小学）专业标准》中出现了研学旅行指导师的概念，将其定义为策划、制定或实施研学旅行课程方案，在研学旅行过程中组织和指导中小学学生开展各类研究学习和体验活动的专业人员，并对研学旅行指导师的专业态度、知识和能力要求做了规定。该标准是现阶段国内集中阐释研学旅行专业人才定义和要求的较完备文件，但只是描述了研学旅行指导师的理想状态，没有明确的准入标准和硬性的考察指标，目前主要在旅游企业中推广。教育部对研学旅行专业人才尚未有明确的界定和规范，在《研学实践教育工作指南》初稿中，研学旅行专业人才是以一个团队或群体而非个体特征出现的，囊括了承担中小学生校外实践育人功能的师资及辅助人员，并可延伸至中小学教师及少数家长志愿者、研学旅行企业与机构人员、基地师资及服务管理人员。另一份值得参考的资料是教育部《"1+X"研学旅行策划与管理职业技能等级标准》，它是面对从事研学旅行、综合实践、劳动教育领域的相关单位相关职业岗位（群），将其划分为初、中、高三个级别，规定相应工作领域、工作任务及职业技能要求。总体来看，从旅游部门的视角，不管研学导师还是研学旅行指导师，都被定位为"专业人员"，是一门新职业，需要拥有特定的专业技术。而"1+X"技能等级标准目前指向技能人员，即通过练习能够完成一定任务的人员。现阶段，实际运行中主要是中小学老师、营地基地老师、旅行社导游承担研学旅行相关任务，他们主要集中在中小学校、研学教育企业、旅行社、基地、营地、教育信息化企业、亲子机构、体育拓展企业、景区等，有研学导师、研学培训讲师、研学产品专员、研学旅行领队、研学旅行工作人员等多种不同称呼，形成了有一定层次、不同工作侧重点的岗位群。但目前这些群体不仅在数量上存在较大缺口，质量方面也总体欠优。因为他们往往不能同时具备管理旅游团队的知识技能和教育学等学科的专业知识，培养主要依赖短期培训，系统性和专业性有限。长期来看，研学旅行的发展一定有赖于"旅游＋教育"的复合型人才的培养，规范人才培养体系，并逐步地实现专业技术人员定位与资格认证。本文从专业建设角度，将其定位为研学旅行专业人才，对应不同层级和不同功能的岗位群，是教育与旅游相结合的复合型高素质技术技能型人才，是保证研学旅行质量的关键。

（二）核心素养的界定综述

为应对信息社会迅猛发展的挑战，教育领域掀起了人才培养目标的再思考。2016 年 9 月，《中国学生发展核心素养》的正式发布，为基于核心素养的教育教学改革提供了纲领性依据。核心素养被认为是学生在接受相应学段教育过程中逐步形成的适应个人终身发展和社会发展需要的关键能力与必备品格。随着讨论的深入，有学者提出，核心素养更适用于与经济社会发展联系极为密切的职业教育，职业教育应积极回应基于核心素养的课程与教学改革。陈宏艳等认为职业教育学生核心素养包括通用核心素养和职业核心素养，落实的载体是课程与教学。乔为认为，职业教育视角下的核心素养本质具有层次性，在育人目标层面指向由培养"合格的职业人"向培养"全面发展的人"的转变，需要在两个维度上着力：一是通过进一步优化能力本位课程体系而构建素养本位课程体系；二是构建包括能力教育和品格教育的素养教育框架，在能力教育的基础上强化品格教育的功能。这些都是基于职业教育的特殊使命而细分内化而成的价值取向。在当前，必须理解研学旅行专业复合型高素质技术技能型人才属性，对标研学旅行从业人员的现实需要，梳理研学旅行专业人才岗位群核心素养指标内容，为职业教育实践提供更直接的指导。

二、高职研学旅行专业人才核心素养分析

（一）研究方法

本文采用多种渠道和方式收集资料，运用半结构式访谈、参与式观察、扎根理论等质性研究方法。本文作者于 2020 年 5 月至 2021 年 5 月对浙江省教育厅基础教育处领导、多位省内研学行业领军企业高层管理者和技术骨干等 12 人进行半结构式访谈，参与各项学术交流，收集整理研学旅行岗位群招聘信息资料。此外，以研学旅行管理与服务专业人才培养方案执笔人身份，对首届专业人才培养方案进行了为期近 4 个月的编写修订，整理访谈札记约 1 万字，相关文字资料约 3 万字，将收集到的一手数据运用人工编码方式提取概念。

（二）资料分析

团队通过编码前对每一部分数据贴上标签并进行分类、概括和说明，然后进行扎根理论的三级编码，即开放性编码（类属）、主轴性编码（属性）和选择性编码（维度），三者交叉进行，互为补充，连续比较的方法贯穿全过程。

1. 开放性编码

开放性编码是将所搜集和整理的原始资料进行逐行逐句编码，在提炼概念的同时，发现类属并拓展类属的属性和维度。在开放性编码中，本研究对相关文字资料进行编码，共识别 364 个概念标签，通过连续比较的方法对原始概念进行剔除、合并，最终归入到更高一级的类属和范畴中，形成 122 个类属。

2. 主轴性编码

主轴性编码是挖掘和建立概念和类属之间的各种关系，以表现资料中各个部分间的有机关联。本研究依据类属间潜在的逻辑次序和因果关系，将开放性编码获得

的 122 个次类属再次分析、归类，最终形成 45 个属性。

3．选择性编码

选择性编码是对所有开放性编码、主轴性编码进行系统分析、凝练的基础上，经过概括、提取、重组、整合、抽取概念的范畴和类属，最终归纳为三种类别岗位的 6 个核心类属，基本包括自主发展、社会参与、文化基础、职业角色、工作胜任、生涯发展六大维度（见表 1）。

表 1　研学旅行专业人才岗位群核心素养三级编码

层级	选择性编码	主轴性编码	开放性编码
服务执行类岗位	自主发展	爱岗敬业、积极进取、抗压共情	积极进取、自信乐观、服务意识、健康生活、抗压能力、吃苦耐劳、学会共情
	社会参与	价值观念、社会责任	社会主义核心价值观、绿色意识、社会责任、国家认同
	文化基础	文化底蕴、学科教学	熟悉中小学学科教学、熟悉学生学习特点、调动学习兴趣、文化艺术底蕴
	职业角色	安全落实、实施引导、服务管理	带队活动、执行安排、授课讲解、评价激励、安全落实、处理突发情况、课程实施设计、协助课程研发、数据统计、道具器材准备、设备使用、场地清理
	工作胜任	专业知识、沟通表达、方法技能、相关证书	研学旅行知识、教育教学知识、通识性知识、踩点技能、表达能力、沟通协调、爱心亲和力、团队协作、教学经验、体能、带团方法技能、组织能力、应变能力、配合力、执行力、责任心、教师资格证、导游资格证
	生涯发展	自主学习	往研学老师发展、自主学习
策划设计类岗位	自主发展	爱岗敬业、积极进取、抗压共情	积极进取、自信乐观、创业精神、学会共情、健康生活、反思能力
	社会参与	信息素养、技术应用	信息素养、技术应用
	文化基础	学科背景	心理学、教育学、旅游管理学科背景
	职业角色	安全管理、策划管理、课程研发	学情分析、资源挖掘、课程研发、产品设计、活动策划、运营推广、领队培训、安全管理、线路统筹、项目线路的梳理完善、执行文案、PPT 制作、摄影和视频制作
	工作胜任	专业知识、策划沟通、团队合作	研学旅行知识、教育教学知识、通识性知识、相关经验、文字功底、策划能力、团队合作、认真负责、亲和力、沟通交流、创新能力
	生涯发展	生涯规划、自我管理	生涯规划、自我管理、终身学习
运营管理类岗位	自主发展	爱岗敬业、积极进取、共情反思	积极进取、自信乐观、开拓精神、学会共情、健康生活、服务意识、反思能力
	社会参与	价值观念、社会责任、国家认同	社会主义核心价值观、绿色意识、社会责任、国家认同、信息素养、技术应用、全球意识
	文化基础	学科背景	心理学、教育学、旅游管理学科背景

层级	选择性编码	主轴性编码	开放性编码
运营管理类岗位	职业角色	安全机制、运营管理、团队建设、标准制订	团队管理与建设，项目管理，课程体系，供应商筛选，安全机制，标准制定，执行沟通，评价激励，开发、回访和维护客户
	工作胜任	计划决策、组织协调、开拓创新	相关经验、计划管理、组织协调能力、应变能力、分析决策、积极负责、沟通表达、开拓能力、创新能力
	生涯发展	生涯规划、自我管理、终身学习	生涯规划、岗位迁移、自我管理、终身学习

三、高职研学旅行专业人才培养目标与核心素养本位课程体系构架

（一）培养目标

通过前面分析，本文构建了研学旅行专业人才岗位群核心素养梯度上升模型，如图1所示。

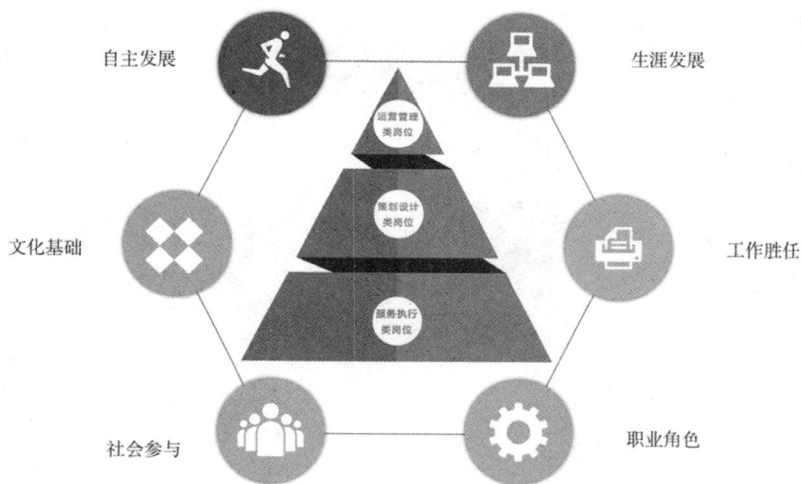

图1 研学旅行专业人才岗位群核心素养梯度上升模型

在核心素养视野下，适应个人终身发展和社会发展需要的研学旅行专业人才职业发展路径呈现梯度上升态势，即服务执行类岗位、策划设计类岗位和运营管理类岗位在通用核心素养和职业核心素养上基本呈阶梯上升状态，后一个层次类别岗位默认已包含或部分包含前一个层次类别岗位工作胜任能力要求。高职研学旅行专业人才培养在三年培养期内首先满足服务执行类岗位要求，部分满足策划设计类岗位要求，少数满足运营管理类岗位要求。从业一段时间后，可陆续达到策划设计类和

运营管理类岗位要求。

在此基础上，将高职研学旅行专业人才培养目标确定为：具有良好思想素质、业务素质、理想信念坚定、德技并修、全面发展，熟悉研学旅行管理与服务通识性知识，掌握研学旅行安全管理、研学旅行业务经营管理知识和研学旅行课程开发与实施知识，具备中小学课外实践指导、研学旅行业务操作和旅游服务、研学旅行课程实施等能力，能够在中小学、教育培训机构、旅游企业、研学基地营地、文博场馆、红色景区、爱国主义教育示范基地等企事业单位从事研学企业（基地）指导师、旅游企业策划师、中小学及教育培训机构实践课程教师以及经营管理等工作的高素质技术技能人才。

（二）素养本位课程体系构建

核心素养作为人才发展的关键能力和必备品格具有高位统领价值，将核心素养内涵表达建构于课程体系中，才能使其内化渗透于高职教育中。遵循职业教育课程一般体系，将核心素养在综合素质课程、通用职业能力课程、职业技能课程和岗位能力课程等模块中深度融会贯通，构建融入核心素养的"交互融通、模块协同"的专业课程体系架构，如图2所示。

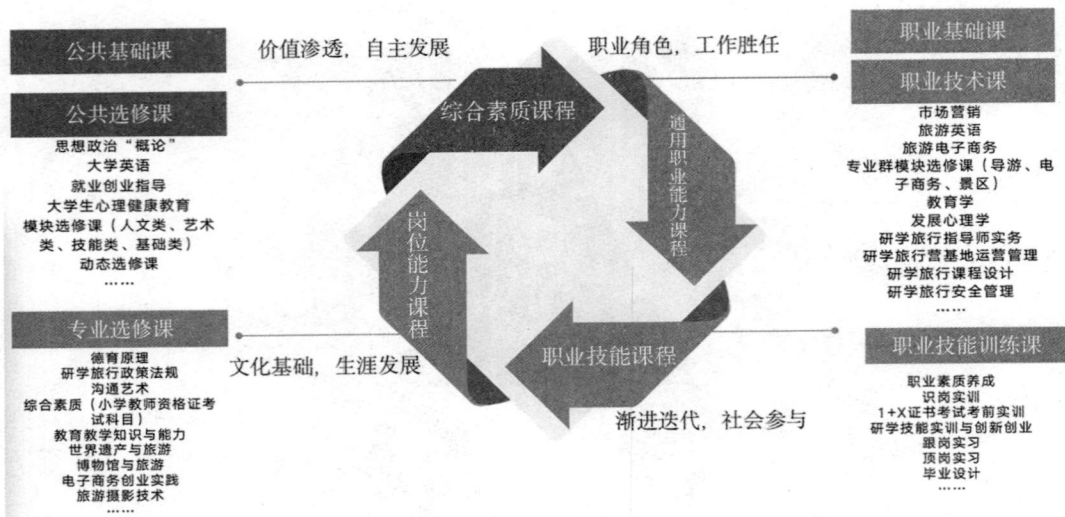

图2 融入核心素养的"交互融通、模块协同"的专业课程体系架构

该课程体系中的交互融通主要指以产教融合思想为策略指引，将校企合作、课证融通作为主线进行勾勒，使其实现通用核心素养浸润与职业核心素养认定的双重价值定位；各模块联动的课程使内容不再只是层次化，而是互动式交叉螺旋上升。

模块联动则指向各结构化课程内部，教学可以相互穿插、整合，使单一化目标学习转型为综合化学习。

在此框架结构中，综合素质课程属于校级序列的通识类课程，分为公共基础课和公共选修课模块，其目标是价值渗透和满足学生自主发展素养要求，在不同学科课程中多渠道渗透核心素养教育。例如：模块选修课可以渗透文化基础，根据学生兴趣强化文化艺术底蕴等，掌握一项或更多擅长学科领域，以达到通识类课程个性化的需求。在通用职业能力课程、职业技能课程和岗位能力课程中，属于系部等二级学院序列，自主性相对较强，实行跨学科多领域交互融通。其中，通用职业能力课程属于专业理论知识类课程，以职业角色、工作胜任为目标，通过面向旅游大类的职业基础课和指向研学旅行专业需求的职业技术课，形成面向未来智慧旅游、夯实教育学相关理论和研学专业知识技能的课程体系；在职业技术课中，设置教育学、发展心理学、研学旅行指导师实务、研学旅行安全管理、研学旅行基地运营管理、研学旅行课程设计、研学操作实务、研学旅行线路设计核心主干课程，分工作领域、专业技能地培养学生的通用职业能力。职业技能课程则属于技能实践类，以产教融合、校企联合培养等方式实现跨界融合培养工作技能，综合渗透渐进迭代、社会参与多项指标。岗位能力课程则可更多元实现功能育人，选择性更广泛，协同旅游大类课程延伸至电子商务大类等课程，覆盖面广，视角性宽，自由度强，协同联动下的素养指标内化更综合，特别设置小学教师资格证、导游资格证考证相关课程，为学生考取证书提供帮助。四大模块课程内部可实现内容联动，形成资源交汇的价值生态化共同体，并在与企业、行业、社会互动过程中，不断提升和改进。

四、基于教学改革的研学旅行专业人才核心素养培育路径

核心素养培育是一个全员全过程的教育教学活动，应充分利用课程体系、校园活动及校企合作三个载体，逐步实现职业核心素养培育体系。

（一）建立多元校企联盟式平台，共建产学研价值链

研学旅行强调研究性学习，本身就是多元跨界融通的产物，需要整合社会各界的力量，将丰富的社会资源转化为中小学生的学习实践资源。根据产业集群与专业类群特点，形成中小学、教育培训机构、旅游企业、研学基地营地、文博场馆、红色景区、爱国主义教育示范基地等企事业单位多方参与、多元高端科创化的产教一体化战略联盟，将不同企业的岗位群体素养要求与学校育人之间进行价值链连接，实现"人才共育、价值共享"，让学生在联盟式平台上学习、体验、实践，培养职业意识、发展职业能力，提升参与社会能力。

（二）以情境化教学为载体，任务驱动学习实现阶段性教学目标

高职教育的教学目标是使学生拥有良好的社会适应性、岗位竞争力和职业发展性，每个阶段的目标可以有所区别，并呈螺旋式上升态势。从第一学期的安排始业教育、识岗实训、专家讲座等项目，让学生了解所学专业，以及行业企业各岗位需要的职业技能和素养，帮助学生制定职业规划，明确职业目标。还可以辅之以各种社团活动和集体活动，持续锻造核心素

养。第二、三、四学期，学生、教师与情境化教学资源构成良性互动、教学相长的协同整体，学生在理论教学的知识性学习情境中获得核心素养的感性认知，在理实一体的技能性情境的学习活动中催化核心素养的养成，在实训教学的综合、模拟、真实的技能性情境的实践体验中获得核心素养的内化，进而形成学生职业技能与核心素养的同步同向的螺旋提升。通过专门课程和跟岗实训、技能实训、考证等教学环节以及各种校企合作项目，超越课堂教学局限，深度连接现实世界，使学生走入企业，感知企业文化，观察工作状态，接触岗位实操。到最后两个学期，学生在顶岗实训过程中，检验所学，在真实工作环境中切身体会岗位能力，及时补充职业领域的未知部分，在工作中不断深化习得。

（三）课证融通，夯实学生从业资格

作为"教育＋旅游"的新形态专业人才，行业企业都提到了对学生同时具有教师资格证和导游资格证的要求，同时，职业教育书证融通试点随着职业教育改革方案的出台全面试点启动。因此，在人才培养过程中的另一条主线，就是通过课程的学习和响应的培训，学生可以根据自身情况选择获得多种行业相关证书，从不同领域获知更多研学行业现状，增强职业认知度、方向感，实现一专多能的愿景。

（四）注重基于"生涯发展"的集合评价成长性档案

核心素养培育的目标指向学生的终生发展，契合生涯发展视角培育学生综合素质、能力、素养。应努力探索从核心素养视角出发的教育教学评价，发动多元主体评价展现综合特质、动态发展记录生涯过程。根据核心素养要求建立动态人才培养评价指标体系并给出建议与反馈，以促进高职学生自主发展、参与社会等终身发展所必备能力及品格的提高，实现学生的长效发展与提升。

参考文献

［1］国务院办公厅.关于印发国民旅游休闲纲要（2013—2020年）的通知［EB/OL］.http://www.gov.cn/zwgk/2013-02/18/content_2333544.html.

［2］陈东军，谢红彬.我国研学旅游发展与研究进展［J］.世界地理研究，2020（5）：599-607.

［3］马波，刘盟.中小学生研学旅行研究的三个关键问题［J］.旅游学刊，2020（9）：1-4.

［4］刘俊，周彤昕.利益相关者视角下研学旅行行业发展的内在张力［J］.旅游科学，2020（8）：56-69.

［5］林崇德.中国学生核心素养研究［J］.心理与行为研究，2017（2）.

［6］陈宏艳，徐国庆.基于核心素养的职业教育课程与教学变革探析［J］.职教论坛，2018（3）：57-61.

［7］乔为.核心素养的本质与培育：基于职业教育的视角［J］.职业技术教育，2018（13）：20-27.

［8］祁占勇，等.扎根理论视域下工匠核心素养的理论模型与实践逻辑［J］.教育研究，2018（3）：70-76.

［9］罗桂城. 高职学生发展职场核心素养：动因、内涵及培养 ——基于美国职场核心素养教育的审视［J］. 职业技术教育，2017（7）：20-24.

［10］邵志明，李伟强. 高职餐饮类专业核心素养结构模型与培育路径［J］. 中国职业技术教育，2020（2）：72-78.

［11］姚长佳，张聪慧高等职业教育经管类专业核心素养与课程改革路径探究［J］. 中国职业技术教育，2019（8）：52-63.

疫情下高校国际学生教学路径研究

周李俐　张晓侠

（浙江旅游职业学院，浙江　杭州　311231）

摘　要：疫情下高校国际学生教学存在国际学生难以来华、线上教学效果欠佳、教学评价存在困难等困境，同时，高校国际学生的教学改革、知华教育、线上教学资源合作存在新的机遇。高校应练好内功，注重内涵式发展；拓展外延，争取多元化发展；转危为机，夯实规范化发展。

关键词：疫情；高校；国际学生；教学路径

Research on the Teaching Path for International Students in Colleges and Universities during the Covid–19 Pandemic

Zhou Lili，Zhang Xiaoxia

（Tourism College of Zhejiang，Hangzhou，Zhejiang，311231）

Abstract：During the Covid–19 Pandemic，it is difficult for international students to come to China. Online teaching and evaluation face problems as well. At the same time，there are new opportunities for the teaching reform，China education and online teaching resource cooperation for international students. Colleges and universities should pay attention to self–development，strive for diversified development，turn danger into opportunity，and consolidate standardized development.

Key words：pandemic；colleges and universities；international student；teaching path

---

收稿日期：2021-09-26

作者简介：周李俐（1982—　），女，浙江旅游职业学院国际教育学院（外办）院长，硕士，副研究员，主要研究方向为教育管理。

张晓侠（1988—　），女，浙江旅游职业学院旅游外语学院辅导员，讲师，硕士，主要研究方向为学生思想政治教育。

基金项目：本文为2020年浙江旅游职业学院院级常规课题阶段性成果（项目编号：2020YB05）。

新冠肺炎疫情具有传播速度快、范围广、防控难度大的特点，全世界人民的正常生活都因此受到了严重影响。在全球抗疫的背景下，各国都采取了相应的防控措施，共同应对这场疫情防控持久战。

学校是人员密集型场所。疫情下学生返校学习困难较大，世界各地学校纷纷推出了不同形式的线上课程资源和直播课程，迅速完成教学模式的革新，以应对长时间的线上教学。教学模式和路径的调整让各国的教学工作在短时间的磨合后趋于稳定状态。面对来势汹汹的疫情，我国及时采取了切实有效的措施，在较短的时间内控制住了疫情传播，并在2020年秋季全面恢复返校授课。在我国抓好常态化疫情防控且人民群众生活秩序恢复正常之时，全球疫情形势依然，国际学生的教学和管理工作仍然存在巨大的困难。

一、高校国际学生学习意愿的调查与分析

新冠肺炎疫情暴发至今，来华国际学生的生活和学习受到了较大的冲击和影响，高校国际学生工作面临新的课题和更大挑战。浙江旅游职业学院"旅游汉语名师工作室"林小燕副教授通过问卷方式开展了"关于疫情后留学生汉语学习意愿及方式"的调查。问卷结果显示：一是新冠肺炎疫情后国际学生学习汉语的意愿仍然较大。83%的国际学生愿意继续学习汉语，15%的国际学生还在观望，仅2%的国际学生明确表示由于疫情原因放弃学习汉语。二是新冠肺炎疫情暴发后愿意来华学习汉语的学生人数仍然

较多。76%的学生很想来中国，22%的学生表示在等待合适的机会，仅有2%的学生表示因疫情原因不考虑来华学习。该项调查结果表明在新时期教育对外开放的背景下，中国的教育越来越被全世界接受和认可。新冠肺炎疫情影响了一时的国际教育，但是并不会影响中国继续占据亚洲最大的留学目的地国家的重要地位。

二、后疫情时代高校国际学生教学现状

（一）后疫情时代高校国际学生教学困境

1. 国际学生难以来华

当前，我国新冠肺炎疫情工作处于常态化防控阶段，各地精准实施防控措施，加快恢复正常生产生活秩序。与此同时，一些国家不重视疫情防控或防控措施不力，新冠肺炎疫情仍处在蔓延状态，全球疫情人数和死亡人数还在上升。出于疫情防控需要，国际学生来华的困难增加。主要原因有三点：一是部分国家的办事机构因疫情原因处于长期关闭状态，学生办理出国材料存在困难；二是为了防止境外输入性病例，我国国家民航局动态实施国际航班"熔断"措施，严控国际航班班次，国际航班减少；三是随着一些国家新冠病毒变异、个别病例"复阳"等原因，我国一直在科学研判形势并动态调整入境的隔离要求，隔离费用的压力使得经济条件较差的国际学生放弃来华。基于上述原因，目前无法来华的国际学生主要依靠线上学习。

2. 线上教学效果欠佳

新冠肺炎疫情暴发后，对无法返校的国际学生开展在线教育成为国际教育的主要路径，但是线上教学的效果差强人意。一是跨国线上教学困难巨大。一方面国际学生分布在全球各地，部分国家地区的网络落后或者因时差等现实困难影响了教学的效果；另一方面对于班级建制的某个国家的国际学生群体，较容易组织开展统一的线上教学，但针对不同国家或者插班学习的国际学生，无法开展同步教学。二是缺乏国际通用的学生线上教学平台。在疫情期间，我国主要采用了钉钉、QQ、微信、超星、职教云等平台开展线上直播教学，但是这些平台普遍采用国内社交平台账号的捆绑式登录方式，不符合国外用户的操作习惯。国外用户普遍使用自己国家的社交软件，如美国的 FaceBook、Twitter，韩国的 KakaoTalk，日本的 Line等。一些国家较为推广的 ZOOM 等平台，主要依托国外的云服务商，在技术保障快速响应、个性化精准服务等方面，不能满足国内用户的需求。此外，通过长年的研发积累，我国各大高校研发了丰富的教学资源库，但是针对国际学生的教学资源仍显不足。

3. 教学评价存在困难

线上教学的教学评价工作较难开展。一方面，较难组织国际学生进行考试。线上教学国际学生分布全球各地，很难组织国际学生考试，无法真实地考查国际学生的学习效果；另一方面，较难组织教师教学能力评价。在线授课使得教学检查和督导工作难以正常开展。

（二）疫情下高校国际学生教学机遇

1. 教学变革的"催化剂"

新冠肺炎疫情促使许多高职院校推进国际学生教学变革，助推了高职院校的在线直播教学的发展，极大地丰富了高职院校国际学生线上教学资源库的内容。疫情之前，高职院校在国际学生教学中较少使用在线直播教学，高职院校的在线直播教学发展速度较慢，未形成科学合理的线上教学资源库。新冠肺炎疫情既给全球的经济和社会带来了极大的挑战，又给国际学生教育带来前所未有的机遇。

2. 知华教育的"助燃剂"

面对新冠肺炎疫情的传播速度，一些国家未能很好地进行疫情防护和管控，导致新冠肺炎疫情传播势头未能得到有效的控制。相比较而言，中国快速高效的新冠肺炎疫情处置和反应机制，不计回报对一些国家疫情防控的驰援，以及对国际学生的支持和保护等有力举措，充分展现了中国这个负责任大国的担当和包容，彰显了中国推动构建人类命运共同体的作为。

3. 校际合作的"黏合剂"

后疫情时代，国际学生在线的互联网教学已经成为许多高校课题研究和初步实践。例如，东北师范大学张丹等人提出，"利用互联网把汉语作为非母语学习者的学习特征，并构建一种基于客户端/服务器（C/S）模式的虚拟环境教学系统"[①]。浙江越秀外国语学院罗荣华在时间中探索"汉语+"线上汉语教学的实

---

① 张丹，钟绍春，程晓春.基于互联网对外汉语教学模式的研究［J］.广西师范大学学报：自然科学版，2004（3）.

践，总结了越秀外国语学院先后与哈兔中文网络学院、深圳市中文路教育科技有限公司合作经验，学生利用公司的平台与外国学员进行"一对一"的跨境线上汉语教学实践。这些成功的教学案例，启发我们可以通过国际学生教学的校际合作，抱团出击，共建共享学校之间的线上教学资源，可以快速推动国际学生线上教学的发展。

三、疫情下高校国际学生教学路径

（一）练好内功，注重内涵式发展

1. 推进高校国际学生教学规范化发展

国际学生的专业培养方案应当包含培养目标、课程体系、教学计划、实践教学等内容，满足相应专业的教育教学标准和规范的要求，符合国际学生的人才培养目标，适应国际学生的学习特点。高校应针对"来华留学质量认证指标体系"，从办学指导思想、办学硬件条件、教学建设、教育管理、学生活动、办学质量与影响力以及办学特色等方面对来华留学教育进行规范化的管理。

2. 加强高校国际化师资的培养

目前，部分高校的国际学生课程的教师存在专业能力好外语水平欠佳、外语水平好专业不强等问题，教师的国际视野有待提升。因此，高校应当采取考核、激励等措施保护和提高国际学生教师的教学能力，有计划地以培训、访学、交流等形式提升教师的外语水平和跨文化能力，提高师资队伍国际化水平，重点培养在国际上有话语权和影响力的名师。应当保障汉语和中国概况等基础课程的师资发展[①]。

3. 建强线上教学资源

线上教学资源应当实现共建共享，本科与高职院校应当发挥各自优势特长，互学互鉴，把国际学生线上教学资源积极地整合起来，不断创新国际学生教学的教学内容、教学方法等线上教学资源，促进国际学生线上教学资源实现快速良性的发展。

（二）拓展外延，争取多元化发展

1. 定制不同类型的课程，满足不同生源的需求

在全球疫情没有得到有效控制之前，高校可以利用现有资源研发推出线上学习资源包，通过录制线上微课程、钉钉直播教学、超星学习通等方式，帮助和引导国际学生进入学习状态，满足学生的专业发展需求。

2. 与国际组织保持互动，提升话语权和影响力

高校应当与如联合国教科文组织等在内国际组织保持良性的互动，提升自身在国际学生教育中的会话语权和影响力。随着国际组织在教育领域的影响日趋重大，我们可以利用国际组织这个平台，获取国际资金、人才和技术支持，促进中国教育事业的发展[②]。

① 来华留学生高等教育质量规范（试行）[EB/OL]. http://www.moe.gov.cn/srcsite/A20/moe_850/201810/t20181012_351302.html.

② 付雅倩.国际组织影响教育发展的三种途径——以世界银行和 UNESCO 为例［J］.学园.2014（35）.

3.关注"一带一路"国家，推动国际学生教育发展

2019年，来华留学生数据统计显示，共有来自202个国家和地区的397635名外国留学人员在我国高等学校、科研院所和其他教学机构中学习。其中，亚洲、欧洲、非洲、大洋洲来华留学生分别为240154人、66746人、49792人、34934人[①]。留学生在深化"一带一路"沿线国家教育交流与合作上的带动和促进作用逐渐显现，留学生教育是对全球范围内人才资源的争夺，是对国际教育市场份额的占有，是培养自己价值观念的代言人[②]。"一带一路"倡议给我国带来了国际学生来华留学的红利，也进一步刺激了我国国际学生教育事业的发展，对我国国际学生教育提出更高要求。

（三）转为危机，夯实规范化发展

建立健全国际学生教学的规章制度。根据《来华留学生高等教育质量规范（试行）》，探索后疫情时代教学和评价的新办法、新制度。中共中央办公厅、国务院办公厅印发《关于做好新时期教育对外开放工作的若干意见》指出，通过优化来华留学生源国别、专业布局，加大品牌专业和品牌课程建设力度，构建来华留学社会化、专业化服务体系，打造"留学中国"品牌。当前，高校留学教育水平参差不齐、差异较大，来华留学的社会化和专业化服务体系还不够成熟。高校需创建符合社会要求、学校特色、学生需求国际学生教育品牌。

疫情防控任重道远，新冠肺炎疫情使得国际留学教育的竞争压力日益增大，随着新冠肺炎疫情的常态化管理进一步推进，我国的来华留学教育迎来了新的机遇和挑战。高校应当通过健全教育制度、优化师资队伍、打造精品课程、建设教育品牌等方式打造符合学校特色的国际学生教育品牌。让国际学生通过留学活动了解中国、喜欢中国，从而更加愿意亲近中国、宣传中国。

参考文献

[1] 文秋芳、杨佳.从新冠疫情下的语言国际教育比较看国际中文在线教育的战略价值[J].语言教学与研究，2020（6）.

[2] 张丹，钟绍春，程晓春.基于互联网对外汉语教学模式的研究[J].广西师范大学学报：自然科学版，2004（3）.

[3] 罗荣华."汉语+"线上汉语教学的实践与探索[J].现代教育科学，2019（9）.

[4] 吕军伟，张丽维.基于"互联网+"的汉语国际教育在线互动教学平台建设现状研究[J].前沿，2017（8）.

[5] 付雅倩.国际组织影响教育发展的三种途径——以世界银行和UNESCO为例[J].学园，2014（35）.

[6] 郭继超.走出理工科院校外国留学生教育发展的困境[J].中国高等教育研究，2001（9）：49-50.

---

① 2019年全国来华留学生数据发布[EB/OL].http://www.jxdx.org.cn/gnjy/14176.html.

② 郭继超.走出理工科院校外国留学生教育发展的困境[J].中国高等教育研究，2001（9）：49-50.

亚运会背景下体育礼仪培养路径研究

陈宝珠

（浙江旅游职业学院，浙江　杭州　311231）

摘　要：本文采用文献资料法，通过对体育礼仪的界定、分类及价值分析，提出亚运背景下体育礼仪培养的具体路径。其目的是规范体育礼仪，提高我国的国际威望，推动我国和亚洲的体育事业发展。

关键词：亚运会；杭州；体育礼仪；路径

Research on the Approach to Cultivating Sports Etiquette in the Context of the Asian Games

Chen Baozhu

（Tourism College of Zhejiang，Hangzhou，Zhejiang，311231）

Abstract：Following the literature-review method，this paper puts forward the specific approach to sports etiquette training in the context of the Asian Games through the definition，classification and value analysis of sports etiquette. The purpose of this paper is to standardize sports etiquette，improve China's international prestige and boost the development of sports in China and Asia.

Key words：the Asian Games；Hangzhou；sports etiquette；approach

　　体育运动是人类在社会生产和生活实践中不断创造、丰富和发展起来的，是社会和人类文化最重要的组成部分之一。体育竞赛绝不仅仅是一种简单的胜负关系，而是有着深厚的文明内涵。然而在当前的体育竞赛活动中，运动员、观众甚至裁判

收稿日期：2021-09-19
作者简介：陈宝珠（1963—　），女，浙江旅游职业学院副校级领导，教授，主要研究方向为体育旅游、休闲体育和职业礼仪。

员或多或少会出现一些不符合体育礼仪行为规范的举止，在某种程度上，这种状况背离了体育发展的终极目标，也不利于和谐社会的构建。普及体育礼仪既是体现社会文明进步的重要标志，又是衡量体育现代化程度的标准之一。2022 年亚运会将在杭州举行，杭州是继北京、广州之后的第三个举办亚运会的中国城市。我国素有"礼仪之邦"的美誉，讲"礼"重"仪"一直以来是中华民族的优秀传统文化，礼仪文化源远流长，并有着完备的礼仪体系。杭州亚运会将为体育礼仪发展提供一个新平台，实现其交流、宣传、激励、教化和团结人民，推动我国和亚洲的体育事业发展。

一、体育礼仪及分类

（一）体育礼仪的界定

什么是礼仪？许慎在《说文解字》中给"礼"解说为："礼"，履也，所以事神致福也。认为，礼在中国最早来源于祭祀，"礼"是用以"事神致福"的器具。

"礼"与"仪"的组合运用应该是汉代以后才出现的。后来"礼仪"中的"礼"是词的核心内容，它代表一种人神之间或人人之间交往时表示尊敬、友好、示善等意愿的态度或心向，近于孔子所概括的"仁"。而"仪"则成了"礼"的具体表现形式，依据"礼"的规定与要求形成一系列形式或程序。礼仪作为一种社会现象，是与人类文明同步产生和发展的。随着社会经济的不断发展、人民生活水平的提高和社会的普遍开放，体育运动也得到了前所未有的发展，现代礼仪广泛渗透到体育各个领域，形成了独特的体育礼仪。"体育礼仪"是指人们在体育活动交往中所应该具有的表示敬重、友善和友好的行为规范。体育礼仪不仅是体育文化的重要组成部分，而且是体育文明的最重要体现，更是体育活动的独特魅力所在。

（二）体育礼仪的分类

亚运会体育礼仪涉及体育活动、体育活动参与者与体育仪式之间的相互关系，其划分标准如表 1 所示。

表 1　亚运会体育礼仪划分标准及类别

划分标准	类别
以体育项目来划分	游泳、射箭、田径、羽毛球、篮球、拳击、皮划艇、马术、击剑、足球、高尔夫、体操、手球、曲棍球、赛艇、7 人制橄榄球、射击、乒乓球、跆拳道、网球、排球、举重、摔跤等 28 个奥运项目礼仪和武术、藤球、柔术、板球、棋类、轮滑、卡巴迪、壁球等 9 个非奥运项目礼仪
以参赛人员来划分	教练员、裁判员、运动员、观众、志愿者、体育官员及相关工作人员礼仪
以参赛的时段来划分	运动员赛场礼仪、赛事期间（赛前、赛中、赛后）礼仪
以表现形式来划分	体育仪式、仪表、服饰、举止、语言等礼仪

二、体育礼仪的价值

（一）传播中华文化，促文化交融

中国古老文化历经五千余年，是世界上唯一从未间断、绵延至今的人类文化瑰宝，是人类童年时代便已产生的、不可企及也无法再造的世界文明的辉煌顶峰之一。但长期以来，西方文化在世界处于强势地位，东方文化处于弱势。体育也同样，国际大型体育竞赛项目极大部分源于西方，几乎都经历了数百年的积淀，各项目体育礼仪文化的发展较为成熟，形成各具特色的赛场文化和赛场礼仪。有些体育礼仪的内容已经写进了规则，成为体育竞赛的组成部分。杭州是中国七大古都之一，历史悠久，文化底蕴深厚，也是中国传统体育发祥地之一，体育实力较强。杭州举办亚运会，为中华文明和亚洲多元、璀璨文明的相互学习、互鉴、共同促进提供了宝贵契机。亚运赛场将是中国文化与西方文化的一次大汇聚，是奥林匹克文化与中华文明相互丰富发展的盛会。亚运会期间，无数目光将聚焦赛场，赛场上的物和运动员、观众、教练员、裁判员、志愿者等是实现这些目的的基础。开、闭幕式是礼仪传播的重头戏，通过大型的文艺表演等形式表达全世界向往友谊、团结与和平的愿望，也是展示中华民族的精神面貌和杭州"精致和谐、大气开放"的城市人文精神及"敢为人先、敢冒风险、敢争一流、宽容失败"的创业创新文化的好机会；颁奖仪式传播的是运动员的风采和礼仪人员的微笑；赛场上运动员、教练员、裁判员、志愿者和观众传播的是体育礼仪的

意识。通过亚运会让世界对杭州有一个新的认识，也对中国传统礼仪有更深入的了解，感受杭州多元的体育世界，促进亚洲各国之间的联系和亚洲的团结精神，推动社会进步。

（二）塑造个人和国家形象

体育通过体育运动各方面折射出一个社会、民族的心理结构、思维方式、价值体系等等。杭州亚运会，在往届45个参赛国家和地区的基础上，首次加入大洋洲国家（地区），总数可达63个国家和地区，预计参赛运动员达1万余名。这些国家有着不同的文化，不同的传统和不同的宗教信仰、不同人群会聚到一起，在体育礼仪上，将呈现出不同民族的不同地域特征，是一个窗口。商业心理学家的研究告诉我们，人与人之间的沟通所产生的影响力和信任度，是来自语言、语调和形象三个方面。其中语言只占7%；语调占38%；形象占55%。由此可见，形象的确是一种征服人心的利器，且被现实生活中的许多事实证明。比赛场上不管是运动员，还是观众、教练员、裁判员及幕后的体育工作人员，他们的礼仪价值观通过外貌、言谈、行为举止等具体元素反映他们的素质。当运动员代表国家出现在国际比赛中，他们已经不仅仅是作为一名运动员，而是一名传播国家和民族精神文明的使者，他们的着装仪表、言谈举止及良好的比赛礼仪直接影响社会公众的评价。俄罗斯体操运动员霍尔金娜是一位毫无争议的体操皇后，不仅在运动上有出色的成就，高贵的气质也深入人心，她自信、优雅，每次比赛都是一场视觉的盛宴。观众是赛场这个特定环境

内形成的一个特殊的群体，是比赛的重要组成部分。对国家形象具有代表意义的不仅仅是竞赛的成绩，观众的素养等也成为国家名片。体育礼仪行为规范看似都是一件件小事，但正是这些所谓的"小节"问题，不仅体现个人的人文修养和综合素养，而且代表着一个群体，甚至一个国家的形象和声誉。

（三）规范行为，促进竞争和谐

体育是一项集体活动，特别是 2022 年亚运会，涉及 28 个奥运项目，9 个非奥运项目。来自不同国家和地区的运动员、教练员、裁判员、观众和志愿者等聚集在一起，进行比赛、工作和参加各种体育活动，相互之间难免存在差异。而且体育比赛大都是紧张激烈的，偶然性也很强，参与者的个性也比较开放，特别一些同场对抗项目，篮球、足球在赛场上经常会出现一些碰撞，如处理不当，就会引起赛场暴力。体育礼仪告诉我们在体育活动中应该做什么，只有运动员懂得了礼仪，才能尊重规则、尊重裁判、尊重对手、尊重自己、尊重观众，发挥出最好的运动水平；裁判员只有懂得并实践礼仪，才能在比赛的关键时刻做出公平公正判决；观众只有懂得礼仪，才能认真了解比赛规则，成为文明、有素养的观赛者；赛场上的其他人员懂得礼仪，才能行为得体。体育礼仪能使赛场文明和谐，完美诠释"友谊第一"的运动精神。

（四）维持秩序，确保竞赛和谐进行

秩序、和谐和尊重是体育文明的表现，体育文明的特点是在体育领域有一系列令人愉悦的体育礼仪。礼仪能支撑整个体育赛事的秩序。任何一次体育赛事，都是按照一定程序开展的。每一个程序中，都有固定的仪式，行使各种礼仪。体育仪式是比赛过程中的一个环节，礼仪联结每一个环节并维护整个过程，它具有一定象征意义、符号特点和稳定秩序。具体来说，在体育竞赛中，运动员在比赛之前与对手运动员握手，当听到裁判员指示开始比赛时，他们进入比赛进程。比赛结束后，运动员们相互握手祝贺，与裁判员握手并向观众表示感谢。在雅加达举行的 2018 年亚运会开幕式上，来自各国的运动员怀着追求更高、更快、更强的梦想一起走进赛场。阿联酋代表团按照字母顺序排在第一位，东道主印度尼西亚代表团是最后一个出场的，出场仪式体现了尊重、平等和民主；运动员、裁判员的宣誓仪式体现比赛平等、公正、公开的原则，它以无形的约束管制力量促使赛场的秩序和安全。颁奖仪式上，冠军代表的国旗从中间旗杆，亚、季军代表的国旗分别从两侧旗杆跟着冠军旗帜冉冉升起，现场奏响冠军代表国家的国歌，颁奖仪式上向冠军、亚军、季军颁发奖牌。运动员的个人荣耀与国家、民族相互联系起来，在那一刻人们看到了隆重的仪式，增加了运动会的神圣性和庄严感。体育礼仪不仅保证了体育赛事有序进行，而且丰富了体育世界无限美的内涵和体育文化的欢乐风格。

三、体育礼仪培养路径

（一）加强法律法规建设，强化保障

1. 在国家层面，要加大对体育礼仪制度保障

各级体育组织、体育院校和有关部

门，从宏观上加强体育礼仪理论研究，重视体育法律、法规建设和教材建设。如运动员的行为规范，纪律处理、兴奋剂、假年龄、个人训练、项目研究等问题，要制定一系列行之有效的法律法规，运用该体系对体育行为进行约束和规范行为，并进行严格考评价，以营造一个健康的体育环境。

2. 国家教育部门要发布相关强制性文件，明确在学校体育教学计划中引入体育礼仪课程

据不完全统计，目前大多数学校对体育礼仪教育的重要性认识不足，对体育礼仪知识缺乏了解，因此，加快体育礼仪教材的开发迫在眉睫。在教材体系的设置上，要贴近生活，贴近社会，贴近实践，编写结合新时代特征与国家传统体育文化相结合的、又符合国际惯例的、全面系统的教材；在教育内容的选择上，要遵循教育性、科学性、可行性、实用性的原则，为推动体育礼仪的发展提供有力的保障。

3. 杭州亚组委组织必要的力量编制赛事相关手册

如各项目观赛礼仪手册、志愿者礼仪手册、运动员礼仪手册、工作人员礼仪手册等，让每一位参与者了解并理解礼仪，以全新的精神风貌和文明、稳定、和谐、美好的社会环境迎接亚运会。

（二）构建教育体系，营造教育氛围

体育礼仪教育应纳入各级各类学校、体育社团、竞技体育、社会体育、体育协会，树立大教育、大培训观念，建立健全体育教育一体化的教育机制。

1. 学校层面做好基础普及教育

学校体育作为教育的重要组成部分，主要面向儿童和青少年，他们的健康成长直接关系到国家的未来。各级各类学校要贯彻落实党中央、国务院决策部署，创建"教会、勤练、常赛"的校园体育体系。通过体育教学和体育活动，组织各级各类、多层次的体育竞赛，吸引学生积极参加。在各学习阶段和教育阶段中，渗透体育礼仪知识和体育规则教育，让学生形成良好的体育礼仪习惯，在教学中设计丰富的审美元素，对学生运动美、行为美、精神美以及言谈美进行综合培养，落实体育礼仪教育理念，使学生更加深刻地理解体育运动。在学校的思想品德课程中增加礼仪教育内容，使学生了解和掌握日常生活礼仪、校园礼仪、社交礼仪、国际交往礼仪等与学习生活密切相关的知识，使青少年在思想上、心理上做好相关体育活动的准备，成为体育精神与文明的实践者和传播者。

2. 社会体育等体育组织做好职业化培训工作

对运动员、裁判员、教练员、社会体育指导员、体育爱好者和其他从业人员进行相关制度和最常见的礼仪常识、礼仪规范、赛场礼仪、体育礼仪禁忌、社交礼仪、涉外礼仪、观赛礼仪等专题教育培训。在各个项目训练队中，通过制定规章制度，约束和规范运动员的行为举止，让体育礼仪渗透到每一个成员的行动中，培养具有高尚的体育精神和战斗精神的职业运动员和专业的观众，为祖国争光。

3. 社会层面，在媒体的帮助下做好大众体育知识、体育故事、体育精神、礼仪知识的普及

依托各类传统媒体、新兴媒体及互联网，从不同角度宣传体育礼仪。通过宣传体育精神，激励亿万人发奋图强，建设好我们的国家；通过宣传中国运动员"顽强拼搏、为国争光"的精神，鼓励广大青少年树立热爱祖国、振兴中华的志向；通过宣传亚运知识，运动项目规则、赛场礼仪等，提高欣赏比赛水平；通过开展"迎亚运讲文明树新风"活动，引导市民文明出行、文明待客，养成文明习惯，提升市民文明素质和城市文明程度，为比赛的成功举办创造良好的人文环境和舆论氛围。

4. 开展亚运会志愿者选拔训练、评选展示等活动，提高人们的体育礼仪水平

杭州亚组会启动了全球志愿者招募活动和"文明你我亚运有礼"杭州亚运会国际文明礼仪大赛活动。礼仪大赛包括城市文明礼仪和赛事服务礼仪两大序列，共同展示杭州城市文明风范和亚洲多元文化礼仪风貌。亚奥理事会主席艾哈迈德亲王表示："举办国际文明礼仪大赛是亚运筹办史上的新尝试。""礼仪之邦"的基因早已被镌刻进中华民族的血液之中。因此，要以杭州亚运会国际文明礼仪大赛为契机，将文明礼仪引入学校、社区、社团、机关，在全社会营造学习礼仪的良好氛围，引导更多的人参与志愿服务，在关爱他人、服务社会中传播文明风尚、提升精神境界。

（三）培养具有世界水平的有特色的体育人才

亚运会是杭州举办的最高水平的国际体育赛事。针对举办大型体育赛事人才匮乏的现状，必须尽快开展形式多样的教育培训工作，形成多层次、多方向、多规格的人才培养体系。

1. 培养一支急需的高水平体育人才队伍

选拔培养一批高层次的国际体育组织人才、体育竞赛组织管理人才、裁判人才、体育行政管理人才、体育外事人才等，并建立人才库。可以通过与国内外有关高校、研究机构的合作，选派高层次体育人才参与合作研究或进修学习；利用国家级、省级训练基地，打造具有国际先进水平和杭州地方特色的高层次体育赛事教育培训基地，集中力量举办高水平的体育赛事专门人才短期培训班或研修班。在理论培训的基础上，为参加亚运会运行的人员提供模拟实战演练，可以采用"走出去，请进来"方式，邀请国内外的专家到杭州来指导我们的工作，或选派杭州的体育人才到相应国际体育组织、亚组委、体育协会等机构工作学习，全面提高其工作水平，为杭州成功举办亚运会提供人才保障。

2. 加强学校体育教师、社会体育指导员、教练员等队伍的建设

体育教师、教练员是体育礼仪的践行者，也是体育礼仪教育的主导者。他们不仅要掌握专业知识和技能，而且要提高礼仪文化素养，在教学和训练中必须按照标准的礼仪规范行事，把礼仪美作为塑造自我形象的目标，在一言一行中为学生和运动员树立文明礼仪的榜样，同时还要有教育创新的能力，能挖掘体育运动的思想政

治教育素材，将体育礼仪教育融入思想政治教育中。比如，游戏礼仪教育不仅要使学生掌握体育知识、体育技能、体育礼仪知识，更重要的是在游戏活动过程中把体育礼仪所蕴含的中国传统文化精神渗透到人们的思想。因此，只有提升体育教师、教练员的综合素养，才能发挥其潜移默化的作用。各学校和体育组织在选拔教师和教练员时必须重视道德素养的评价，在考评和晋升中，也要把师德作为首要因素。同时要注重对教师和教练员的教育培养，为他们提供各种培训和学习机会，通过政治理论、政策法规、管理知识和专业能力等方面的培训，使他们自觉提高自己的思想道德水平，不断拓宽自己的知识面和认知维度，提高职业素养和综合素质，从根本上实施体育道德教育。

四、结束语

礼仪关乎人格，更关乎民族尊严。除了过硬的专业技能和科学的管理水平外，还要懂得如何与人相处的法则和规范，我们要努力拓宽多种传播渠道，提高人们的体育礼仪意识，强化他们的体育礼仪行为，凸显杭州作为最具中国风格的东道主健康文明的形象，为打造成真正体现"中国风范、浙江特色、杭州韵味、共建共享"的世界体育文化盛会做出贡献。

参考文献

［1］杨天宇.仪礼译注［M］.上海：上海古籍出版社，2004.

［2］高飞卫.孔子与中国古代礼仪文化［J］.陕西师范大学继续教育学报，2004，21（2）：44.

［3］许之屏.现代体育礼仪［D］.湖南师范大学出版，2010.

［4］童宪明.体育礼仪初论［J］.福建体育科技，2010，29（1）：1-3.

［5］金元浦.和谐是人文奥运的灵魂［J］.紫光阁，2005（10）：64-65.

［6］马良.从体育礼仪看中国体育文化的演变［J］.体育文化导刊，2008（2）：41-42.

［7］刘艳伟.杜健.我国体育赛事现场观众欣赏素养现状及对策研究［J］.吉林体育学院学报，2007（2）：23-24.

美国高校本科旅游专业排名研究综述与启示

余 超

（浙江旅游职业学院，浙江 杭州 311231）

摘 要： 基于美国本科酒店与旅游管理专业两种不同的排名体系，以及学者对高校专业评价和质量评价的观点，通过比较研究的方法，发现美国酒店与旅游管理排名数据主要来自院系负责人以及行业招聘人员，问卷内容各有侧重但均注重体现需求和质量导向。通过分析，有助于进一步了解美国高校本科酒店与旅游管理专业的发展现状，为中国相关专业排名研究、专业建设和质量提升提供参考与借鉴。

关键词： 旅游院校；专业排名；旅游教育；酒店与旅游管理

Summary and Enlightenment of Research on U.S. Undergraduate Hospitality and Tourism Management Program Rankings

Yu Chao

（Tourism College of Zhejiang，Zhejiang，Hangzhou，311231）

Abstract： The study is based on two different rankings of U.S. undergraduate hospitality and tourism management（HTM）programs，as well as the opinions of scholars on program evaluation and quality evaluation of colleges and universities. It is found that the ranking data of U.S. HTM programs mainly comes from the heads of departments and industry recruiters. The content of the questionnaire has its own focus but all concentrates on reflecting demands and quality orientation. The methods of comparative research will help to further understand the development of HTM undergraduate programs in American colleges and universities and provides reference and suggestions for China's related professional ranking research，program construction and quality improvement.

收稿日期：2021-10-02

作者简介：余超（1980— ），女，浙江旅游职业学院外语学院教师，副教授，硕士，主要研究方向为旅游英语和旅游教育研究。

Key words：tourism colleges；program rankings；tourism education；hospitality and tourism management

一、研究概况

美国针对教育机构的排名研究起步较早，在其发展历程中积累了一些经验和做法可供我们借鉴。在过去的几十年里，旅游教育在美国有了巨大的发展，这与提供该领域学位的项目数量增长有关，据统计，全美共有300余所院校开设不同层次的涉及酒店与旅游管理学科的专业，每个院校根据自身的师资队伍、历史渊源、地域特点等开展教学、科研和社会服务。随着专业的不断发展，酒店与旅游管理专业的教职员工和管理人员提出在理解和比较不同项目的优势和资源方面需要更多信息的需求。Calnan（1988）、Kent、Lian、Khan 和 Anene（1993）等在过去的研究中已经通过定性感知研究探索了这种需求。随着旅游教育项目的不断成熟，对项目进行更正式的评估和排名的需求更加迫切。

《美国新闻与世界报道》提供了近50种不同类型的数字排名和列表，以帮助要申请相关专业的学生缩小大学搜索范围。尽管有些人对《美国新闻与世界报道》的排名结果持怀疑态度，但该组织享有盛誉，并且其方法具有一定的透明度。其中本科酒店与旅游管理项目的排名，有一些是由其他项目的研究人员进行的，并已通过了盲审。这些数据来自项目的院长、主席和主任以及其他利益相关者，测量的属性和分配的分数很容易获得。从这个意义上说，它们具备了一定程度的有效性。不少排名靠前的院校如普渡大学，已经将排名结果作为其专业介绍和招生推介的重要依据。本文聚焦《酒店与旅游教育学刊》发布的两种不同的关于美国高校本科旅游专业排名，分别来自 Brizek 和 Khan（以下简称排名 A，见表1）以及 Gould 和 Bojanic（以下简称排名 B，见表2）。通过比较，可以发现美国酒店与旅游管理项目排名和中国有一定的共同点和差异性，以供国内相关研究借鉴。

表 1　美国高校本科旅游专业排名 A 的综合结果（Brizek 和 Khan）

排名	大学/学院	学院或系	课程	师资	学生	资源	校友	总分
1	普渡大学	酒店与旅游管理学院	40	51	39	39	31	200
2	加州理工大学波莫纳分校	柯林斯酒店管理学院	43	52	39	36	27	197
3	休斯顿大学	康拉德·N.希尔顿酒店与餐厅管理学院	40	44	37	37	37	195
并列4	宾夕法尼亚州立大学	酒店、餐厅和休闲管理学院	38	44	39	36	28	185

续表

排名	大学/学院	学院或系	课程	师资	学生	资源	校友	总分
并列4	密歇根州立大学	酒店管理学院	34	44	34	41	32	185
5	内华达大学拉斯维加斯分校	威廉 F. 哈拉酒店管理学院	37	46	35	35	31	184
6	佛罗里达国际大学	酒店管理学院	38	46	40	36	23	183
并列7	马萨诸塞大学	酒店、餐厅和阿默斯特旅游管理系	38	49	37	39	19	182
并列7	特拉华大学	酒店、餐厅和机构管理系	38	49	38	31	26	182
8	俄克拉荷马州立大学	酒店与餐厅管理学院	38	44	34	34	31	181
9	南卡罗来纳大学	酒店、餐厅和旅游管理学院	36	42	37	31	34	180
10	佛罗里达州立大学	德曼酒店管理学院	32	44	37	33	30	176

表 2 美国高校本科旅游专业排名 B 的综合结果（Gould 和 Bojanic）

排名	机构	得分
1	普渡大学	46.15
2	内华达大学拉斯维加斯分校	45.95
3	康奈尔大学	45.26
4	密歇根州立大学	44.32
5	宾夕法尼亚州立大学	43.92
6	特拉华大学	41.87
7	强生威尔士大学	41.81
8	佛罗里达国际大学	41.25
9	休斯顿大学	41.23
10	华盛顿州立大学	41.08

二、研究方法与决定因素

在排名A研究中，研究人员选择评估至少提供一个该领域学士学位的本科酒店与旅游管理项目作为分析单位。这一决定的理由是基于一个简单的事实，即提供学士学位的酒店与旅游管理项目数量众多且具有普遍性。研究者设计并预先测试了一份详细的七页问卷。问卷分为六个部分，包括与课程开发和标准、师资、学生主体、机构资源、校友关系等有关的问题（见表3）。在每个部分中，根据可能的回答，从1到5的范围内赋予质量分数。研究者向全美121家四年制项目机构的系主任、主席和主任寄送了问卷，共收到了48份回复（反馈率为39.7%）。随后将每个类别的分数相加，再从每一个部分计算总分，以给出该项目的总体质量分数。马里兰大学帕克分校罗伯特·H.史密斯商学院的会计专业学生参与评估所有完成的分数的准确性并消除任何可能的偏差。根据总分对每个机构进行排名，最终形成了25家机构的排名，得分相同者获得同等排名。本文选取了前十所机构排名。排名A使用这一原理是为了尽可能包含所有参评机构。在该研究的背景下还计算了声望排名。威望排名用于验证和比较评估早期研究的结果。在声望排名中，问卷排名第一的机构获得6分，第二名5分，第三名4分，第四名3分，第五名2分，第六名1分。

表3 排名A主要评估内容与分值

类别	名称	主要评估内容	满分	高分院校
1	课程	学分数、主修课程学分、必修核心课程的数量、选修课程的范围、课程的不断更新和修订、为课程推进和发展而举行的教师会议的频率、行业咨询委员会的存在、行业客座讲座是否经常举行、项目与机构的隶属关系、是否通过ACPHA（酒店与旅游管理项目评审委员会）认证等	50	加州理工学院波莫纳分校（43分）；普渡大学（40分）；休斯顿大学（40分）
2	师资	专任教师的数量、持有博士和硕士学位教师的数量、终身教职员工占教职员工总数的百分比、相关行业从业经验的平均年数、教师的专业隶属、师生比、科研经历、出版物、行业服务和继续教育的参与度等	55	加州理工大学波莫纳分校（52分）；普渡大学（51分）
3	学生	学生总数、入学学生的平均高考分数、平均班级人数、奖学金和赞助、学生组织、学校提供的与专业相关的招聘会、学生认可、学生参加贸易展览的机会、转专业学生进入该项目的百分比、本科生的整体保留/流失率等	50	佛罗里达国际大学（40分）；普渡大学（39分）；加州理工大学波莫纳分校（39分）；宾夕法尼亚州立大学（39分）
4	资源	实验室设施、图书馆设施、互联网接入、计算机设施、远程教学、实地考察和实习机会、学生资助、专业组织的支持和勤工俭学的机会等	50	密歇根州立大学（41分）；普渡大学（39分）；休斯顿大学（37分）
5	校友	当前学生就业率、校友捐赠、返回研究生学习的本科生的百分比、学生和研究资助的成功率等	40	休斯顿大学（37分）；南卡罗来纳大学（34分）

排名 B 的研究也是通过问卷调查方式来收集原始数据。但与排名 A 不同的是调查受访者由三组酒店与旅游业招聘人员组成。第一组由酒店招聘人员组成，第二组由餐馆招聘人员组成，最后一组由来自其他酒店与旅游业领域的招聘人员组成，包括赌场、乡村俱乐部和酒店咨询公司的招聘人员。该调查要求受访者对出现在主要项目排名中的 21 个项目中的前十名进行排名，目标是收集样本库中个人的看法。随后对被调查者的排名进行评估，以查看与项目整体质量评级的间接评估之间是否存在明显的相关性。该研究总体设计是探索性研究，旨在深入了解那些对项目有丰富了解的人是如何看待美国的酒店与旅游管理项目的，调查工具也是专门为这项研究开发的。

三、研究结果与发现

排名 A 中前九所机构从普渡大学（200 分）到南卡罗来纳大学（180 分），排名前 9 位的机构彼此相差 10%，这表明它们在提供的课程水平和数量上、教职员工的质量和水平，以及他们在旅游教育方面的资源的数量和广泛度均具有相当可比性。紧接着后面的九所大学，从佛罗里达州立大学（176 分）到尼亚加拉大学（166分），彼此之间的差距都在 10 分以内，再次证实了项目之间平衡的概念。与之前的研究不同的是，排名 A 加入了一些过去没有被注意到的本科项目，如加州理工大学波莫纳分校（197 分）、特拉华大学（182分）、罗伯特莫里斯大学（174 分）、佐治亚州立大学（170 分）、得克萨斯理工大

学（169 分）、威德纳大学（168 分）、尼亚加拉大学（166 分）、丹佛大都会州立学院（151 分）和中佛罗里达大学（150分），以上项目在之前的研究中排名不高，或者根本没有在之前的研究中列出过。对这种结果的一种解释是教师人数的增加和他们在该领域的证书和资历水平的提高。另外，通过校友赠款或捐赠基金获得的资金也有所增加，这些资金使项目能够建立自己的资源并得以发展以吸引和留住更多的学生。大多数对调研做出回应的项目管理者都清楚地表明了这些问题。

排名 B 总体样本来自 509 名行业招聘人员：酒店人员 227 人、餐厅人员 134 人和其他人员 148 人。酒店招聘人员的可用回复率为 18%（227 人中有 41 人回复）；来自餐馆招聘人员的 25%（134 人中有 33 人回复）；来自其他招聘人员的比例为 19%（148 人中有 28 人回复）。共收到 102 份调查问卷，总体回复率为 20%。大多数受访者（73.5%）的年龄在 30~49岁，超过一半的受访者（55.9%）表示拥有 11 年以上的行业工作经验。74.5% 的酒店业招聘人表示他们没有将排名用于招聘目的，这点出乎了研究者的预料。

为了研究排名系统是否会产生偏见，排名 B 的受访者被要求确定与他们有任何联系的机构（如现任雇员、校友、赞助人或董事会成员）。在返回的 102 份调查中，57.8% 的受访者表示与一个或多个机构有某种隶属关系。21 所院校中只有 4 所有超过 10% 的受访者表示有隶属关系（马萨诸塞大学，23.5%；普渡大学，16.7%；康奈尔大学，15.7%；强生威尔士，15.7%）。

较高百分比的隶属关系很有可能是由于所选样本主要来自美国东北部。如前所述，研究选择了 21 家机构，这些机构来自 Kent、Calnan 和 Gourman 报告中，招聘人员被要求简单地根据他们认为提供最佳项目的机构对前十名机构进行排名。这一决定的合理性是，受访者可能不具备所有 21 家机构的经验和（或）知识。排名由机构排名的平均值决定，排名前五的学校分别是普渡大学、内华达大学拉斯维加斯分校、康奈尔大学、密歇根州立大学和宾夕法尼亚州立大学。同时，排名 B 进行了一项试点研究，要求招聘人员在评估项目时确定他们认为重要的属性，从列表中选择出现频率最高的八个属性。调查受访者对他们认为最重要的属性进行评分。结果显示"学生的态度"是最重要的，其次是"课程"和"工作经验"。平均重要性评级在前三名之后大幅下降（从 4.32 降至 3.22），说明上述三项是招聘人员最为看中的，且受重视程度远高于其他项目，其他项目是师资质量、就业服务、教学设施质量等。

四、研究局限性

在任何涉及问卷调查的研究中，回复率对结果非常重要。尽管排名 A 中 39.7% 的回复率在社会科学研究中尚可，但如果回复率能更高一点，则会加强整体排名。一些没有在排名前 25 名中被提及的学校，但在之前的研究中被提及，包括康奈尔大学、威斯康星大学斯托特分校、罗彻斯特理工学院、詹姆斯麦迪逊大学、东卡罗来纳大学和夏威夷大学马诺阿分校。这些院

校有些没有回应调查，或者选择不参与这项研究。因此，研究人员表示每年继续进行这项研究，希望它能激发更多人对该领域的兴趣和反馈。

在许多不同类型的排名系统中，偏见可能很普遍。Kent 等人（1993）研究包含一个观察结果，即较大的项目相较较小的项目拥有更多的毕业生。Kent 研究得出的结论是，受访者可能与更大的机构有联系，从而导致排名有偏差。这是作者的假设，没有进行任何测试来支持他们的假设。然而，排名 B 研究进行了一系列检验以调查是否存在任何偏差。有趣的是，那些不隶属于强生威尔士的受访者实际上比那些隶属的受访者给学校的质量评分更高。Kent 等人（1993）在他们的研究中确定了行业专业人士和学术团体之间的不同反应。这很重要，因为它表明在接受调查的不同类型的招聘人员中，某些机构可能被不同看待。在解决研究中提出的研究问题时，探究招聘人员在对项目进行排名时认为最重要的属性也很重要。

五、研究启示

（一）排名助推高等教育质量

近年来，对于加强问责制并提高各类组织提供的服务质量，尤其是高等教育机构质量的呼声越来越高，一系列广泛的政策工具和举措被设计出来以解决这些问题。其中获得最广泛使用的一种是学术排名。美国高等教育的竞争性质以及学生和机构之间以消费者为导向的强大关系创造了一个环境，促进了大学排名服务的成功。学术界出于各种原因也欢迎使用排

名。首先，排名收集了大量易于访问和理解的数据。其次，排名允许在纵向和横向比较中查看各种属性（Gormley and Weimer，1999）。最后，排名触及数据的核心并确定营销机会和项目评估需求。

需要注意的是，项目排名应该是定期出现的，而不是一次性评估。此外，项目排名不是由它们所属的机构制定的。相反，应该由外部的机构来完成。尽管政府在提供排名系统方面发挥了一定的作用，但普及这一工具还是主要依靠商业出版机构。在美国，本科和研究生项目排名，甚至远程教育项目，已经成为一项大生意，对那些参与其中的人产生了巨大的影响。

和美国一样，中国在院校学科专业评价和排名方面也是百家争鸣，体系和评价标准各有不同。中国比较知名的排名体系有教育部国家重点学科评估、上海交通大学高等教育研究院、中国科学评价研究中心（武大 RCCSE）等。这些排名指标的共性是：量化的指标多，如定期开展科教评价工作的武汉金平果排行榜中对 2021 中国本科院校学科专业评价指标体系共设一级指标 4 个，二级指标 17 个，三级指标 30 个。一级指标包括师资队伍、教学水平、科研水平、学科声誉 4 个方面，二级指标包括教师数、博硕士学位点数、科研项目数等 17 个方面，三级指标包括杰出人才数、全国性学生竞赛获奖数、国家自然科学基金项目数等约 30 个方面。

（二）构建科学的排名系统

Gormley 和 Weimer（1999）概述了 6 项在构建一个科学的排名系统时的评估值。

1. 有效性

酒店与旅游管理项目排名时所提供的信息应该是有效的，并且应该符合广泛接受的科学实践标准。为了帮助确保有效性，排名应该关注结果以及其他元素。

2. 综合性

排名中包含的信息在评估必不可少的关键指标方面应该是全面的。

3. 可理解性

阅读该排名的人，主要是利益相关者，需要能够理解所提供的信息。

4. 相关性

排名提供的信息应考虑潜在用户的需求，主要是父母和学生。

5. 合理性

一个项目的排名应该是合理的，成功完成了研究所必需的那些要求。

6. 功能性

排名应该是有目的的、有用的。

总而言之，对于一个成功的酒店与旅游管理项目排名来说，至关重要的前两个值（有效性和综合性）涉及排名本身的内容；接下来的两个值（可理解性和相关性）与读者将如何使用排名有关；最后两个值（合理性和功能性）与项目负责人对排名结果的反应有关。更重要的是，这六个值将指导研究的分析，以确保对项目进行有效和可靠的排名。

（三）实现优质的潜在力量

什么样的大学和学科专业才是"优质"的？Bogue 和 Saunders（1992）对质量的定义提供了另一种见解："学术界和非专业人士广泛持有某些概念性假设，这些假设是关于大学质量的：只有成本高的大学才有质量。只有大型综合性大学才有质量。只有高选择性的大学才有质量。只有国家认可的大学才有质量。只有少数大学有质量。只有拥有令人印象深刻的资源的大学才有质量。"根据这个定义，只有少数大学可以被归类为优质院校，然而，Gould 和 Bojanic 认为所有院校都具有根据其各自的使命实现"优质"的潜在力量。研究和参与排名可以帮助教育机构认识自身优劣势、挖掘潜在力量。

教育为不同背景的学生、家长及用人单位等群体服务。Spangehl（2001）指出，一个教育机构可以被认为是满足一个目的的高质量的，但在满足另一个目的时是低质量的。基于这一说法，如《美国新闻与世界报道》这些依据机构的整体质量排名总分的排名，具有一定的争议性和攻击性。

（四）增强排名应用和价值体现

排名 B 研究的首项主要发现即酒店与旅游业招聘人员并不使用项目排名为其招聘目的。这意味着招聘人员对当前的项目排名系统不了解、不熟悉或不满意。更有可能的是，许多招聘人员发现现有排名没有包含在他们寻找潜在招聘人员的决策过程中使用的变量。如果这种暗示是有效的，建议未来对招聘人员不使用项目排名的原因进行研究。

可以肯定地得出结论，相对于酒店与旅游行业招聘人员，教育机构本身更热衷于排名这件事。招聘人员倾向于不将项目排名用于招聘目的，招聘人员可能不太相信当前项目排名方法的有效性、全面性或相关性。另一个原因可能是招聘人员不知道排名的存在。然而，在排名 B 研究的三

组招聘人员中，某些被认为重要的属性的重要性似乎确实存在一些一致性。将这些元素结合到记分卡的创建中，将使它们对利益相关者更加可靠和实用，从而增加它们向感兴趣的各方提供信息的价值。反过来，减少现有排名系统中的不相关性，增强排名的价值体现，帮助行业招聘人员从中选择到所需人才。

参考文献

［1］杨旸，毛振兴 . 美国旅游管理学科建设及其对中国的启示［J］. 旅游学刊，2019（11）：8-10.

［2］Thomas，W，Calnan. As we see ourselves［J］. Cornell Hotel & Restaurant Administration Quarterly，1988.

［3］Kent W E，Lian K，Khan M A，et al. Colleges' hospitality programs：Perceived quality［J］. Cornell Hospitality Quarterly，1993，34（6）：90-95.

［4］普渡大学酒店与旅游管理学院主页［EB/OL］. https://www.purdue.edu/hhs/htm/rankings.html.

［5］Michael G Brizek，Mahmood A Khan. Ranking of U.S. Hospitality Undergraduate Programs：2000—2001［J］. Journal of Hospitality & Tourism Education，2002，14（2）：4-8.

［6］Stacey L Gould，David C. Bojanic. Exploring Hospitality Program Rankings［J］. Journal of Hospitality & Tourism Education，2002（14）：4，24-32.

［7］Gormley W T，Weimer D L. Organizational Report Cards［M］. Cambridge：Harvard University Press，1999.

［8］王昆欣，汪亚明，王方.旅游高职院校核心专业竞争力评价指标体系及排名研究［J］.中国高教研究，2016（5）：110-114.

［9］2021—2022年旅游管理类高校排行榜［EB/OL］. http://www.nseac.com/eva/CUDE.php?DDLyear=2021&DDLThird=511209.html.

［10］Bogue E G, Saunders R L. The Evidence for Quality：Strengthening the Tests for Academic and Administrative Effectiveness［M］. San Francisco：Jossey-Bass Publications，1992.

［11］Spangehl. Some Words About the Word Quality. Academic Quality Improvement Project［EB/OL］. http:// www.aqip.org/AQIP participants.html.

附录：《文化与旅游研究》征稿函

　　《文化与旅游研究》为浙江省文化与旅游厅主持，浙江旅游职业学院、中国职业技术教育学会智慧旅游职业教育专业委员会主编的文化和旅游类综合性学术论文集。主要刊登文化、旅游、文旅融合研究的学术论文，目前设有《特约稿》《文化研究》《旅游研究》《文旅融合研究》和《旅游教育研究》等栏目，现面向广大读者征稿，相关事宜如下：

　　1. 内容

　　文化研究、旅游研究、文旅融合研究、旅游教育研究及其他文学类、社会科学类相关文章均可。

　　2. 字数

　　一般以 8000~12000 字为宜，请将 word 形式的电子文稿以附件的形式发送至 zjly_xb@163.com 邮箱。

　　3. 稿件体例

　　应包括题目、作者姓名、作者单位、摘要和关键词，正文、参考文献以及英文题目、摘要和关键词。

　　4. 作者简介

　　包括姓名、出生年月、性别、籍贯、单位全称、职称、职务、学位、研究方向以及详细的联系地址（省、市、道路、门牌号、单位、室）、邮政编码、联系电话和电子信箱等。如果来稿不是独著，请附齐所有作者的简介。

　　5. 其他事宜

　　（1）科研项目的相关文章，应注明科研项目名称和项目编号。

　　（2）稿件文责自负，编辑可对稿件进行适当修改，如不同意修改的请在来稿时注明。

　　6. 来稿中参考文献的著录格式如下：

　　（1）专著或书籍：［序号］责任者．文献题名：其他题名信息［M］.版本项［第1版不标注］.出版地：出版单位，出版年：引文页码．

　　（2）期刊中的文献：［序号］责任者．文献题名［J］.刊名：其他刊名信息，年，卷（期）：页码．

　　（3）报纸中的文献：［序号］责任者．文献题名［N］.报纸名，出版日期（年－月－日）（版次）．

　　7. 稿酬

　　凡经收录的稿件，由浙江旅游职业学院发放相应稿酬。

　　8. 联系方式

　　联系人：阮慧娟

　　联系电话：0571–83822963

　　联系地址：浙江省杭州市萧山高教园区耕文路 399 号（311231）

项目策划：段向民
责任编辑：张芸艳
责任印制：孙颖慧
封面设计：武爱听

图书在版编目（ＣＩＰ）数据

文化与旅游研究．2021 / 中国职业技术教育学会智
慧旅游职业教育专业委员会，浙江旅游职业学院主编．--
北京 ：中国旅游出版社，2021.12
　　ISBN 978-7-5032-6851-9

　　Ⅰ．①文… Ⅱ．①中… ②浙… Ⅲ．①旅游文化—文
集 Ⅳ．① F590-05

中国版本图书馆 CIP 数据核字（2021）第 241277 号

书　　　名：文化与旅游研究（2021）

作　　　者：中国职业技术教育学会智慧旅游职业教育专业委员会
　　　　　　浙江旅游职业学院
出版发行：中国旅游出版社
　　　　　　（北京静安东里6号　邮编：100028）
　　　　　　http://www.cttp.net.cn　E-mail:cttp@mct.gov.cn
　　　　　　营销中心电话：010-57377108，010-57377109
　　　　　　读者服务部电话：010-57377151
排　　　版：北京旅教文化传播有限公司
经　　　销：全国各地新华书店
印　　　刷：北京工商事务印刷有限公司
版　　　次：2021年12月第1版　2021年12月第1次印刷
开　　　本：787毫米×1092毫米　1/16
印　　　张：16
字　　　数：315千
定　　　价：59.80元
ＩＳＢＮ　　978-7-5032-6851-9